Excel 在经济管理中的应用
——任务驱动教程

焦世奇　梁传波　主编

电子工业出版社
Publishing House of Electronics Industry
北京·BEIJING

未经许可，不得以任何方式复制或抄袭本书之部分或全部内容。
版权所有，侵权必究。

图书在版编目（CIP）数据

Excel 在经济管理中的应用：任务驱动教程/焦世奇，梁传波主编. —北京：电子工业出版社，2023.6
ISBN 978-7-121-44981-9

Ⅰ.①E… Ⅱ.①焦… ②梁… Ⅲ.①表处理软件—应用—经济管理—高等学校—教材 Ⅳ.①F224-39

中国国家版本馆 CIP 数据核字（2023）第 017562 号

责任编辑：王　花
印　　刷：涿州市般润文化传播有限公司
装　　订：涿州市般润文化传播有限公司
出版发行：电子工业出版社
　　　　　北京市海淀区万寿路 173 信箱　邮编　100036
开　　本：787×1092　1/16　印张：14.75　字数：374.4 千字
版　　次：2023 年 6 月第 1 版
印　　次：2025 年 2 月第 4 次印刷
定　　价：45.00 元

凡所购买电子工业出版社图书有缺损问题，请向购买书店调换。若书店售缺，请与本社发行部联系，联系及邮购电话：(010) 88254888，88258888。
质量投诉请发邮件至 zlts@phei.com.cn，盗版侵权举报请发邮件至 dbqq@phei.com.cn。
本书咨询联系方式：(010) 88254609 或 hzh@phei.com.cn。

第1版前言

非常感谢您选择《Excel在经济管理中的应用——Excel 2010任务驱动教程》。

Excel软件是Microsoft Office套装软件中的一个重要组成部分，是一个具有十分重要影响力的办公软件。Excel 2010软件是微软公司推出的目前市场上最流行版本的Excel办公系列软件；相比以往版本，Excel 2010提供了更强大的功能和工具，可以通过比以往更多的分析方法、管理和共享信息，帮助用户做出更好、更明智的决策，其提供全新的分析和可视化工具也可以帮助用户跟踪和突出显示重要的数据趋势。

本书从企业实际需求出发，将企业实际的应用任务引入案例，全书分为12大任务、75个子任务，按照循序渐进的方式，在解决实际问题的同时，讲解Excel的基础应用、公式与函数、数据处理、图表、数据分析等内容；本书所有的任务都有详细的讲解过程，用到的素材文件都随书赠送，所有的操作都经过验证。

读者对象

本书面向的读者群是所有需要使用Excel的用户、大中专院校学生。无论是初学者、中、高级用户还是IT技术人员，都可以从书中找到值得学习的内容。当然，阅读本书的读者需要至少对计算机软硬件、Windows操作系统有一定的了解，能够熟练地掌握鼠标、键盘的使用，并能够至少掌握一种中文输入方法。

本书约定

在正式开始阅读本书之前，建议读者花几分钟时间来了解一下本书在编写和组织上使用的一些惯例，这会对您的阅读有很大帮助。

软件版本：本书的编写基于Windows 7专业版操作系统上的Excel 2010中文版。因此书中的内容可能不一定适用于早期版本的Excel软件；微软后续发行的Excel 2013、Excel 2016等版本兼容Excel 2010，本书的内容可以在这些软件上运行。

菜单命令：本书在描述过程中用到的菜单操作都会描述为类似"单击'插入—(表格)—数据透视表'"，其中"(表格)"表示功能区的功能组名。

按钮：本书中的按钮操作表述为"按钮名"。

键盘与鼠标操作：Ctrl+1，表示按下Ctrl键不放，再按1键，然后一起松开；Ctrl+Shift+Enter，表示按下Ctrl和Shift键，再按下Enter键，然后一起松开。鼠标单击、双击、右击等这些操作，读者都应该能够理解它们表示的意思，拖曳是指按住鼠标左键不放，拖动鼠标指针到某个位置，再松开鼠标左键。

公式与函数：本书中所讲解的函数与公式中的字符都不区分大小写，需要注意的是引号，必须是在"半角英文"状态下的，引号内的字符则根据实际情况输入。

图标：

注意 表示这部分内容需要引起注意和重视。

技巧 表示这部分内容是操作或应用技巧。

提高 表示这部分内容是有关高级应用的。

阅读技巧

不同水平的读者可以使用不同的方式来阅读本书，以求在尽可能短的时间内获得最大的收获。

Excel 初级用户可以从头开始阅读，因为本书基本上是按照从易到难和从基础应用到高级应用的顺序来编写的。

Excel 中高级用户可以挑选自己感兴趣的主题来有侧重地学习，虽然知识点之间有联系，但是只要具备基础的应用知识，这些联系都可以略过，不会构成阅读障碍。

另外，本书配有书中所有的示例文件，文件中有"原始数据"工作表以供读者练习。

编　者

2017 年 6 月

修订版前言

本书是在第 1 版的基础上,《Excel 在经济管理中的应用——任务驱动教程》修订版"新鲜出炉"了。该版主要在以下几个方面做了改进：

1. Excel 软件版本从 2010 升级到了 2016，操作演示的界面截图也随之更新。

2. 改正了第一版中部分错误，包括文字错误和示例错误；修改了部分措辞，让读者更加易懂。

3. 增加了会计与财务、营销数据分析与应用相关内容，这是根据读者的反馈增加的内容，主要弥补第 1 版在财务方面和营销管理方面应用的缺失。因为有关操作较为简单，且有专业软件，因此涉及会计基础应用的任务不多，修订版将重点放在了管理会计方面，如货币的时间价值、内部收益率等方面。

4. 增加了高级图表的应用。简单的图表已不能满足现代的应用需求，因此第 2 版中增加了动态折线图、甘特图等高级图表应用。

5. 调整了部分任务案例。在原有的基础上，根据企业实际应用需求，调整了 20 多个任务案例内容，案例任务更适合实际。

本书仍以掌握 Excel 应用为目标，将知识的领会与能力的提升转化成任务，通过任务的完成实现技能的提升，在突出主要技能的同时，内容的讲解更加贴近实用，增强了学生对所学知识的系统性、规律性的认识。为提高学生的学习效率，增强学生自主解决问题的能力，修订版在原有的基础上优化了配套文件，并配有相应的在线开放课程。

本书在编写过程中，得到了扬州马德兰木业有限公司、江苏笛莎公主文化创意有限公司的支持和帮助。

张宏彬教授详细、认真审阅了本书的初稿，并提出了许多宝贵的意见。在此，对所有帮助过我们的同志一并表示衷心的感谢！

本书任务 1 至任务 8 由焦世奇编写，任务 9 至任务 10 由梁传波编写，任务 11 至任务 12 由周科编写。扬州马德兰木业有限公司顾慧聆、江苏笛莎公主文化创意有限公司李定为教材提供了企业任务素材与数据。

限于编者水平，本书在内容取舍、编写方面难免存在不妥之处，恳请读者批评指正。

编 者

2023 年 1 月

目　录

任务 1　安装与设置 Excel 软件 ·· 1
　　任务说明 ··· 1
　　任务结构 ··· 1
　　子任务 1　安装 Excel 2016 软件 ·· 1
　　子任务 2　认识功能区 ·· 5
　　子任务 3　设置 Excel 软件 ·· 7
　　子任务 4　认识 Excel 工作界面 ·· 11

任务 2　创建职工数据工作簿 ·· 13
　　任务说明 ·· 13
　　任务结构 ·· 13
　　子任务 5　创建空白工作簿 ·· 14
　　子任务 6　创建职工数据工作簿 ·· 15
　　子任务 7　利用填充产生数据 ··· 19
　　子任务 8　利用序列产生数据 ··· 23
　　子任务 9　利用记录单快速有效地输入数据 ·· 26
　　子任务 10　利用数据验证提高数据输入的准确性 ·· 28
　　子任务 11　导入外部数据 ·· 31

任务 3　编辑与修饰工作簿 ·· 36
　　任务说明 ·· 36
　　任务结构 ·· 36
　　子任务 12　选取工作表的行与列 ·· 36
　　子任务 13　给区域命名 ··· 40
　　子任务 14　对工作表进行修饰 ·· 44
　　子任务 15　对数据进行验证和检查 ··· 47
　　子任务 16　浏览工作表内容 ··· 50
　　子任务 17　分类着色浏览工作表内容 ·· 53
　　子任务 18　打印工作表 ··· 57

任务 4　计算职工和营销数据 ································· 63

任务说明 ································· 63
任务结构 ································· 63
- 子任务 19　提取职工信息 ································· 63
- 子任务 20　计算工资数据 ································· 66
- 子任务 21　计算分店的销售数据 ································· 70
- 子任务 22　填写分析表 ································· 73
- 子任务 23　分级和合并计算工资 ································· 75
- 子任务 24　通过表格功能计算和分析销售数据 ································· 78

任务 5　查询与筛选职工和销售数据 ································· 82

任务说明 ································· 82
任务结构 ································· 82
- 子任务 25　查找和替换职工数据 ································· 82
- 子任务 26　利用函数查询职工数据 ································· 86
- 子任务 27　优化职工数据查询 ································· 88
- 子任务 28　自动筛选销售数据 ································· 92
- 子任务 29　高级筛选销售数据 ································· 94
- 子任务 30　自定义条件筛选销售数据 ································· 96

任务 6　统计职工和销售数据 ································· 99

任务说明 ································· 99
任务结构 ································· 99
- 子任务 31　对职工工资数据进行排序 ································· 99
- 子任务 32　对职工数据进行自定义排序 ································· 102
- 子任务 33　对销售数据进行模糊统计与频率统计 ································· 106
- 子任务 34　对销售数据进行分类汇总 ································· 109
- 子任务 35　对销售数据进行叠加分类汇总 ································· 111
- 子任务 36　自动分类统计 ································· 113
- 子任务 37　对销售数据进行预测 ································· 116

任务 7　会计与财务管理 ································· 119

任务说明 ································· 119
任务结构 ································· 119
- 子任务 38　制作记账凭证 ································· 119
- 子任务 39　制作科目汇总表 ································· 121
- 子任务 40　制作工资条 ································· 124
- 子任务 41　存款方案比较 ································· 125

子任务 42　计算等额还款额 ··· 127

　　子任务 43　计算项目投资的净现值与内部收益率 ······················· 128

任务 8　数据的图表分析 ··· 131

　　任务说明 ··· 131

　　任务结构 ··· 131

　　子任务 44　绘制销售数据迷你图 ··· 131

　　子任务 45　绘制工资数据柱形图 ··· 134

　　子任务 46　绘制销售数据饼图 ··· 138

　　子任务 47　绘制销售数据折线图 ··· 142

　　子任务 48　制作销售数据预测图 ··· 147

　　子任务 49　制作市场占有率面积图 ·· 151

　　子任务 50　制作产品销售动态折线图 ····································· 153

　　子任务 51　制作市场占有率圆环图 ·· 157

　　子任务 52　制作工程进度甘特图 ··· 160

任务 9　销售数据的透视分析 ·· 164

　　任务说明 ··· 164

　　任务结构 ··· 164

　　子任务 53　对网点数据进行数据透视分析 ······························· 164

　　子任务 54　对数据透视表进行优化 ·· 168

　　子任务 55　在数据透视表中执行计算 ····································· 172

　　子任务 56　通过名称创建动态数据透视表 ······························· 176

　　子任务 57　通过表格功能创建动态数据透视表 ························ 178

　　子任务 58　创建产品销售数据透视图 ····································· 179

　　子任务 59　创建带条件格式的数据透视表 ······························· 183

　　子任务 60　创建带迷你图的数据透视表 ·································· 185

任务 10　市场调查与预测分析 ·· 188

　　任务说明 ··· 188

　　任务结构 ··· 188

　　子任务 61　对销售数据进行描述统计分析 ······························· 188

　　子任务 62　单变量模拟运算出口额 ·· 190

　　子任务 63　双变量模拟运算出口额 ·· 191

　　子任务 64　双变量模拟运算银行按揭方案 ······························· 193

　　子任务 65　创建模拟运算方案 ··· 194

　　子任务 66　规划求解生产问题 ··· 196

任务 11　营销数据分析与应用 ·· 200

　　任务说明 ·· 200
　　任务结构 ·· 200
　　子任务 67　分析人口结构对销售量的影响 ··· 200
　　子任务 68　分析广告对销售额的影响 ·· 202
　　子任务 69　根据销售额细分市场 ·· 205
　　子任务 70　多因素细分市场 ·· 208
　　子任务 71　根据市场调查图细分市场 ·· 212

任务 12　自动化处理营销数据 ·· 216

　　任务说明 ·· 216
　　任务结构 ·· 216
　　子任务 72　录制修改字体的宏 ··· 216
　　子任务 73　修饰职工信息表 ·· 218
　　子任务 74　保护工作表 ·· 220
　　子任务 75　记录数据编辑的日期与时间 ·· 222

参考文献 ·· 224

任务 1　安装与设置 Excel 软件

任务说明

Excel 是由微软公司推出的一款办公软件，用户可以通过软件商店、网络等途径购买该软件，然后安装在计算机中。

本任务主要是安装 Excel 2016 到计算机中；安装完毕后，运用多种方法启动 Excel 2016 软件，熟悉 Excel 2016 全新的界面风格；掌握多种退出软件的方法；学会设置 Excel 2016 快速访问工具栏、功能区。

对于新用户而言，需要花一定的时间来熟悉软件；由于不同用户的使用习惯不同，用户可以自由设置软件的界面风格。

任务结构

子任务 1　安装 Excel 2016 软件
子任务 2　认识功能区
子任务 3　设置 Excel 软件
子任务 4　认识 Excel 工作界面

子任务 1　安装 Excel 2016 软件

Microsoft Office 2016，是微软推出的新一代办公软件，开发代号为 Office 16，实际是第 14 个发行版。该软件共有 6 个版本，分别是初级版、家庭及学生版、家庭及商业版、标准版、专业版和专业高级版，此外还推出 Office 2016 免费版本，其中仅包括 Word 和 Excel 应用。

Office 是一款功能强大的办公套件，Excel 2016 是 Office 2016 软件家族的成员之一，它是一种电子表格软件，具有强大的数据分析、预测和制作图表功能，在数据统计及经济管理中的应用尤其广泛。

使用 Excel 2016 软件之前，必须事先购买并安装 Excel 2016 软件。请通过正规渠道购买正版软件，使用盗版软件将会受到法律制裁。如果已经正确安装好 Excel 2016，此子任务可以跳过。

步骤 1： 将 Office 2016 安装光盘插入光盘驱动器后，计算机会自动运行安装向导，如图 1.1 所示；用户也可以手动运行安装包里面的安装程序"Setup.exe"，双击"Setup.exe"文件，即可运行安装程序。用户只需按系统提示，即可完成安装。

一般用户采用典型安装，系统会自动将常用的功能模块安装到计算机上。

Office 2016在安装的过程中需要用户输入产品密钥，即一串由25个字线和数字组成的字符串，通常印在发行CD的外壳上，正确输入后方可继续安装。序列号与产品一一对应，这是正版软件的重要特征。在安装过程中，要选择安装条款，这里勾选"我接受此协议的条款"如图1.2所示，同时还要求选择"立即安装"还是"自定义安装"，如图1.3所示。

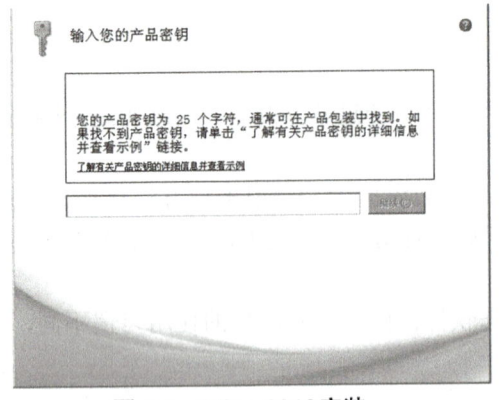

图1.1　Office 2016安装

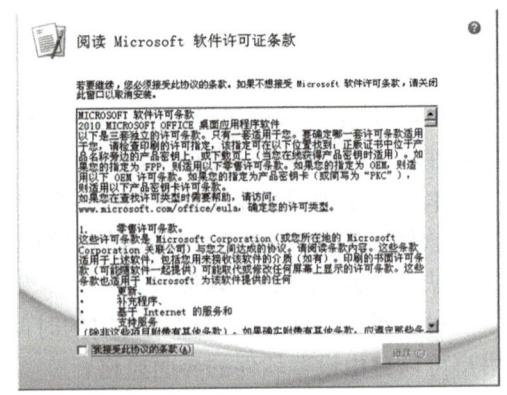

图1.2　Office 2016安装条款

若计算机中已安装有Office 2013或更早版本的软件，运行安装程序时，向导会提示是选择全新安装还是升级安装。

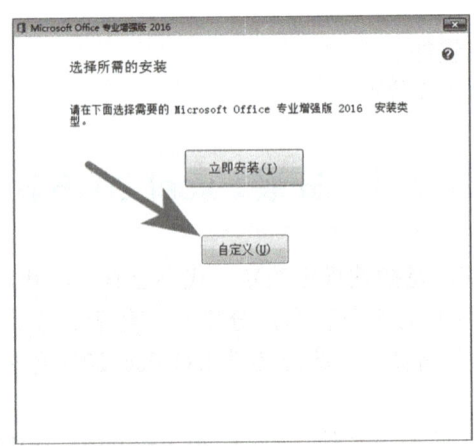

图1.3　选择安装方式

如果选择升级安装，则有更多的升级安装选项，如图1.4所示。

如果选择"删除所有早期版本"，则安装程序会先卸载计算机中低版本的Office软件，再进行升级安装。

如果选择"保留所有早期版本"，则会升级安装新版本的Office软件，同时保留原版本的Office软件。

如果选择"仅删除下列应用程序"，则会有选择地删掉部分Office组件，再进行升级安装。

任务 1　安装与设置 Excel 软件

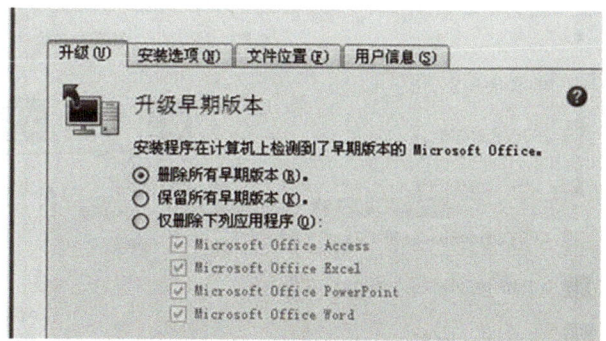

图 1.4　升级安装的选项

> **注　意**
>
> 1. 选择"立即安装"时，某些功能可能不会被安装，这点在低版本的 Office 软件上体现得尤其突出，如公式编辑器、分析工具库等。若要安装这些功能，请选择"自定义"安装，在下拉列表中，选择"从本机运行"，如图 1.5 所示。
>
>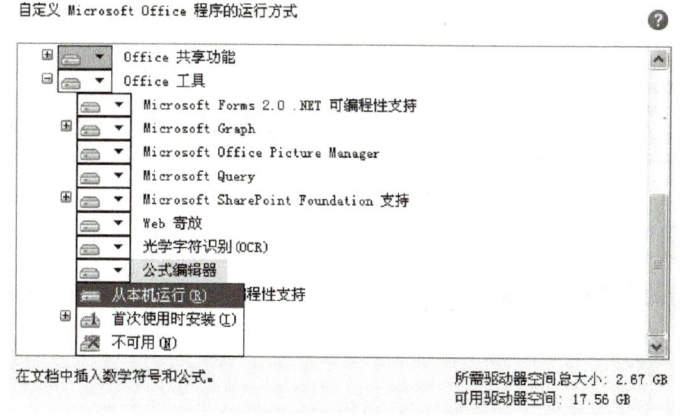
>
> 图 1.5　选择安装 Office 2016 组件
>
> 2. 用户也可以在安装好后再安装这些功能，但会用到 Office 安装盘。

步骤 2：启动 Excel 2016。

刚安装好 Excel 软件的计算机，一般要求重新启动。重新启动计算机后，可以正式使用 Excel 2016，Excel 的启动有五种方法。

第一种方法：从"开始"菜单中运行，即可启动 Excel 2016 软件，如图 1.6 所示。

第二种方法：双击桌面快捷方式 ；双击后软件会运行，并且默认新建一个工作簿，文件名为"工作簿1"。

第三种方法：双击任意一个磁盘上的 Excel 工作簿，双击后，此文档会调用 Excel 2016 软件，并且处于被编辑状态；如单击 ，则会运行 Excel 2016 软件，并编辑此工作簿。

3

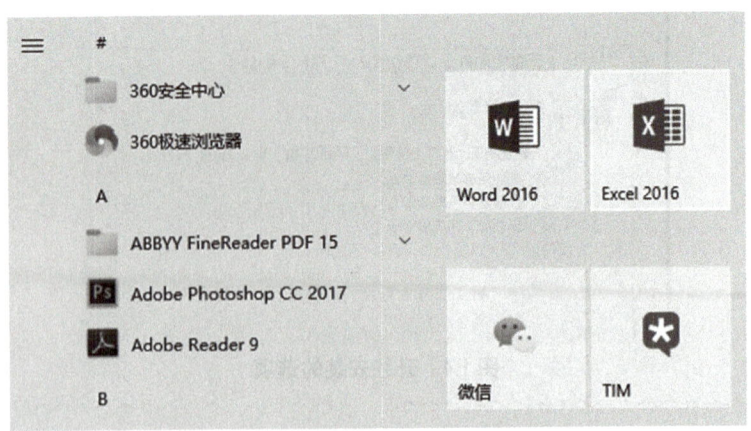

图1.6　从"开始"菜单启动Excel 2016

第四种方法：单击"开始—运行",再单击"浏览（B）…"按钮,找到Excel 2016所在的位置,单击"确定"按钮即可运行软件,如图1.7所示。

第五种方法：按住Ctrl键,双击启动Excel 2016软件,可以以"安全模式"启动Excel软件,如图1.8所示。

图1.7　通过运行的方式打开Excel软件　　　　图1.8　安全模式启动

1. Excel的"安全模式"：Excel只提供基本的功能,而禁止使用可能产生问题的部分功能,如自定义快速访问工具栏、加载宏及大部分的Excel选项。

2. 可以在命令方式启动时,加上参数"/S",实现"安全模式"启动。

步骤3：退出Excel 2016,即终止软件在计算机中的运行。Windows平台的软件退出的方法大多一样,而且多种方法殊途同归。

第一种方法：单击程序窗口右上角的关闭按钮 ⊠ 。

第二种方法：按Alt+F4组合键退出软件。

第三种方法：右击任务栏上Excel对应的窗口,选择"关闭窗口"命令,如图1.9所示。

图1.9　通过任务栏关闭程序

当然,通过任务管理器来结束当前Excel的任务也是一种"关闭"的方法,读者可以一试。

子任务2 认识功能区

Excel 2016使用了与Excel 2007相同的用户界面,它们与Excel 2003及更早的版本有很大的区别,以功能区代替了传统的菜单。在Excel 2016窗口上方看起来像菜单的名称其实是功能区的名称选项卡,当单击这些名称选项卡时并不会打开菜单,而是切换到与之相对应的功能区。每个功能区根据功能的不同又分为若干个组,每个功能区所拥有的功能各不相同。

Excel 2016的基本功能都可在功能区中实现,常用的功能区(有时称为选项卡)有:"开始""插入""页面布局""公式""数据""审阅"和"视图"。用户可以自定义功能区,从而可以更合理地组织出个性化的工作环境。

如果功能区中的某个组的右下角有展开标记时 ,则表示还有更多的操作选项。

步骤1:单击"开始"功能区。

"开始"功能区主要包括剪贴板、字体、对齐方式、数字、样式、单元格和编辑等几个组,对应Excel 2003的"编辑"和"格式"菜单部分命令。该功能区主要用于帮助用户对Excel 2016表格进行文字编辑和单元格的格式设置,是用户最常用的功能区,如图2.1所示。

图2.1 "开始"功能区

步骤2:单击"插入"功能区。

"插入"功能区主要包括表格、插图、图表、迷你图、筛选器、链接等几个组,对应Excel 2003中"插入"菜单的部分命令,主要用于在Excel表格中插入各种对象,如数据透视表、各种图表、文本框、页眉页脚等,Excel 2016中新增加的"切片器""迷你图"功能也在这个功能区,如图2.2所示。

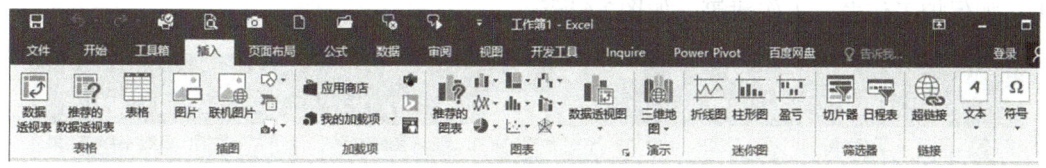

图2.2 "插入"功能区

步骤3:单击"页面布局"功能区。

"页面布局"功能区主要包括主题、页面设置、调整为合适大小、工作表选项、排列等几个组,对应Excel 2003的"页面设置"菜单命令和"格式"菜单中的部分命令,用于帮助用户设置Excel表格页面样式,如图2.3所示。

步骤4:单击"公式"功能区

"公式"功能区主要包括函数库、定义的名称、公式审核和计算等几个组,用于实现在Excel 2016表格中进行各种数据计算，区域名称的定义、管理也在"公式"功能区中，如图2.4所示。

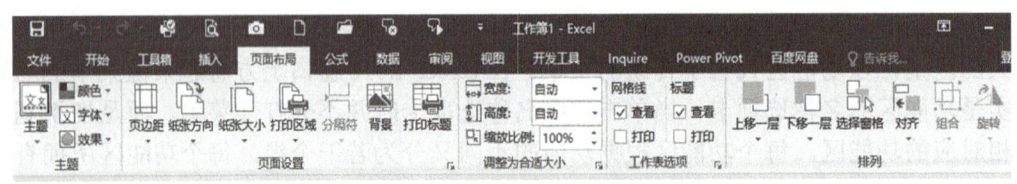

图2.3　"页面布局"功能区

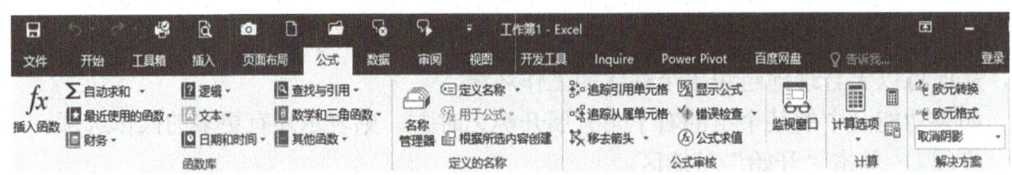

图2.4　"公式"功能区

步骤5：单击"数据"功能区。

"数据"功能区主要包括获取和转换、连接、排序和筛选、数据工具、预测和分级显示等几个组，主要用于在Excel 2016表格中进行与数据处理相关的操作，如排序、筛选、模拟分析、分类汇总等，这些功能在数据分析中的作用十分强大，如图2.5所示。

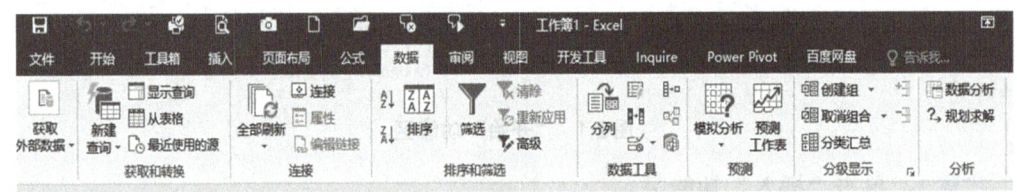

图2.5　"数据"功能区

步骤6：单击"审阅"功能区。

"审阅"功能区主要包括校对、中文简繁转换、语言、批注和更改等几个组，主要用于对Excel 2016表格进行校对和修订等操作，适用于多人协作处理Excel 2016工作表数据，如保护工作表、工作簿等，如图2.6所示。

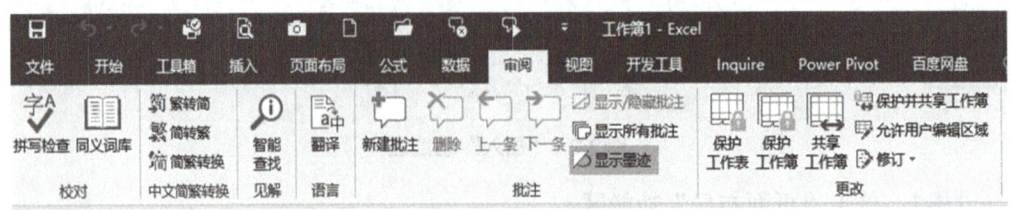

图2.6　"审阅"功能区

步骤7：单击"视图"功能区。

"视图"功能区包括工作簿视图、显示、显示比例、窗口和宏等几个组，主要用于帮助用户设置Excel 2016表格窗口的视图类型、显示比例、窗口切换等，其中宏操作是Excel 2016实现自动化操作的重要途径，如图2.7所示。

图 2.7 "视图"功能区

> 📚 **提 高**
>
> 1. Excel 2016 中还有一种叫作"上下文选项卡",只有当某些特定操作或选中特定对象时才会出现,如创建"图表"或"数据透视图"时,会多出来一些选项卡,这些选项卡称为"上下文选项卡",如图 2.8 所示。
>
>
>
> 图 2.8 图表工具和数据透视表工具"上下文选项卡"
>
> 2. Excel 2016 可能会根据计算机安装的应用程序而增加一些选项卡,如图 2.7 中的"工具箱""百度网盘"等。

子任务 3　设置 Excel 软件

Excel 软件像"汽车"一样,有很多设置选项,不同的用户有着不同的设置要求。对于 Excel 2016 来说,有些设置非常人性化,设置好软件后,操作起来十分方便。因此在安装完毕后,可以对软件进行简单设置。

步骤 1: 快速添加按钮到"快速访问工具栏"。快速访问工具栏是指将常用的操作按钮放到某个区域,方便快速操作。

单击控制菜单右侧的"自定义快速访问工具栏"下拉按钮,如图 3.1 所示,选择"其他命令",用鼠标单击菜单项就可以选中或取消相应的菜单项内容,选中某项则将其添加到快速访问工具栏中,取消选中则可以将现有的快速访问工具栏中的图标删除。

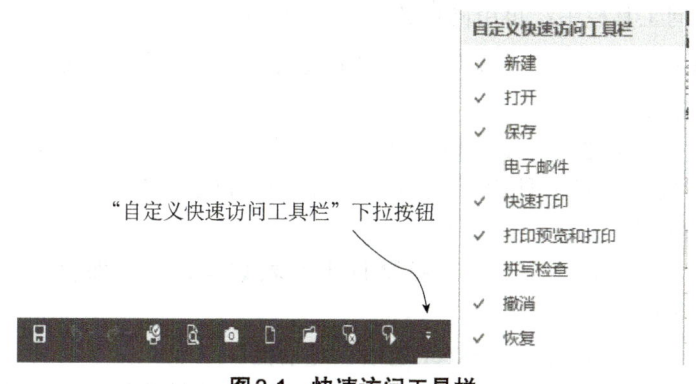

图 3.1 快速访问工具栏

快速访问工具栏默认放在功能区上方，也可以将其调整到功能区下方。单击"快速访问工具栏"右侧的下拉按钮，在弹出的菜单中选择"在功能区下方显示"命令即可，如图3.2所示；反之，可以按同样操作将"快速访问工具栏"调至功能区上方。这个设置完全取决于用户的使用习惯。

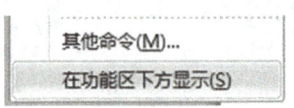

图3.2　"在功能区下方显示"命令

步骤2：单击"文件—选项"，弹出"Excel选项"对话框；在"Excel选项"对话框的左侧栏中单击"快速访问工具栏"，选择"常用命令"中的某个命令，再单击"添加"按钮，则可以将命令添加到快速访问工具栏，如图3.3所示。

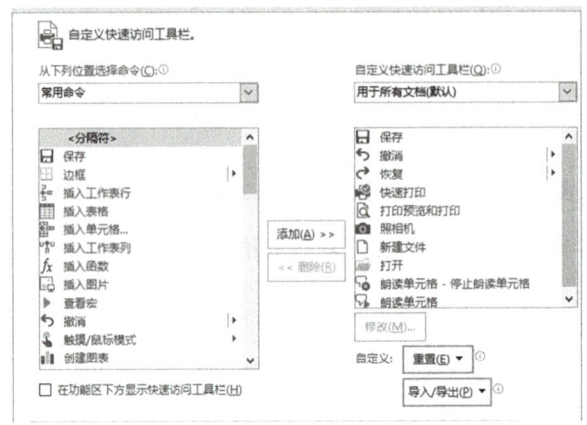

图3.3　自定义快速访问工具栏

也可以选中"在功能区下方显示快速访问工具栏"复选框，这样，快速访问工具栏就不会在标题栏左侧出现，而是在功能区的下面出现。

添加几个非常有用的功能到快速访问工具栏：在"从下列位置选择命令"下拉列表中选择"不在功能区中的命令"，如图3.4所示，然后在下面的列表中找到"记录单"，再单击"添加"按钮，将

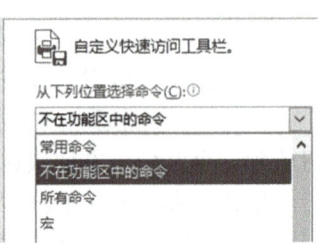

图3.4　不在功能区中的命令

其添加到快速访问工具栏中；再用同样的操作，将"照相机"添加到快速访问工具栏中，单击"确定"按钮完成设置。这时，在快速访问工具栏中就会出现刚添加的命令按钮。

如果已设置了"快速访问工具栏"，则可以恢复默认设置。先单击"文件—选项"，再单击左侧的"快速访问工具栏"，然后单击右侧"自定义"选项中的"重置"，选择"重置所有自定义项"，如图3.5所示。

步骤3：综合设置。综合设置包括默认工作表数量、自动保存时间、行标列标样式、自定义序列等内容。

单击"文件—选项"，弹出"Excel选项"对话框。

单击左侧的"常规"选项，在打开的"常规"选项设置页面中，如图3.6所示，单击

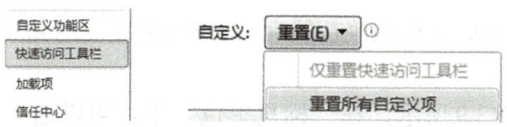

图 3.5　自定义快速访问工具栏

"字号"旁的下拉按钮，可以改变默认的字号大小；"包含的工作表数"是一个工作簿默认的工作表数量，可以修改的范围是 1～255；如将其改为 3，则下次打开工作簿时，默认包含的工作表数量是 3。

> **注意**
>
> 没有必要让一个工作簿包含过多的工作表，空白的工作表会增加工作簿文件的体积，造成不必要的存储空间浪费。

单击左侧的"保存"选项，打开"保存"选项设置页面，如图 3.7 所示，在"将文件保存为此格式"选项中，可以更改文件保存格式，用户可以选择任意 Excel 2016 支持的格式保存。

图 3.6　"常规"选项设置　　　　　　图 3.7　"保存"选项

在"保存自动恢复信息时间间隔"选项中，可以设置自动保存文档的时间间隔，以防断电等意外导致的信息丢失；系统默认时间间隔是 10 分钟。

在"默认文件位置"选项中，可以设置文档默认存放在计算机中的位置。

单击左侧的"高级"选项，打开设置页面如图 3.8 所示。

在"编辑选项"中，单击"按 Enter 键后移动所选内容"的"方向"的下拉箭头，可以设置按回车键后，光标默认的移动方向；勾选"自动插入小数点"复选框，再设置"位数"，可以设置输入的数值的小数位数。

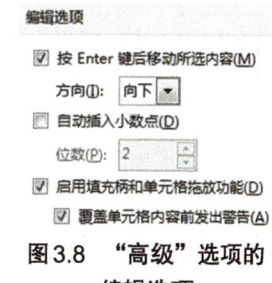

图 3.8　"高级"选项的编辑选项

> **注意**
>
> 在勾选"自动插入小数点"复选框后，任意输入的数字都将被设置为带有小数的格式。如设置小数位数为 2 位，在输入数字 12345 后，则显示为 123.45，原始数字被自动设置为两位小数；同理，如果输入 3，则显示为 0.03；但是，如果在输入的任意数字中带有小数点，则此法失效，如输入 12.3 或 12.（仅有小数点，不带小数位数），则显示不变；此法在会计等有固定位数数字的输入上十分有用。

勾选"启用填充柄和单元格拖放功能",其作用是在使用到序列时,可以拖动填充柄产生序列。

"显示"选项,如图3.9所示,在"标尺单位"中,可以选择Excel 2016中使用的标尺单位,可供选择的单位有英寸、厘米和毫米,如图3.10所示。

勾选"在任务栏中显示所有窗口",则所有打开的工作簿在任务栏可见,否则只出现当前工作簿窗口,仅当当前工作簿最小化后,可以出现最小化的工作簿窗口,单击可以还原。

图3.9 "显示"选项　　　　　　　图3.10 单位

勾选"显示编辑栏",则在工作簿窗口出现编辑栏,编辑栏位于功能区的下方，包括"名称框"和"编辑栏"两个部分,编辑栏对Excel 2016的操作十分有用,一般默认设置为显示编辑栏。

单击"Excel选项"对话框左侧的"自定义功能区",可以设置功能区中的内容,还可以设置某些功能是否出现在功能区中,如图3.11所示。

勾选"开发工具",再单击"确定"按钮,则"开发工具"出现在功能区中。

单击左侧"加载项"选项,在右侧窗口中出现当前的加载项内容,单击"转到"按钮,如图3.12所示。

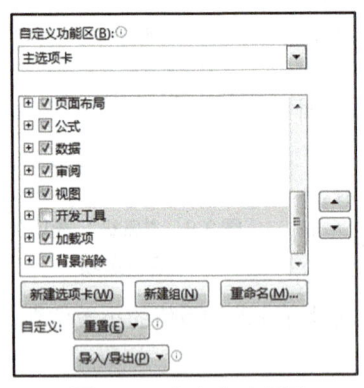
图3.11 自定义功能区

图3.12 管理加载项

提　高

1. 加载宏是一段特殊的程序代码,被勾选的加载宏会随着程序的启动而启动。
2. 加载宏是基于Excel自身数据分析和处理的一些功能模块,启动这些功能模块之后,会打开相应类别下的功能,用于解决某个方面或领域的问题。

弹出"加载宏"对话框，在对话框中出现可用的加载宏和已被加载的宏，如图3.13所示。

勾选要使用的宏，如"标签打印向导"，单击"确定"按钮；这时，软件里增加了"标签打印向导"功能，可以方便地打印标签。

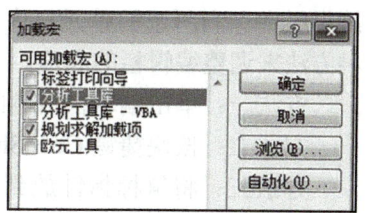

图3.13 "加载宏"对话框

子任务4　认识Excel工作界面

Excel窗口与普通的软件窗口十分相似，均包含控制菜单、标题栏、窗口控制按钮、边框等，只是没有了传统的菜单，取而代之的是功能区。启动 Excel 2016 后，就出现 Excel 2016工作窗口，如图4.1所示。

功能区：功能区包括选项卡和选项组。单击功能区右上方的折叠按钮 ，可以将功能区隐藏，当鼠标单击某选项卡时，该功能区才全部显示；在功能区隐藏状态下，单击 按钮或按Ctrl+F1组合键，可以完全显示功能区。

选项卡：选项卡是 Excel 2016 操作界面的一个重要组成部分。选项卡中包含了多个选项组，每个选项组中包含了一级甚至多级子菜单，用户可以在使用过程中自定义选项卡和选项组。

选项组：选项组由一些操作命令按钮组成，这些命令按钮可以是图标，也可以是文字。有的按钮其实就是菜单组中某个级联菜单项，但是将它添加到工具选项组中，操作起来会更方便快捷。

名称框：Excel 2016 中的名称框位于编辑栏左端的下拉列表框中，它主要用于指示当前选定的单元格、图表项或绘图对象。灵活运用名称框，对提高Excel的使用效率有很大帮助。

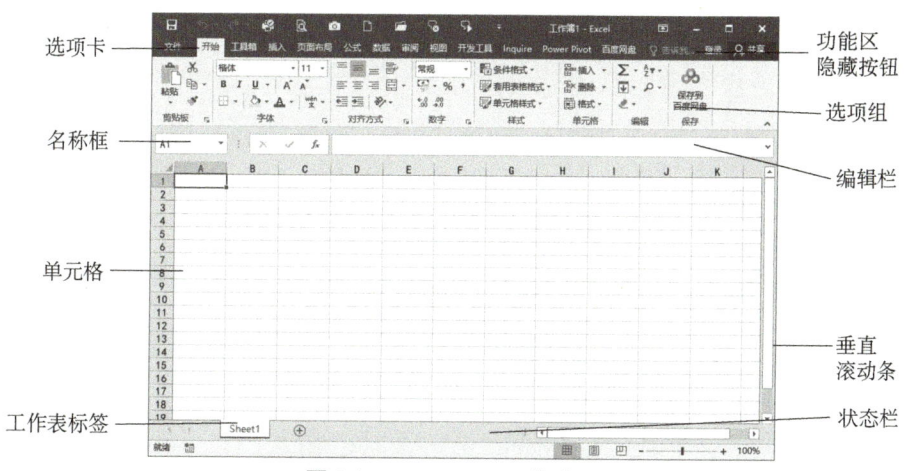

图4.1　Excel 2016工作窗口

编辑栏：在Excel工作表中选择某个单元格后，单元格中的文本或公式内容会显示在编辑栏中。当所选的单元格内容超出一行时，编辑栏仍然显示为一行，这时可以通过多种方法来调整编辑栏的高度。

方法一：单击编辑栏右侧的上下箭头逐行阅读。

方法二：按快捷键 Ctrl+Shift+U 展开或折叠编辑栏。

方法三：将鼠标指针放到行标题和编辑栏之间，鼠标指针变成上下箭头状，双击鼠标会将编辑栏调整到最适合的高度，或上下拖动鼠标调整编辑栏高度，如图 4.2 所示。

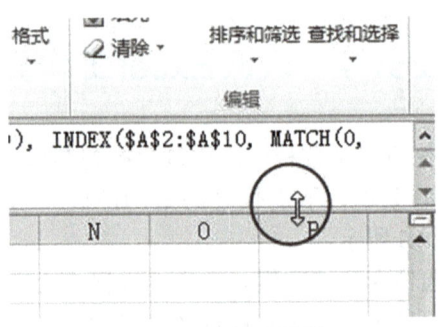

图 4.2　调整编辑栏

方法四：右击编辑栏，在弹出的快捷菜单中选择"扩充编辑栏"命令即可扩展编辑栏，要折叠编辑栏，可再次右击编辑栏，选择"折叠编辑栏"命令。

工作表标签：工作表标签就是工作表的名称。双击工作表标签或者右击工作表，在弹出的快捷菜单中选择"重命名"命令*，即可更改工作表名称。右击工作表标签，选择"工作表标签颜色"命令，可以更改标签颜色。右击工作表标签，选择"隐藏"或"取消隐藏"命令，可以将工作表隐藏起来，或取消已隐藏的工作表。

＊ 注：右击操作，后面均进行简化处理，意思为右键单击某对象，在弹出的快捷菜单中选择某命令，简化为右击某对象，选择某命令。

任务 2　创建职工数据工作簿

任务说明

本任务主要是将文字数据电子化，即将各种类型的数据输入到 Excel 中，形成电子表格文件，这也是信息化工作的第一步，有了电子数据后才可以进行数据处理和分析。不同类型的数据输入时有一定的方法和技巧，输入到 Excel 工作表中的数据要有一定的逻辑性，也就是说相关数据输入到一个工作表中，形成一个"二维表"。

由于各种原因，用户输入的数据可能会发生错误或偏差，特别是将大批量的数据输入到 Excel 软件中，数据必须要经过校验，防止源头上的错误。因此，要利用各种方法来提高数据输入的速度和准确性。

任务结构

子任务 5　创建空白工作簿
子任务 6　创建职工数据工作簿
子任务 7　利用填充产生数据
子任务 8　利用序列产生数据
子任务 9　利用记录单快速有效地输入数据
子任务 10　利用数据验证提高数据输入的准确性
子任务 11　导入外部数据

通常情况下，Excel 文件就是指 Excel 的工作簿文件，如果把工作簿比作书本，那么工作表就类似于书本中的章节，工作表是工作簿的组成部分。工作簿在英文中叫作"Workbook"，而工作表则称为"Sheet"，大致包含了书本和书页的意思。

Excel 2016 工作簿文件的扩展名为 xlsx（Excel 97-2000 默认的扩展名为 xls），这是 Excel 2016 最基础的电子表格文件类型。

启用宏工作簿 xlsm 文件：启用宏的工作簿，是自 Excel 2007 以后的版本所特有的，用于存储 VBA 宏代码或者 Excel 4.0 宏工作表，这也基于安全考虑，普通工作簿无法存储宏代码，而保存为这种工作簿则可以保留其中的宏代码。

加载宏 xlsm 文件：加载宏是一些包含了 Excel 扩展功能的程序，其中既包括 Excel 自带的加载宏程序（如分析工具库、规划求解等），也包括用户自己或者第三方软件厂商创建的加载宏程序（如自定义函数、命令等）。加载宏文件（xlsm）就是包含了这些程序的文件，通过移植加载宏文件，用户可以在不同的计算机上使用相关功能的加载宏程序。

工作区 xlw 文件：当用户处理一些较为复杂的 Excel 工作时，通常会用到多个工作簿，利用工作区中的功能可以很方便地为用户记住这些工作所需要处理的工作簿。

子任务 5　创建空白工作簿

工作簿文件是用户进行 Excel 2016 操作的主要对象和载体。用户使用 Excel 2016 创建数据表格、在表格中进行编辑及操作完成后进行保存等一系列操作的过程，大都是在工作簿这个对象上完成的。打开一个 Excel 2016 程序窗口，里面默认有一个工作簿[①]。

启动 Excel 2016 软件后，系统将自动创建一个工作簿，名称为"工作簿1.xlsx"。

步骤1：创建空白工作簿。创建空白工作簿有以下 4 种方法。

第一种方法：双击桌面上的"Microsoft Office Excel 2016"快捷方式图标；这也是启动 Excel 2016 软件最常用的一种方法。

第二种方法：单击"开始—所有程序—Microsoft Office—Microsoft Office Excel 2016"。

第三种方法：右击桌面，选择"新建—Microsoft Excel 工作表"，这样可以在桌面上新建一个 Excel 工作簿，如图 5.1 所示。

图 5.1　新建 Microsoft Excel 工作表

双击此工作簿可以启动 Excel 2016 软件；与此类似的方法是，双击现成的 Excel 2016 工作簿，都可以启动软件，并编辑此工作簿。这是编辑工作簿最常用的方法，对有数据的工作簿进行编辑修改，也可用这种方法。

第四种方法：单击"开始—运行"，在打开的窗口中找到 Excel 2016 程序文件所在位置，一般是"C:\Program Files\Microsoft Office\OFFICE16\Excel.exe"[②]，然后，单击"确定"按钮，系统会运行 Excel 程序，与第一种方法殊途同归。

系统创建了工作簿的同时，也同时创建了工作表，因为工作表只能存在于工作簿中。一个工作簿默认包含有一张工作表，名称是 Sheet1。

---

① Excel 2016 程序窗口如果没有工作簿，可以通过新建工作簿来创建；当工作簿只有一张工作表时，可以单击【文件—关闭】来关闭工作簿。

② 不同计算机的安装路径可能会有不同。

工作簿中默认工作表的数量设置参见"子任务3"。

> **注 意**
>
> 1. 在保存新建工作簿时，会弹出"另存为"对话框。
> 2. 如果正在编辑的文件没有被保存过，在关闭或退出软件时，软件会提醒保存。
> 3. 菜单"文件—关闭"选项，仅对正在编辑的文档而言，它可以结束正在编辑的文档，但是Excel 2016软件仍处于运行状态。

> **提 高**
>
> 从Microsoft Office 2007开始，引入了Open XML格式，文件的扩展名默认加上"X"后缀，这类文件不能包含VBA宏和Active X控件，安全风险大大降低。扩展名中带"M"后缀的文件，可以包含VBA宏与Active X控件。

子任务6 创建职工数据工作簿

企业进行数据管理之前，必须对大量的信息进行电子化（数字化），即将这些信息输入到计算机中去，尤其是大中型企业，如果没有一个统一的资料存档，在查找职工资料或者进行统计分析时，将会十分烦琐，效率也十分低下。

数据组织"必须是规范化的[①]"，至少要达到第三范式（3NF），因此创建职工数据工作簿时，应尽量遵守规范化约束条件，具体要求请参照相关书籍。

本子任务对应文件"6职工基本数据"。

步骤1：单击"快速访问工具栏"中的"新建"按钮，或者单击"文件—新建"，在可用模板窗口中单击"空白工作簿"，如图6.1所示。

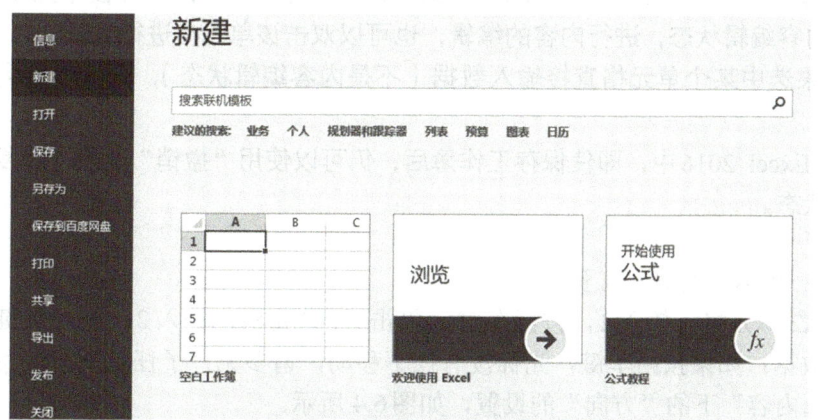

图6.1 新建空白工作簿

---

① 黄梯云，《管理信息系统》第四版，150页。

步骤2：将光标移至窗口左下角工作表标签"Sheet1"上右击，选择"重命名"命令，将其重命名为"职工基本数据"，按回车键确认完成，如图6.2所示。

> **技巧**
>
> 1. 在工作表标签区域右击，选择"工作表标签颜色"命令，可以更改工作表标签颜色，如图6.3所示。
> 2. 在工作表标签区域右击，选择"隐藏"命令，可以将整张工作表隐藏；鼠标右击非隐藏工作表标签，选择"取消隐藏"命令，在弹出的对话框中选择取消隐藏的工作表，则可以显示被隐藏的工作表。

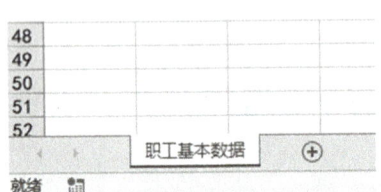

图6.2 创建职工数据工作簿

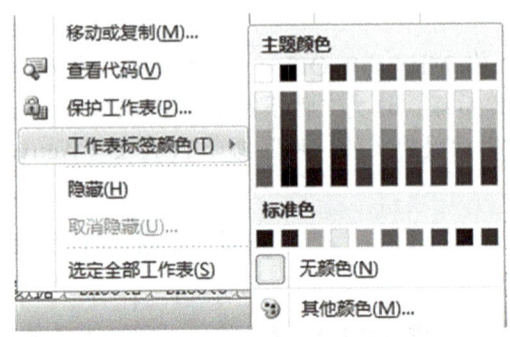

图6.3 更改工作表标签颜色

步骤3：在A1至H1单元格中分别输入：序号、姓名、性别、出生日期、学历、工资、部门、联系方式。可以看出，上述数据是一个表格的第一行，在数据库管理中，称为"字段"或"属性"。

> **技巧**
>
> 1. 在输入内容的过程中，如果需要修改单元格内容，可以选择该单元格，再按F2键，进入内容编辑状态，进行内容的编辑；也可以双击该单元格进行编辑。
> 2. 如果选中某个单元格直接输入数据（不是内容编辑状态），则新内容会替换原单元格内容。
> 3. 在Excel 2016中，即使保存工作簿后，仍可以使用"撤销"功能，恢复工作表到上一编辑状态。

步骤4：输入序号列和工资列。

单击A2单元格，输入1，按回车键；单击A3单元格，输入2，按回车键；依此类推，输入数据；如果按回车键，光标没有往下移动，请参见"子任务3"中"按Enter键后移动所选内容"下的"方向"的设置，如图6.4所示。

同样，单击F2单元格，在工资列中输入相应的工资数据。

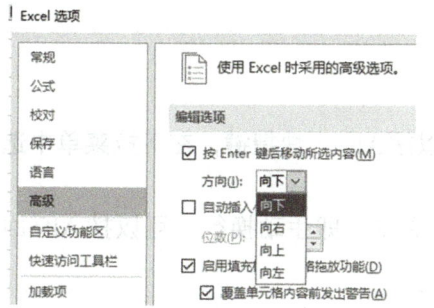

图6.4　设置按Enter键后光标移动方向

	A	B	C	D	E	F	G	H
1	序号	姓名	性别	出生日期	学历	工资	部门	联系方式
2	1	王家鹏	男	1980/6/20	本科	5830.5	营销部	13113154321
3	2	冯志杰	男	1982/3/13	硕士	4890	财务部	13113154322
4	3	吴青松	男	1979/9/14	本科	6835.8	总经办	13113154323
5	4	印玉洁	女	1980/11/11	专科	4350.1	营销部	13113154324
6	5	高俊	男	1983/2/10	博士	3490.3	财务部	13113154325
7	6	丁俊	男	1981/1/17	本科	3000	采购部	13113154326
8	7	张军玲	女	1980/12/4	硕士	6090.5	广告部	13113154327
9	8	赵星宇	男	1978/12/3	本科	2370.6	人事部	13113154328
10	9	贾昊茜	女	1983/5/2	硕士	4580.3	后勤部	13113154329
11	10	张嘉惠	女	1977/10/16	博士	8850.7	人事部	13113154330

图6.5　输入数据

提 高

1. 序号与工资列输入的都是代表数量的数字形式（工资数据也可以称为货币形式），其他的数字形式有成绩、产值、身高、体重、温度等。数值可以是正值，也可以是负值，这些值都可以进行计算，如加、减、乘、除、求和、求平均等。

2. 在 Excel 中，一些特殊符号也被理解为 Excel 数值，如百分号（%）、货币符号（￥）、千分号（，），以及科学计数符号（E）。

步骤5： 输入联系方式。

单击H2单元格，在编辑栏中输入“'13113154321”，再单击编辑栏左侧的“✓”确定输入，如图6.6所示。

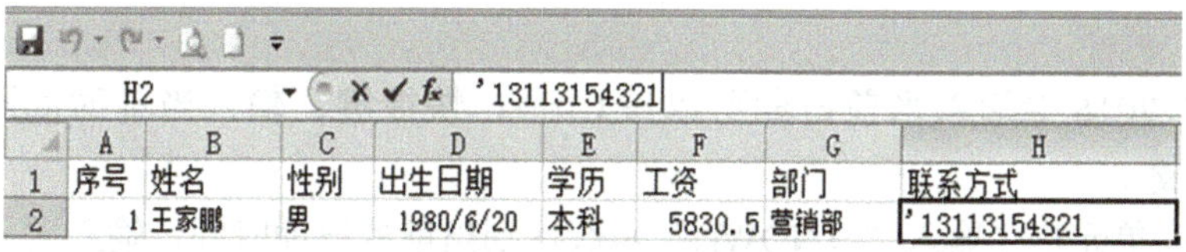

图6.6　输入联系方式

提 高

1. 联系方式中的内容为电话号码，看起来似数字，但这类数字不代表数量，不需要进行数值计算，因此在输入时，应当作文本来处理；除了电话号码外，身份证号、股票代码、工号等，都属于文本型数值。

2. 在输入“文本型数值”时，为了与“数值型”数据区别开来，应先输入前导控制符“'”（英文单引号），输入的单元格左上角会有个绿色标记。

步骤6： 输入姓名、性别、学历和部门列。

单击B2单元格，输入姓名，按回车键；单击C2单元格，输入性别，依此类推。

Excel 2016默认按回车键光标往下移动，如果要更改设置，单击“文件—选项—高级”，在打开的窗口中进行修改，如图6.4所示。

技巧

1. 在输入性别时，如果输入本列的重复值，可以按Alt+↓快捷键，在下拉菜单中选择即可；使用此方法，上下数据之间不可以有空行。
2. 在单元格内输入文本数据时，若要换行输入文本，即手动换行，可以按Alt+回车键。

步骤7：输入出生日期。

单击D2单元格，再单击编辑栏，输入"1980-6-20"，确定输入，如图6.7所示。

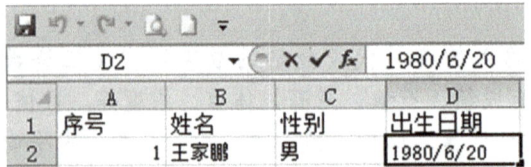

图6.7　输入出生日期

在输入出生日期时，年月日之间可以用"/"或"-"（英文状态字符）分隔，也可以用汉字（年、月、日）或英语（如March 8，Mar 8）分隔，Excel 2016均可以自动识别，但是"."不可以用作日期分隔符。

技巧

1. Excel 2016中输入当前日期可以按Ctrl+；快捷键，输入当前时间可以按Ctrl+Shift+；快捷键。
2. 可以在单元格中输入"=NOW()"函数得到当前的日期时间，输入"=TODAY()"函数得到当前的日期。这两个函数属于易失性函数，随工作簿的打开而更新结果。

注意

1. Excel 2016有强大的自动识别技术，如输入2/28，会被识别为2月28日，而输入2/31，则被识别为字符串，这点需要读者细细体会。
2. Excel 2016中，数字、时间日期默认右对齐，字符默认左对齐，逻辑值和错误值默认为居中显示。
3. Excel 2016的一个单元格中的数字有效位数最大为15位。整数部分超过15位的，则显示为0；小数部分超过15位的，则截去超过部分。

任务2 创建职工数据工作簿

> **提　高**
>
> 1. Excel中的时间与日期是以1900年1月0日0时为基准的（这个日期不存在），基点后每过一天，计数1，依此类推，32则为1900年2月1日，1/24则为1小时；这样就将日期时间与数字联系起来。因此，一个数字，如20.5，根据用户的设置，显示出不同的形式，如果设为数值，则显示20.5，如果设置为日期，则显示为1900年1月20日中午12时。
>
> 2. 如果一个单元格的数据是日期，将内容删除后，输入一个数值，则软件自动将数字格式改为日期形式，这称为"格式保留"；要想改变格式，可以删除单元格再输入，也可以清空格式，单击"开始—（编辑）—清除"，再单击"清除格式"，也可以更改单元格格式设置，单击"开始—（数字）"格式列表框，在打开的列表框中进行设置。

步骤8：保存工作簿。
方法一：单击快速访问工具栏中的"保存"按钮。
方法二：单击菜单"文件—保存"。
在弹出的对话框中输入文件名。在"另存为"对话框中，单击"工具—常规选项"，如图6.8所示，在打开的对话框中可以对文件设置"打开权限密码"和"修改权限密码"，如图6.9所示。设置完后，再次打开文件时，工作簿会提示输入密码，否则不能打开。

图6.8　选择"常规选项"

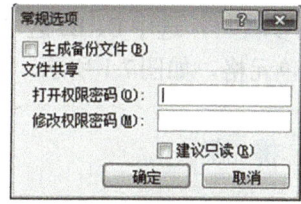

图6.9　设置文件密码

子任务7　利用填充产生数据

如果用户输入的数据带有某些"规律"，如连续的数字，如1、2、3，…；具有相同间隔的日期，如1月5日、1月10日、1月15日等，均可以利用Excel 2016提供的填充功能，以实现快速输入。

填充一般是用户先在前几个单元格中输入数据，为Excel 2016提供识别内容及顺序信息，然后Excel 2016使用填充功能，单元格自动按照序列中的元素、间隔顺序来依次填充。

使用填充功能时，首先要确保"单元格施放"功能被启用，操作方式见"子任务3"。
本子任务对应文件"7利用填充产生数据"。

步骤1：单击工作表标签"填充"。单击A1单元格，在A1单元格中输入1；单击A2单元格，在A2单元格中输入2。

步骤2：选中A1:A2区域，将光标移到选中区域的右下角，鼠标箭头变成黑色实心十字 （以后称为填充柄）时，按住鼠标左键，向下拖曳到A10单元格。

这时，A3至A10会出现3至10的数字，如图7.1所示。

步骤3：单击B1单元格，在B1单元格中输入2。

步骤4：单击B2单元格，在B2单元格中输入4。

步骤5：选中B1:B2区域，将光标移到选中区域的右下角，鼠标箭头变成黑色实心十字（称为填充柄）时，双击左键，填充完成，如图7.1所示。

步骤6：单击C1单元格，在C1单元格中输入"1月"。

步骤7：移动光标到C1单元格的右下角，当鼠标箭头出现"填充柄"形状时双击左键，填充完成，整个单元格填充"1月"至"10月"，如图7.1所示。

图7.1 填充结果

步骤8：单击D1单元格，在D1单元格中输入"1/1"，Excel 2016识别为"2022年1月1日"[1]。

步骤9：移动光标到D1单元格的右下角，当鼠标指针出现"填充柄"形状时双击左键，填充完成，整个单元格填充"1月1日"至"1月10日"，如图7.1所示。

步骤10：单击E1单元格，输入"1/31"，系统转换为"1月31日"；单击E2单元格，输入"2/29"，系统转换为"2月29日"。

步骤11：选中E1:E2区域，双击填充柄，填充完成，系统以每月的最后一天[2]填充到E10单元格，如图7.1所示。

提 高

1. 不同的数据，在使用填充柄进行填充时，数据处理方式不一样。对于单个数值型数据，处理为复制方式填充；对于两个及两个以上的数据区域，处理方式为等差填充；对于纯文本型数据（包括数值型文本），处理方式为复制方式填充；对于日期型数据，处理方式为顺序填充。

2. 如果按住**Ctrl**拖放，上述默认方式会发生逆转，复制变成填充，填充变成复制。

步骤12：单击F1单元格，输入1；单击F2单元格，输入3。

步骤13：选中F1、F2，拖动区域的填充柄到F10单元格，结果默认是按等差填充的。

步骤14：单击"开始—（编辑）—填充—系列"，如图7.2所示，在打开的"序列"对话框中，"类型"选择"等比序列"，"步长值"设为3，如图7.3所示；单击"确定"按钮；在相应区域产生一个以3为公比的等比数列。

---

[1] 根据操作日期不同，年份会不同。
[2] 若操作的年份为非闰年，2月的最后一天是28日；如果为闰年，2月的最后一天则改为29日。

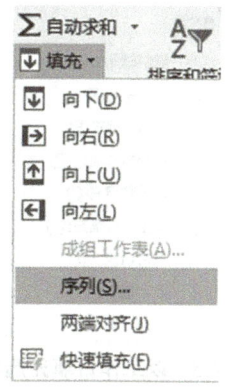

图7.2 系列操作

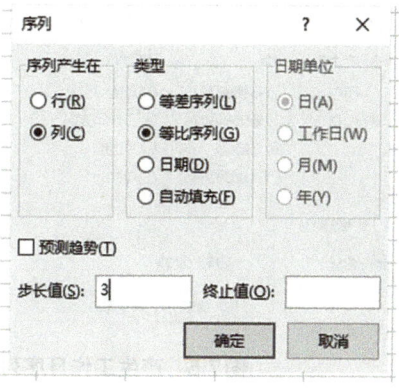

图7.3 设置等比序列

步骤15：单击工作表标签"带Ctrl的填充"；在A1、B1单元格中分别输入数字1。

步骤16：拖动A1单元格的填充柄到A10，区域内自动产生填充值1。

步骤17：单击B1单元格，按住Ctrl键，再拖动B1单元格的填充柄到B10单元格，产生递增的填充值1～10。

步骤18：在C1、C2单元格中分别输入"第1"和"第2"；在D1、D2单元格中分别输入"第1"和"第2"。

步骤19：选中C1:C2区域，拖动填充柄到C10单元格，产生填充数据"第1、第2、…、第10"。

步骤20：选中D1:D2区域，按住键盘上的Ctrl键拖动填充柄到D10单元格，则循环产生填充数据"第1、第2"，如图7.4所示。

	A	B	C	D
1	1	1	第1	第1
2	1	2	第2	第2
3	1	3	第3	第1
4	1	4	第4	第2
5	1	5	第5	第1
6	1	6	第6	第2
7	1	7	第7	第1
8	1	8	第8	第2
9	1	9	第9	第1
10	1	10	第10	第2

图7.4 带Ctrl的填充

步骤21：工作日填充。

单击E1单元格，输入日期"2022/1/1"，拖动B1单元格的填充柄到B10单元格，系统自动以"日"为单位填充，最后日期为"2022/1/10"。单击"开始—(编辑)—填充—系列"，弹出"序列"对话框，在"类型"中选择"日期"，在"日期单位"类型中选择"工作日"，单击"确定"按钮；原有的日期数据序列中已没有双休日，如图7.5所示；此步骤也可以在"填充选项"中选择"以工作日填充"，如图7.6所示。

步骤22：Excel 2016新增加了"快速填充"功能，它可以让一些不太复杂的字符串处理变得更加简单，如日期拆分、字符串分列和合并等。快速填充必须在数据区域的相邻列内才能使用，在横向填充时不起作用。

21

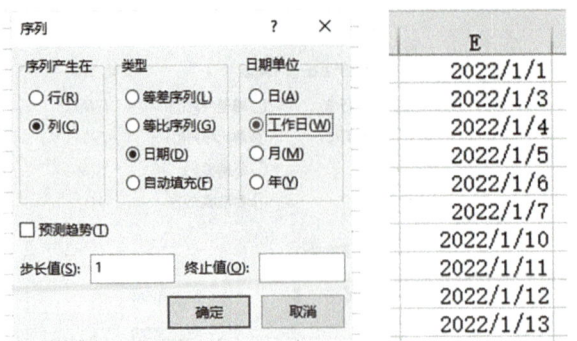

图7.5　产生工作日序列

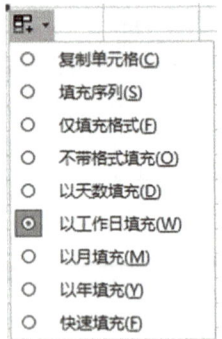

图7.6　以工作日填充选项

单击工作表标签"快速填充",再单击G1单元格,输入"店铺位置"。注意,此标题与B1内的标题一样。

> **提　高**
>
> 1. 自动填充有以下几种情况:字段自动匹配、根据字符位置拆分、根据分隔符拆分、字段合并、部分内容合并等。
>
> 2. 使用自动填充生成的数据,如果原始数据发生了变化,填充的结果并不能随之自动更新。

步骤23:选择G1:G17区域,直接按Ctrl+E快捷键,或者单击"数据—(数据工具)—快速填充",G列数据自动以B列的数据填充。这里填充的依据是G1单元格内容与B1单元格有相同的标题,如图7.7所示。

	A	B	C	D	E	F	G
1	销售单号	店铺位置	货号	品名	批发价	销售数量	店铺位置
2	MDL20210826-A004-020	重庆观音桥	1120SPC45	马德兰-多层复合-深棕-SPC45	60	1648	重庆观音桥
3	MDL20210827-A004-021	武汉水果糊	1121SPC46	马德兰-多层复合-透明-SPC46	57	2575	武汉水果糊
4	MDL20210828-A004-022	杭州西湖	1122SPC47	马德兰-多层复合-栗色-SPC47	82	1160	杭州西湖
5	MDL20210829-A004-023	广州白云山	2123SPC45	马德兰-实木复合-枣红-SPC45	70	1328	广州白云山
6	MDL20210826-A007-001	深圳世界公园	2124SPC45	马德兰-实木复合-杏色-SPC45	68	3007	深圳世界公园
7	MDL20210826-A007-002	北京香山	1120SPC50	马德兰-多层复合-深棕-SPC50	77	1423	北京香山
8	MDL20210827-A007-003	厦门鼓浪屿	1126SPC40	马德兰-多层复合-青色-SPC40	90	2197	厦门鼓浪屿
9	MDL20210828-A007-004	上海人民广场	1126SPC40	马德兰-多层复合-姜黄-SPC40	85	2258	上海人民广场
10	MDL20210829-A007-005	合肥三笑口	3120SPC45	马德兰-碳化复合-深棕-SPC45	90	2286	合肥三笑口
11	MDL20210829-A007-006	西安鼓楼	3127SPC45	马德兰-碳化复合-灰黑-SPC45	77	1399	西安鼓楼
12	MDL20210830-A007-007	南京新街口	3128SPC46	马德兰-碳化复合-深灰-SPC46	59	1654	南京新街口
13	MDL20210825-B6-005	南昌滕王阁	3129SPC47	马德兰-碳化复合-青灰-SPC47	57	2208	南昌滕王阁
14	MDL20210826-B6-006	景德镇樊家井	1130SPC48	马德兰-多层复合-轧道-SPC48	60	2202	景德镇樊家井
15	MDL20210827-B6-007	成都天府广场	1131SPC38	马德兰-多层复合-亮黄-SPC38	85	2460	成都天府广场
16	MDL20210828-B6-008	石家庄抗战广场	2132SPC50	马德兰-实木复合-浅棕-SPC50	62	3250	石家庄抗战广场
17	MDL20210829-B6-009	哈尔滨中央街	2133SPC45	马德兰-实木复合-卡其-SPC45	95	1874	哈尔滨中央街

图7.7　根据标题快速填充

步骤23:单击H1单元格,输入"色号";单击H2单元格,输入1120;色号是货号的前4位数字。

步骤24:选择H1:H17单元格,直接按Ctrl+E快捷键,或者单击"数据—(数据工具)—快速填充",H列自动以所有商品的色号填充,如图7.8所示。

货号	品名	批发价	销售数量	店铺位置	色号
1120SPC45	马德兰-多层复合-深棕-SPC45	60	1648	重庆观音桥	1120
1121SPC46	马德兰-多层复合-透明-SPC46	57	2575	武汉水果糊	1121
1122SPC47	马德兰-多层复合-栗色-SPC47	82	1160	杭州西湖	1122
2123SPC45	马德兰-实木复合-枣红-SPC45	70	1328	广州白云山	2123
2124SPC45	马德兰-实木复合-杏色-SPC45	68	3007	深圳世界公园	2124
1120SPC50	马德兰-多层复合-深棕-SPC50	77	1423	北京香山	1120
1125SPC40	马德兰-多层复合-青色-SPC40	90	2197	厦门鼓浪屿	1125
1126SPC40	马德兰-多层复合-姜黄-SPC40	85	2258	上海人民广场	1126
3120SPC45	马德兰-碳化复合-深棕-SPC45	90	2286	合肥三笑口	3120
3127SPC45	马德兰-碳化复合-灰黑-SPC45	77	1399	西安鼓楼	3127
3128SPC46	马德兰-碳化复合-深灰-SPC46	59	1654	南京新街口	3128
3129SPC47	马德兰-碳化复合-青灰-SPC47	57	2208	南昌滕王阁	3129
1130SPC48	马德兰-多层复合-轧道-SPC48	60	2202	景德镇樊家井	1130
1131SPC38	马德兰-多层复合-亮黄-SPC38	85	2460	成都天府广场	1131
2132SPC50	马德兰-实木复合-浅棕-SPC50	62	3250	石家庄抗战广场	2132
2133SPC45	马德兰-实木复合-卡其-SPC45	77	1874	哈尔滨中央街	2133

图7.8 根据位置快速填充

步骤25：单击I1单元格，输入"颜色与色号"；单击I2单元格，输入"深棕1120"，即品名中的颜色与货号中的色号合并。

步骤26：选择I1:I17单元格，直接按Ctrl+E快捷键，或者单击"数据—（数据工具）—快速填充"，I列自动以所有商品的颜色名称与色号填充，如图7.9所示。

货号	品名	颜色与色号
1120SPC45	马德兰-多层复合-深棕-SPC45	深棕1120
1121SPC46	马德兰-多层复合-透明-SPC46	透明1121
1122SPC47	马德兰-多层复合-栗色-SPC47	栗色1122
2123SPC45	马德兰-实木复合-枣红-SPC45	枣红2123
2124SPC45	马德兰-实木复合-杏色-SPC45	杏色2124
1120SPC50	马德兰-多层复合-深棕-SPC50	深棕1120
1125SPC40	马德兰-多层复合-青色-SPC40	青色1125
1126SPC40	马德兰-多层复合-姜黄-SPC40	姜黄1126
3120SPC45	马德兰-碳化复合-深棕-SPC45	深棕3120
3127SPC45	马德兰-碳化复合-灰黑-SPC45	灰黑3127
3128SPC46	马德兰-碳化复合-深灰-SPC46	深灰3128
3129SPC47	马德兰-碳化复合-青灰-SPC47	青灰3129
1130SPC48	马德兰-多层复合-轧道-SPC48	轧道1130
1131SPC38	马德兰-多层复合-亮黄-SPC38	亮黄1131
2132SPC50	马德兰-实木复合-浅棕-SPC50	浅棕2132
2133SPC45	马德兰-实木复合-卡其-SPC45	卡其2133

图7.9 字段合并快速填充

子任务8 利用序列产生数据

用户可以将带有规律的数据"告诉"Excel，当用户再次使用到这些数据时，Excel软件可以快速地按用户"预定"的内容生成，这些存放在计算机中的数据称为序列。

填充与序列的最大区别在于：填充是计算机自动产生的，不同版本的Excel软件都可以用填充方式生成数据；而序列则需要用户事先在Excel软件中设定，而且不同机器中的序列不尽相同，因此在某台计算机的Excel软件中可以产生某个序列，换另一台机器则可能产生不了同样的序列[①]。

Excel中默认已存入一部分序列值，用户可以直接使用，也可以自定义序列值，并存放在Excel软件中，在数据输入、排序等方面将会十分有用。

本子任务对应文件"8利用序列产生数据"。

---

① 在安装Excel时，会默认安装常用的一些序列。

步骤 1： 单击工作表标签“序列”；单击A1单元格，输入“星期一”；拖曳A1单元格的填充柄到A10单元格，系统自动产生星期序列[①]，如图8.1所示。

步骤 2： 单击B1单元格，输入“周一”；双击B1单元格的填充柄，系统自动产生关于周几的序列（如果此步骤不能完成，请参照步骤4）。

步骤 3： 单击C1单元格，输入“jan”；双击C1单元格的填充柄，系统自动产生关于月份简写的序列；整个序列如图8.1所示。

	A	B	C
1	星期一	周一	jan
2	星期二	周二	feb
3	星期三	周三	mar
4	星期四	周四	apr
5	星期五	周五	may
6	星期六	周六	jun
7	星期日	周日	jul
8	星期一	周一	aug
9	星期二	周二	sep
10	星期三	周三	oct

图8.1　序列值

步骤 4： 用户自定义序列。

单击“文件—选项—高级—（常规）—编辑自定义列表”，出现“自定义序列”对话框，如图8.2所示。

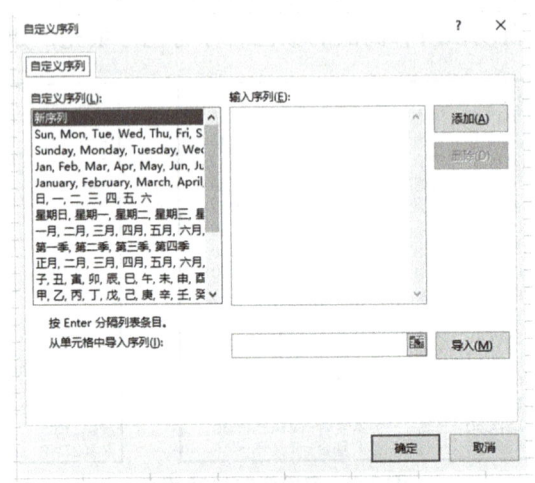

图8.2　“自定义序列”对话框

图中可见系统已经设置了一些序列值，在“自定义序列”框中单击“新序列”，在“输入序列”框中输入“周日、周一、周二、周三、周四、周五、周六”，每个数据占一行并且不要带任何标点符号，如图8.3所示。

单击“确定”按钮返回，再单击“确定”按钮退出选项设置；设置完成后，可以在工作簿中使用该序列输入数据。

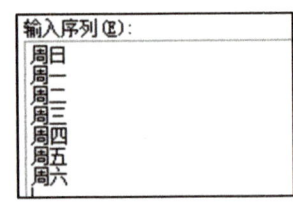

图8.3　自定义新序列

技 巧

1. 序列填充使用方式相当灵活，不一定要从序列的第一个值开始填充，可以从任意值开始。

2. 当填充到序列值的尾部时，下一个填充数据将从序列的第一个值开始，循环填充。

① 如果没有定义序列，则会产生一个重复的填充。

步骤5：单击 D1 单元格，输入"江苏"，在 D2、D3 单元格中分别输入"浙江""上海"。

步骤6：单击"文件—选项—高级—（常规）—编辑自定义列表"，在打开的对话框中单击"导入"按钮左侧的按钮，如图 8.4 所示。用鼠标拖动选择区域 D1:D3，如 ；再单击"自定义序列"对话框右侧的 按钮。

图8.4　导入序列

步骤7：在返回的对话框中，单击"导入"按钮，将三个数据导入到自定义序列中。

步骤8：单击"确定"按钮，完成导入。

> **注意**
>
> 1. 自定义序列数据保存在 Excel 软件中，而不是保存在工作簿中。
> 2. 当用户在不同的计算机中编辑同一个工作簿时，原先可以通过序列产生的数据，在新的软件环境中不一定能产生这个序列数据。

步骤9：单击工作表标签"填充选项"。

单击A1单元格，输入"甲"；单击"开始—（字体）— B "，设置内容格式为加粗；再单击"开始—（字体）— A "，在颜色列表中选择红色，最终单元格内容格式变为红色加粗。

步骤10：拖动 A1 单元格的填充柄到 A10，区域内按软件设定的序列填充"甲、乙…壬、癸"，且格式都为红色加粗，如图 8.5 所示。

步骤11：自动填充完成后，填充区域的右下位置会显示"填充选项"按钮，单击"填充选项"按钮，出现菜单，如图 8.6 所示。

图8.5　红色加粗序列

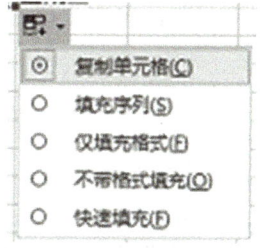

图8.6　填充选项

选择"复制单元格"，则A1至A10单元格填充为"甲"。

如果选择"仅填充格式"，则单元格的格式被复制到后续区域，相当于"格式刷"，而后续区域的数值没有任何变化。

如果选择"不带格式填充"，则单元格的内容被复制到后续区域，但原单元格的格式不被复制；如图8.7所示，填充后，A2:A10区域的内容格式没有变为红色加粗。

步骤11：单击B1单元格，输入"星期一"；单击B2单元格，输入"星期二"。

步骤12：选中B1:B2区域，双击填充柄，由于系统中存有关于星期的序列，因此系统自动以序列方式填充到B10单元格。

步骤13：单击"填充选项"按钮，选择"复制单元格"，则在B3至B10单元格区域中，循环填入"星期一、星期二"，如图8.8所示，相当于按Ctrl键拖动填充柄的效果。

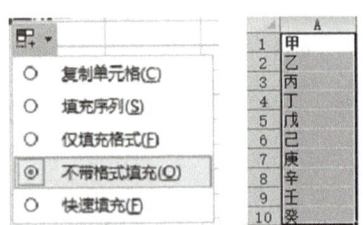

图8.7　不带格式填充及效果

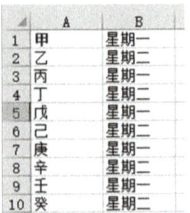

图8.8　在序列中使用复制

子任务9　利用记录单快速有效地输入数据

当需要在Excel工作表中输入海量数据的时候，一般会逐行或逐列输入，Excel提供了一种叫"记录单"的输入方法，类似于Visual FoxPRO或Access的数据录入，将数据标题与数据内容对照起来输入。Excel 2016本身提供的记录单功能不仅可以提供上述数据快速输入功能，还可以设置浏览条件查看数据。要使用记录单功能，一般先将"记录单"快捷按钮调至快速访问工具栏。

本子任务对应文件"9利用记录单输入数据"。

步骤1：单击"文件—选项"，弹出"Excel选项"对话框；在"Excel选项"对话框中，单击"快速访问工具栏"。

步骤2：在"从下列位置选择命令"下拉列表中选择"不在功能区中的命令"，随后找到"记录单…"命令，如图9.1所示。

单击"添加"按钮，将其添加到快速访问工具栏中，此时就可以在快速访问工具栏中找到记录单命令 ，单击"确定"按钮。

> **注　意**
>
> 1. 在使用记录单输入数据时，数据清单中的第一行一定要是标题，否则Excel会提示出错，如图9.2所示。
> 2. 在Excel中，很多的数据处理都规定数据区域要有标题行，如"表格""数据透视表"等。

步骤3：单击工作表标签"职工基本数据"；再单击工作表中数据区域的任意单元格，如A2单元格，然后单击快速访问工具栏中的"记录单"按钮，出现记录单窗口，如图9.3所示。

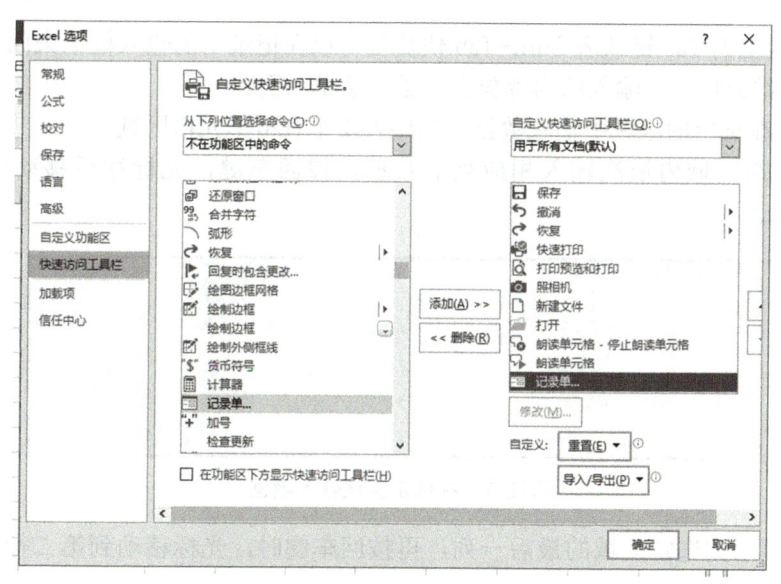

图9.1　设置记录单按钮到快速访问工具栏

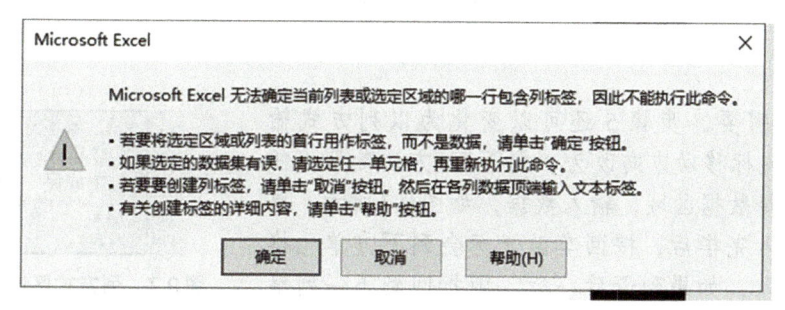

图9.2　记录单出错

单击"上一条"或"下一条"按钮，可以查看已输入的数据。

单击"条件"按钮，出现条件对话框，在对话框的"性别"框中，输入"男"，再单击"表单"按钮，则在窗口中只能浏览显示性别为"男"的记录，如图9.4所示。

单击"新建"按钮，则按标题行的内容输入新数据，如图9.5所示。

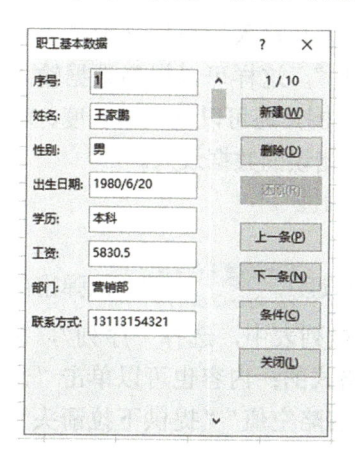

图9.3　记录单窗口　　　　图9.4　输入条件的记录单　　　　图9.5　利用记录单输入数据

按住键盘上的 Tab 键或者 Shift+Tab 快捷键可以在记录单的输入框中来回切换；单击"关闭"按钮结束输入，输入的内容放在原数据清单后面。

步骤4：在选定的区域中输入数据。选中 A12 至 H20 单元格区域。

步骤5：在区域内依次输入相应列的数据，按回车键，光标往后移动到下一列，如图 9.6 所示。

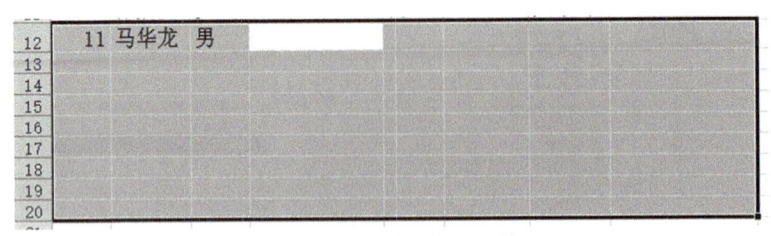

图 9.6　在选定区域输入数据

当光标移动到选定区域的最后一列，再按回车键时，光标移动到第二行的首列（而不是往右移动）。

> **提　高**
>
> 1. 根据需要，步骤 5 还可以变化为以列方式输入，首先将光标移动方向改为"向下"，方法参见"任务6"；再选择数据区域，输入数据，如图 9.7 所示；单元格数据输入完毕后，按回车键光标会到下方单元格中，继续输入，如果到最后一行，则折回到下一列第一行输入；按 Shift+Enter 快捷键则可以反向移动光标。
>
> 2. 用户可以根据需要选择快捷的输入方式。

图 9.7　列方式区域输入数据

子任务 10　利用数据验证提高数据输入的准确性

数据验证在早期的 Excel 版本中称为"有效性验证"，意思是输入的数据必须是"有效的数据"，是对单元格或单元格区域输入的数据进行"限制"，这样可以提高数据输入的准确性。这种"限制"可以是关于内容的，也可以是数据范围，还可以是数据长度、输入法等。数据验证可以依靠系统检查数据的正确有效性，避免错误的数据录入。

本子任务对应文件"10 利用数据验证提高数据输入的准确性"。

步骤1：选中 C12:C20 区域。

步骤2：单击"数据—（数据工具）—数据验证—数据验证"，在弹出的"数据验证"对话框中选择"设置"选项卡。在"允许"下拉列表中，选择"序列"，在"来源"框中直接输入序列值"男,女"（中间的逗号是英文格式的；内容也可以单击"来源"框右侧的按钮，从已有数据中获取序列值）；勾选"忽略空值""提供下拉箭头"两项，如图 10.1 所示，单击"确定"按钮。

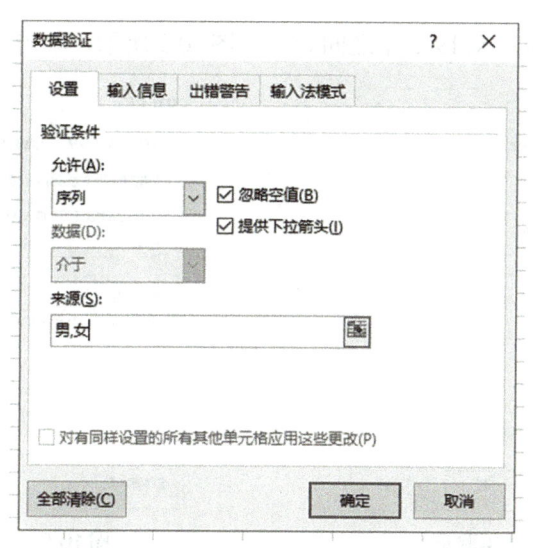

图10.1 "数据验证"对话框创建数据验证

> **注 意**
>
> 1. 在"数据验证"对话框中,"来源"文本框中输入数据时,一定要用逗号分隔,且是半角英文格式的。
> 2. 在 Excel 中,可以对已存在的数据区域设置数据验证,而且允许存在"非法"数据的存在,而以往的 Excel 版本不允许这么做。

步骤3:单击 C12 单元格,在单元格右侧出现下拉箭头,通过箭头选择输入"男"或"女",如图10.2所示;如果直接输入数据"男""女"也是可以的,但是如果是其他数据,则提示出错,如图10.3所示。

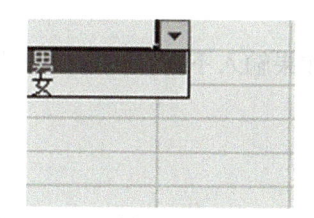

图10.2 通过数据验证输入数据

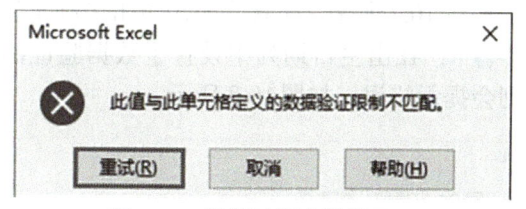

图10.3 数据验证出错提示

步骤4:利用数据验证检验输入数据。

通过数据验证,对将要输入数据的区域进行设定,在输入不符合有效性的数据时,系统将会提示,且不可以输入。

步骤5:选中 D12:D20 单元格区域,单击"数据—(数据工具)—数据验证—数据验证",在弹出的"数据验证"对话框中选择"设置"选项卡。在"允许"下拉列表中选择"日期",在"数据"下拉列表中选择"介于",在"开始日期"和"结束日期"中分别输入"1975-1-1"和"1985-1-1",如图10.4所示。

选中"输入信息"选项卡,勾选"选定单元格时显示输入信息",在"输入信息"框中输入"出生日期在1975至1985年之间。",如图10.5所示,单击"确定"按钮。

图10.4 日期的数据验证

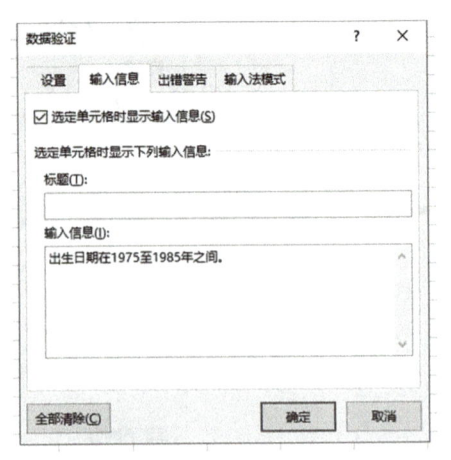

图10.5 设置输入信息

步骤6:单击D12单元格,出现输入提示信息,输入日期:1970-1-1,按回车键,出现出错信息,如图10.6所示。

此时,输入的数据不满足数据验证要求,系统提示出错,只能单击"取消"按钮重新输入,这样输入的正确性大大提高。

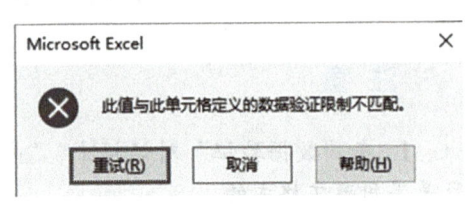

图10.6 日期数据验证出错

步骤7:设置数据验证的出错警告。

选中D12:D20单元格区域;单击"数据—(数据工具)—数据验证—数据验证",在弹出的"数据验证"对话框中选择"出错警告"选项卡。在"标题"框中输入"出生日期输入错误",在"错误信息"框中输入"出生日期介于1975年至1985年之间,请重输!",如图10.7所示,设置完毕后单击"确定"按钮。

步骤8:在出生日期列中设置了数据验证的区域内,如果输入不在范围内的出生日期,则会提示错误,如图10.8所示。

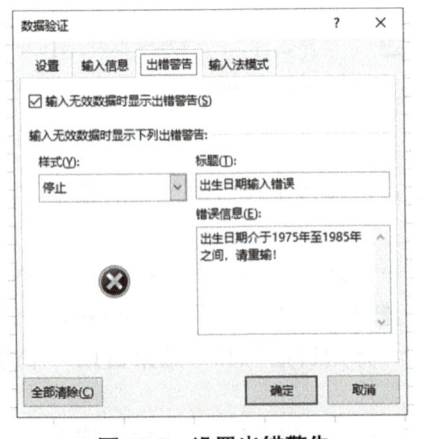

图10.7 设置出错警告

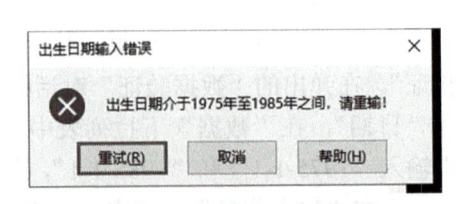

图10.8 数据验证错误信息

单击"重试"按钮，返回修改原数据；单击"取消"按钮，则返回重新输入。

> **提 高**
>
> 如果要取消某个单元格的数据验证，有如下方法。
> 方法一：选中单元格，打开"数据验证"对话框，如图10.1所示，在"允许"下拉列表中选择"任何值"即可。
> 方法二：右击单元格，选择"删除"命令，弹出"删除"对话框，选择其中一项，单击"确定"按钮即可。

步骤9： 选择E2:E20区域，单击"数据—（数据工具）—数据验证—数据验证"，在弹出的"数据验证"对话框中选择"设置"选项卡。在"允许"下拉列表中选择"序列"，在"来源"下拉列表中单击扩展按钮，用鼠标选择E2:E3区域，如图10.9所示。

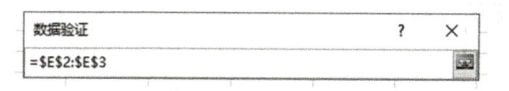

图10.9　选择数据验证来源区域

再次单击扩展按钮，返回，如图10.10所示；单击"确定"按钮完成设置。

步骤10： 单击E12单元格，则可以选择输入，如图所示。

步骤11： 单击E列标签，或选中E2:E11区域，单击"数据—（数据工具）—数据验证—圈释无效数据"；所有不在数据验证来源范围的"非法"数据均被红色椭圆圈中，如图10.11所示。

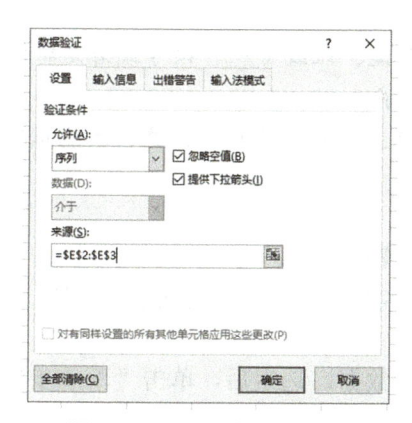

图10.10　设置验证数据来源

图10.11　圈释出的无效数据

子任务 11　导入外部数据

如果数据事先已准备好，可以将外部数据导入到 Excel 2016 中，下面以文本文件

（TXT）文件以例，将数据导入到 Excel 2016 中。

本子任务对应文件"11 导入购买记录.txt"。

步骤1： 双击文本文件"11 导入购买记录.txt"，可以看到文本文件内的数据。文本数据的第一行为标题行，从第二行开始，对应是"代码""买入单价"和"买入数量"三个数据，如图11.1所示。

关闭该文本文件，然后继续操作。

步骤2： 双击桌面上的Excel快捷图标，或从"开始"菜单中启动Excel软件。

单击"文件—打开—浏览"，在打开的对话框的文件类型框中选择"文本文件"，如图11.2所示。选择文本文件后，单击"打开"按钮。

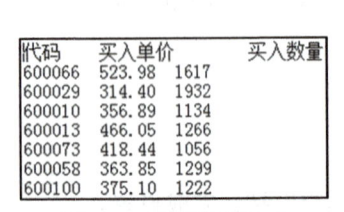

图 11.1　购买记录文本　　　　　　　图 11.2　打开文本文件

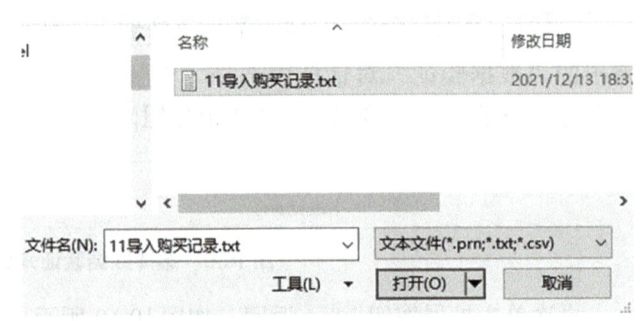

步骤3： 因为原始数据为文本，转换到Excel中时，软件要识别原文件以什么符号分隔数据列，或者以固定宽度来区别各列。

> **注意**
>
> 1. 打开的文本文件，不可以被导入Excel中。
> 2. 文本文件中使用的间隔符号可以是空格、Tab键、短线（-）、顿号或者是特定的某个符号，这些间隔符号可以用来很有规律地区分文字。
> 3. 导入到Excel 2016中的文本文件的内容在排列上一定要有规律，这样才能正确地导入。

在弹出的"文本导入向导"对话框中，进行如下操作。

第1步，根据内容，选择"分隔符号"，即文本内容是通过符号分隔文字的，如图11.3所示。

导入起始行为第1行，即整个数据从第一行导入数据，选定后，单击"下一步"按钮，出现第2步对话框。

第2步，勾选"Tab键"，如图11.4所示。分隔符号可以是Tab键、分号、逗号或空格，Tab键是一个制表位，相当于一个较大的空格，如果文本文件是以固定的符号为分隔符的，则可以选择"其他"，并在其右侧框中输入分隔符。

如果连续分隔符号出现在文本文件中，可以选择将多个分隔符当作一个分隔符来处理，此时要勾选"连续分隔符号视为单个处理"。

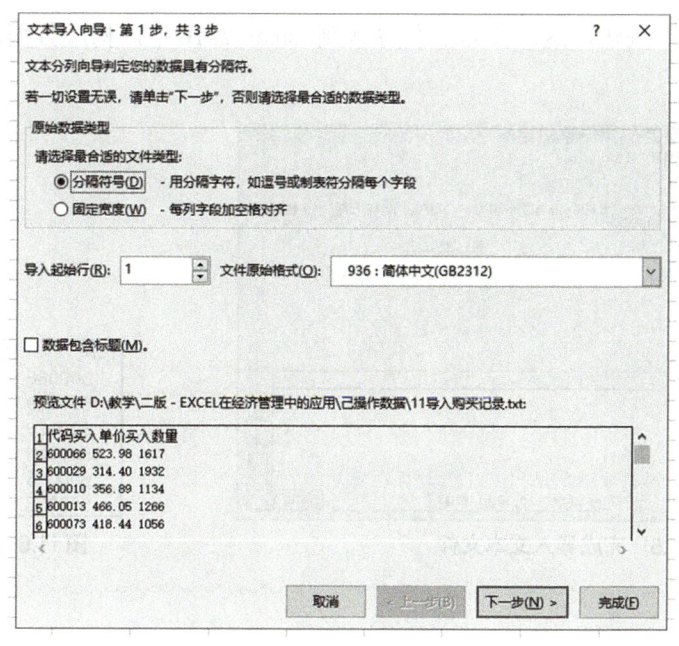

图 11.3　导入文本文件

图 11.4　进一步导入文本文件

单击"下一步"按钮，出现第 3 步对话框；在该对话框中，可以对识别出来的每一列数据指定数据类型。

第 3 步，选择"常规"选项，如图 11.5 所示。对导入的数据格式进行设置，如果限定导入的数据是文本或日期，就做相应选择。如果想让数值导入成为数字，日期值导入成为日期，其余数据转换成文本，则选择"常规"。

单击"完成"按钮，这时文本文件导入到 Excel 2016 中，构成数据清单，如图 11.6 所示。

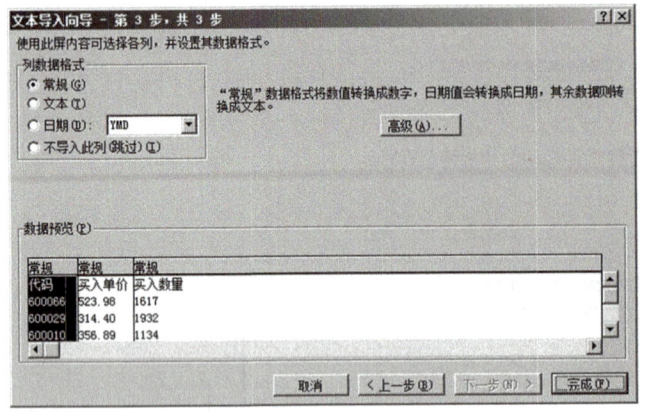

图 11.5　完成导入文本文件

图 11.6　导入后的数据

提　高

1. 在 Visual FoxPRO 软件中，先打开相应的数据库（.dbc）或数据表（.dbf），然后，回到命令窗口，输入命令："Copy to<文件名>type xls"则可以将原文件转成一个 Excel 工作簿。

2. 在 Visual FoxPRO 软件中，也可以单击"文件—导出"，弹出"导出"对话框。在"类型"下拉列表中选择"Microsoft Excel 5.0（XLS）"，输入文件名，单击"确定"按钮，即可完成转化。

3. 在 Excel 2016 文件打开对话框中，可以选择 dBASE 文件，也可以打开上述数据库文件。

数据转换是计算机领域的一个重要话题，不同软件的数据如何相互转换一直是困扰我们的难题。有的软件提供了转换工具，有的则需要由第三方软件提供转换功能。

技　巧

1. 一般的数据库软件都支持与 Excel 2016 的数据交换，或者在数据保存时，在"另存为"对话框的保存数据类型中，选择 Excel 文件即可。

2. 在 Excel 打开对的话框中，可以选择不同的文件类型，将相应的文件打开，这样就避免了格式转换的麻烦。

步骤 4：单击"数据—（获取外部数据）—自文本"

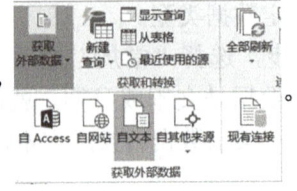

步骤 5：在打开的对话框中，选择文本文件，或者 CSV 文件、PRN 文件，如图 11.7 所示，操作方法同步骤 2。

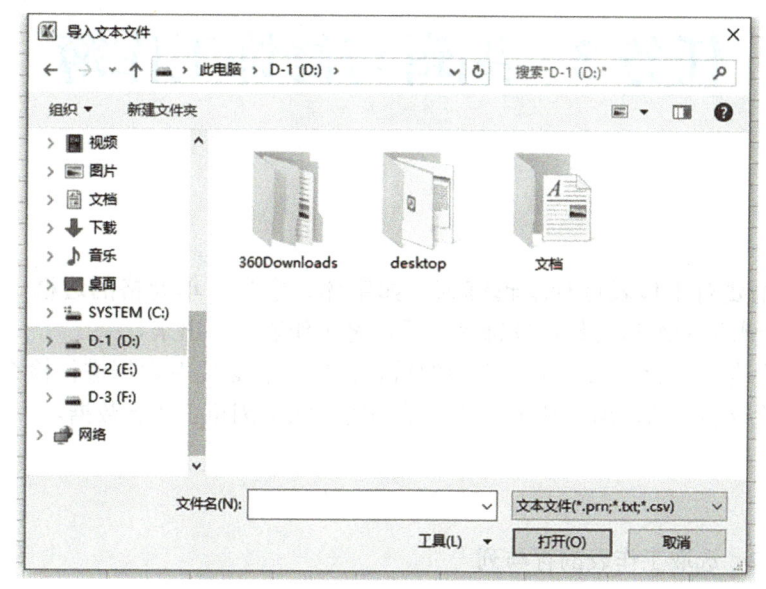

图 11.7 "导入文本文件"对话框

任务 3　编辑与修饰工作簿

任务说明

本任务主要对工作表进行编辑修饰，如字体、字号、单元格的边框、颜色、底纹等，这些属于普通的编辑工作；修饰完毕后，将工作表打印出来。

本任务中为了防止输入到工作表中的数据出错，有必要对数据进行检查，软件提供了多种数据检查的方法，用户还可以通过不同的方法来浏览工作表数据。

任务结构

子任务 12　选取工作表的行与列
子任务 13　给区域命名
子任务 14　对工作表进行修饰
子任务 15　对数据进行验证和检查
子任务 16　浏览工作表内容
子任务 17　分类着色浏览工作表内容
子任务 18　打印工作表

子任务 12　选取工作表的行与列

Excel 工作表就是由许多横线与竖线交叉而成的一排排"格子"。每一行有一个行号，用数字表示；每一列有一个列号，用字母表示，行列交叉就构成一张二维表格，行列的交叉形成的格子被称为"单元格"，行号与列号构成了单元格的"名字"。

> **注意**
>
> 在 Excel 2016 中，一张工作表有 1048576 行、16384 列（最后一列为 XFD 列）。早期的工作表没有这么多行与列（Excel 2003 工作表仅有 65536 行、256 列，最后一列名为 IV）。单元格的数量，决定了工作表能够处理数据的最大数量；没有数据的空表也会增加工作簿的空间。

Excel 工作表中每个单元格都有一个"名称"，这个"名称"被称为"地址"。单元格地址由列号和行号构成，如 A1，B5，如图 12.1 所示，当选中某个单元格时，行号与列号被加亮显示。

当选中某个单元格时，在名称框中，就会显示单元格地址。在 Excel 中，若要使用某个单元格内容，只需输入单元格地址就可以了。

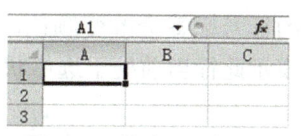

图 12.1　选中 A1 单元格

> **提 高**
>
> 在 Excel 中，还有一种单元格地址的表示方法，叫作"R1C1"方式，即行号列号式；单击"文件—选项"，在弹出的"Excel 选项"对话框中，单击左侧的"公式"，如图 12.2 所示，勾选右侧的"R1C1 引用样式"就可以将地址使用方式改成 R1C1 样式。

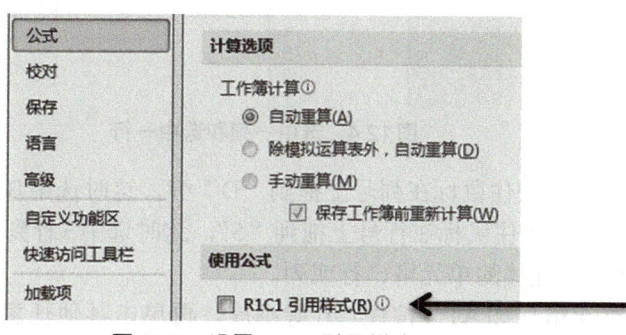

图 12.2　设置 R1C1 引用样式

通过键盘与鼠标相结合，可以选定工作表、选定工作表的某个区域、选定多个工作表连续区域或不连续区域；给工作表区域命名。

步骤1： 选定一个连续区域。

拖曳鼠标，可以选中多个单元格，通常选中的区域是一个矩形区域。鼠标拖曳操作可以从左上到右下、从左下到右上、从右上到左下、从右下到左上。

图 12.3　选中一个区域

如图 12.3 所示，单击 A1 单元格或者将鼠标指针放在 A1 单元格上，按住鼠标不放，拖到 C6 单元格，就选定 A1 单元格至 C6 单元格区域；通常，书面表示这个区域的方法是 A1:C6。

步骤2： 选定整行或整列。

单击列号"B"，或单击行号"3"。

> **技 巧**
>
> 1. 整行的表示方法：第一行，表示成"1:1"；A 列，表示成"A:A"；依此类推。
> 2. 如果要表示连续多行，如第三行到第五行，可表示成"3:5"；C 列到 F 列，可表示成"C:F"。

单击某个行号标签或者列号标签，即可以选中整行或者整列。当选中某行后，此行的行号标签会改变颜色，所有的列标签会加亮显示，此行的所有单元格也会加亮显示，表示此行当前处于选中状态，如图12.4所示。

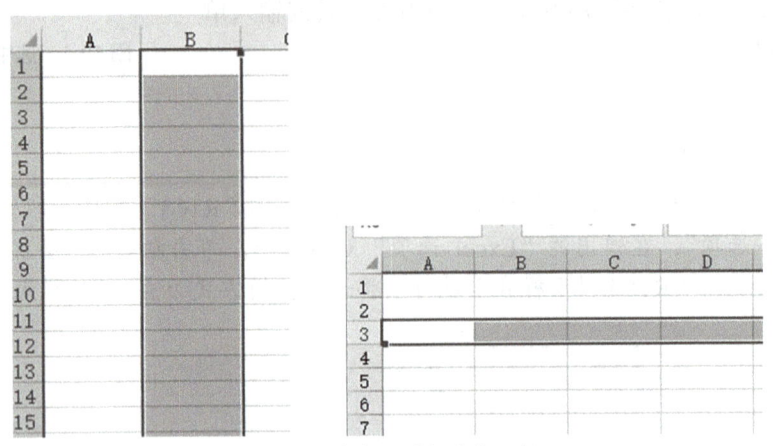

图12.4　选中一列和选中一行

单击列号"B"，按住鼠标在列号上拖到"D"列，这时选中B列到D列三个整列。

单击行号"3"，按住鼠标在行号上拖到"5"，这时选中3行到5行三个整行。

步骤3：选定不连续的单元格、行或列。

单击任意单元格，如A1，按住Ctrl键不放，再单击其他任意单元格，如B4、C5、D3，则选中了这些不连续的单元格。

拖曳鼠标选中任意一个区域，如A1:B2，再按住Ctrl键不放，再次拖曳鼠标选中其他区域，如C4:D5，则选中了两个不连续区域。

依此类推，可选中不连续的行、列，如图12.5所示。

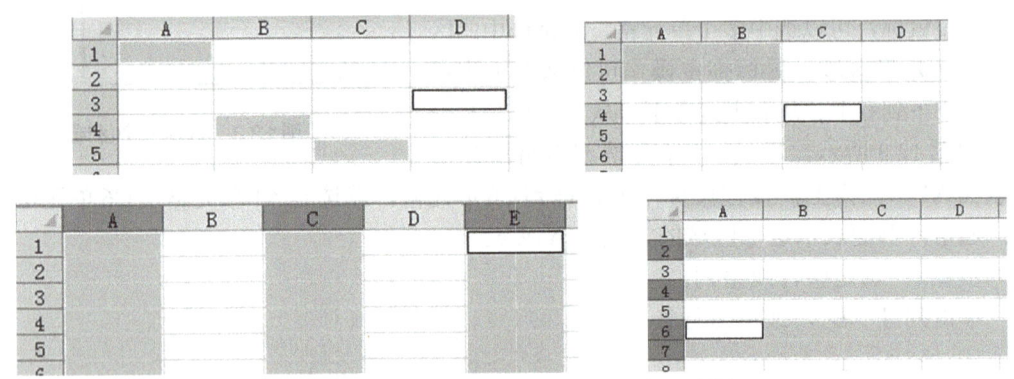

图12.5　选中不连续的单元格、区域、列或行

步骤4：通过名称框，选中单元格或区域。

单击名称框，如图12.6所示。

步骤5：在名称框中输入想要选中的单元格，或单元格区域，如B3单元格，输入完毕后，按Enter键，则选中B3单元格。

步骤6：名称框中可以输入多个单元格或区域。再次单击名称框，在里面输入"A2, B4, C3:D4"，则对应的两个单元格和一个区域被选中，如图12.7所示。

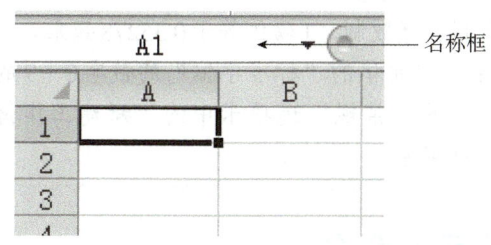

图12.6　在名称框中输入单元格地址

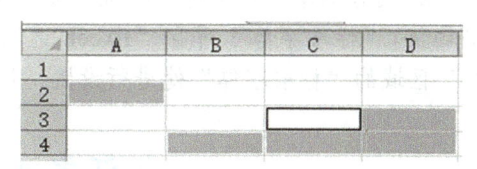

图12.7　通过名称框选择多个区域

步骤7： 整行整列选择。单击名称框，在里面输入"B:B, 2:4"，则选中B列和2行至4行，如图12.8所示。

步骤8： 交叉选择。单击名称框，在里面输入"A1:C5　B3:D8"，注意两个区域之间有空格，按Enter键后则选择两个区域的交叉区域B3:C5[①]，如图12.9所示。

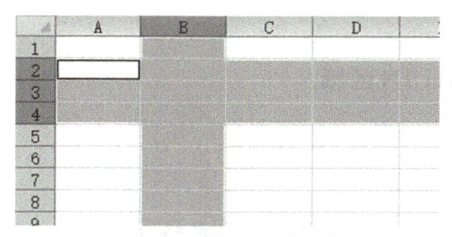

图12.8　整行整列选择

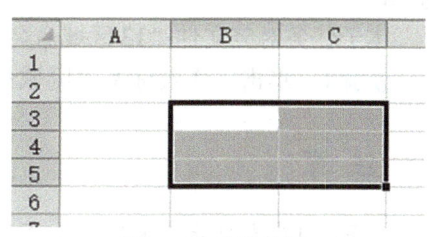

图12.9　交叉选择

步骤9： 单击"开始—（单元格）—格式—行高"，在弹出的对话框中，输入所需设定的行高，如图12.10所示。

单击"开始—（单元格）—格式—列宽"，在弹出的对话框中，输入所需设定的列宽，如图12.10所示。

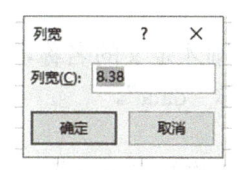

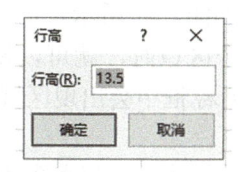

图12.10　设置单元格的列宽与行高

在不知具体行高与列宽值时，可以选择菜单中的"自动调整行高"和"自动调整列宽"命令。

步骤10： 将光标移动两个行号或两个列号中间，光标会变成"上下调整"或"左右调整"形状，按下鼠标并拖动，可以手动调整行高和列宽；或者在光标变成"上下调整"或"左右调整"形状时双击鼠标左键，可以实现行高或列宽自动根据内容变化。

提 高

1. 行高的单位是磅（Point）。这里的磅不是重量单位，而是一种印刷业描述印刷字体

---

① 逗号、冒号、空格可以看作是Excel中的3个区域运算符。逗号是枚举运算符，也称联合运算符；冒号是区域运算符；空格最特别，是交叉运算符，后面还会讲到。

大小的专用尺度，是英文Point的音译，又称为点制、点数制，1磅约等于0.35278毫米。

2. 列宽的单位是字符。列宽的数值是指适用于单元格的"标准字体"的数字0~9的平均值。"标准字体"可在"Excel 选项"对话框的"常规"选项卡中的"新建工作簿时"区域的"标准字体"处进行设置，包括字体及字号。

子任务 13　给区域命名

区域是多个单元格组成的群组，是单元格概念的延伸。构成区域的多个单元格可以是连续的，也可以是非连续的。最小的区域就是一个单元格，最大的区域就是整个工作表。习惯上，整行整列的区域，直接用行号或列号表示，如第五行表示为5:5，F列表示为F:F。

本子任务对应文件"13区域命名"。

步骤1：单击工作表标签"区域命名1"。选定A1:D4区域。

> **注 意**
>
> 1. Excel中光标正常为空心十字形状，表示选择状态，用于选定单元格或区域，被选中的单元格或区域加黑色边框显示。
> 2. 双击某单元格，光标变成闪烁的竖线光标，该单元格处于编辑状态。
> 3. 选中单元格与编辑单元格内容时，功能区的按钮和菜单状态是不一样的。

步骤2：在选定的区域内右击，选择"定义名称…"命令，在弹出的对话框中，输入区域名称为"data"，如图13.1所示。

这样以后使用到这个区域时，就可以使用刚才定义的名称，更加方便直观；当再次选中区域A1:D4时，在名称框中会出现区域名称"data"。

单击名称框旁的下拉箭头，可以看到当前工作簿里定义的所有区域名称，

单击某个区域名称，则该名称对应的区域被选中。

图13.1　给区域命名

技 巧

1. 在命名区域时，所取名称要以字母或下画线开头，名称中不能包含空格，不能与现在的命名或单元格名称重复；区域名不区分字母大小写。

2. 同一个区域可以有多个名称，但一个名称不可以对应多个区域。

步骤3：区域命名的另一种方法。

单击工作表标签"区域命名2"。选中A2:A13区域，在名称框中直接输入"城市"，按回车键，如图13.2所示。

这时，选中的区域A2:A13被命名为"城市"，这种方法在区域命名中最为常用。

步骤4：区域命名的第三种方法。

在"区域命名2"工作表中，选择B1:D13区域，单击"公式—（定义的名称）—根据所选内容创建"，弹出"以选定区域创建名称"对话框。去掉"最左列"前面的钩，勾选"首行"，单击"确定"按钮，如图13.3所示。

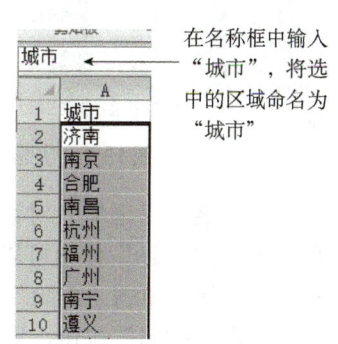

图13.2 选中区域后命名

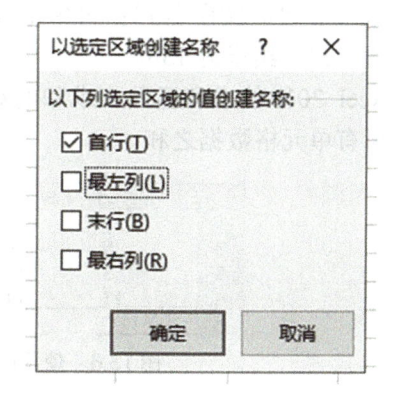

图13.3 根据选定内容创建名称

这样，B2:D13区域就被命名为B1:D1区域中相应的名称（按列划分不同区域），如B2:B13区域就被命名为B1单元格内容，即"牌照"。

步骤5：在"区域命名2"工作表中，选择A2:D13区域，单击"公式—（定义的名称）—根据所选内容创建"，弹出"以选定区域创建名称"对话框。去掉"首行"前面的钩，勾选"最左列"，单击"确定"按钮，如图13.4所示。

这样，B2:D13的区域就被命名为A2:A13区域中相应的名称（按行划分不同区域），如B2:D2区域就被命名为A2单元格内容，即"济南"。

步骤6：管理工作簿中定义的名称。

单击"公式—（定义的名称）—名称管理器"，弹出"名称管理器"对话框，如图13.5所示。

图13.4　快速命名

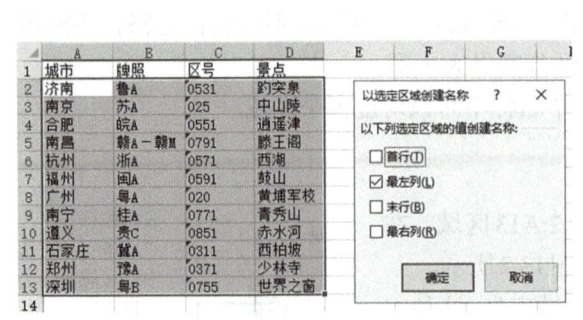

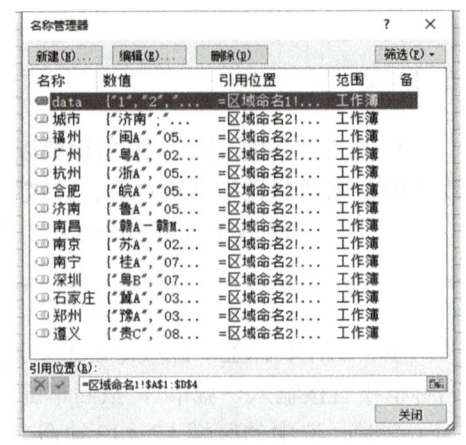

图13.5　"名称管理器"对话框

在"名称管理器"对话框中可以查看工作簿中已定义的名称、数值、引用位置等信息，单击"新建"按钮可以定义新的名称；单击"编辑"按钮可以修改当前名称的设置和引用位置；单击"删除"按钮可以删除对应的名称。

单击"关闭"按钮，退出"名称管理器"对话框。

步骤7：使用定义的名称。

单击工作表标签"区域命名1"；再单击A5单元格，输入"=SUM(data)"，如图13.6所示，按回车键，出现结果为136。

SUM是Excel 2016的求和函数，求和的对象是名称"data"所对应的区域，最后得到data区域中所有单元格数据之和。

图13.6　使用区域名称求和

步骤8：区域命名的综合应用。

单击工作表标签"区域命名3"，选择A1:G3区域。单击"公式—（定义的名称）—根据所选内容创建"，在打开的对话框中仅勾选"首行"，单击"确定"按钮，如图13.7所示。

图13.7　快速定义名称

步骤9： 构建查询。在A8单元格中输入"省"，在B8单元格中输入"市"，在C8单元格中输入"县区"。

步骤10： 选择A9:A20区域，单击"数据—（数据工具）—数据验证—数据验证"。在打开的"数据验证"对话框的"设置"选项卡中，"允许"下拉列表选择"序列"，"来源"选择"A2:A3"区域，或者直接输入"=省"，单击"确定"按钮，如图13.8所示。

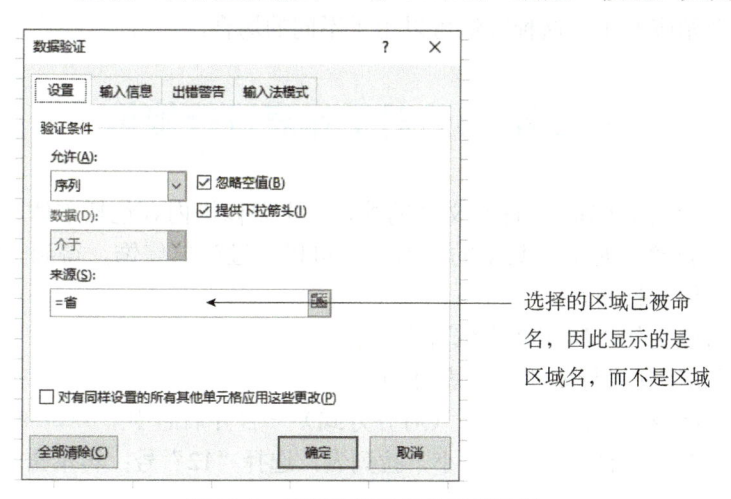

图13.8　设置选择省名的数据验证

单击A9单元格，A9单元格出现下拉箭头，可以选择省名，如"浙江省"[①]。

步骤11： 选择B9:B20区域，单击"数据—（数据工具）—数据验证—数据验证"。在打开的"数据验证"对话框的"设置"选项卡中，"允许"下拉列表选择"序列"；"来源"框中输入"=INDIRECT(A9)"；单击"确定"按钮。

单击B9单元格，B9单元格右侧会出现下拉箭头，内容是对应A9省份的城市名，A9单元格内容为"浙江省"，对应B9单元格可供选择的是"湖州市"和"丽水市"，如图13.9所示。

图13.9　二级数据验证选择

> **提　高**
>
> 1. INDIRECT()函数用于返回文本字符串指定的引用，格式为INDIRECT（引用名称[，引用类型]），返回名称所指引的区域。
>
> 2. 区域名称在同一个工作簿中可以跨工作表，即在一个工作表中可以引用此工作簿中其他工作表定义的名称。
>
> 3. 如果跨工作簿引用命名，则需要加上工作簿名，如在工作簿"ABC.xlsx"中有个区域名称为"myname"，在当前工作簿中引用这个区域做数据验证时，则写成"=INDIRECT("'ABC.xlsx'!myname")"，其中引号和感叹号是英文格式的。

[①] 此处先做一个选择，是为了避免后面操作时出现错误信息；如果不做选择，保留空白，也可。

步骤 12：重复步骤 11，在"来源"框中输入"=INDIRECT(B9)"，即由 B9 单元格的内容作为区域名称，经 INDIRECT 函数转换成相应区域后，作为 C9 单元格数据验证的数据来源，如图 13.10 所示。

图 13.10 三级数据验证选择

步骤 13：更新选择省名，则右侧相应的市、县区的下拉列表会相应变化。这种方法可以用于不同的场合。

子任务 14 对工作表进行修饰

工作表修饰相当于 Word 软件对文档的编辑，主要修饰内容包括字体、字号、单元格设置、工作表设置等。对于有数据的工作表，可以通过简单修饰，得到一张漂亮的工作表，易于阅读，便于打印。

本子任务对应文件"14 工作表修饰"。

步骤 1：单击工作表标签"工作表修饰"。

选中 A1:H1 区域，单击"开始—（对齐方式）—合并后居中 合并后居中 ▾"。

单击"开始"标签的"字号"大小下拉列表，选择"12"号；再单击"加粗"按钮，如图 14.1 所示。

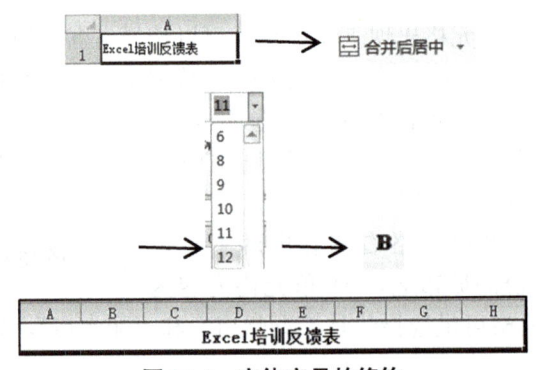

图 14.1 字体字号的修饰

步骤 2：双击 A2 单元格，进入编辑状态，将光标移到"培训内容"前，按 Alt+Enter 键，手动换行；通过添加空格的方法，使两行错开，如图 14.2 所示。

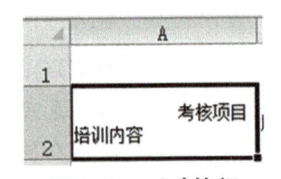

图 14.2 手动换行

步骤 3：右击 A2 单元格，选择"设置单元格格式"命令，打开"设置单元格格式"对话框，或按 Ctrl+1 快捷键直接打开"设置单元格格式"对话框，选中"边框"选项卡，单击"右斜线"，如图 14.3 所示。

效果如图 14.4 所示，同样操作设置 G11 单元格。

步骤 4：选中 A2:H11 区域，单击"开始—（字体）—边框"，在"边框"下拉列表中选择"所有框线" 所有框线(A)；单击"字号"下拉列表，选择"12"号；单击"对齐方式"中的"居中"按钮。如图 14.5 所示为常用的"开始"功能区按钮。

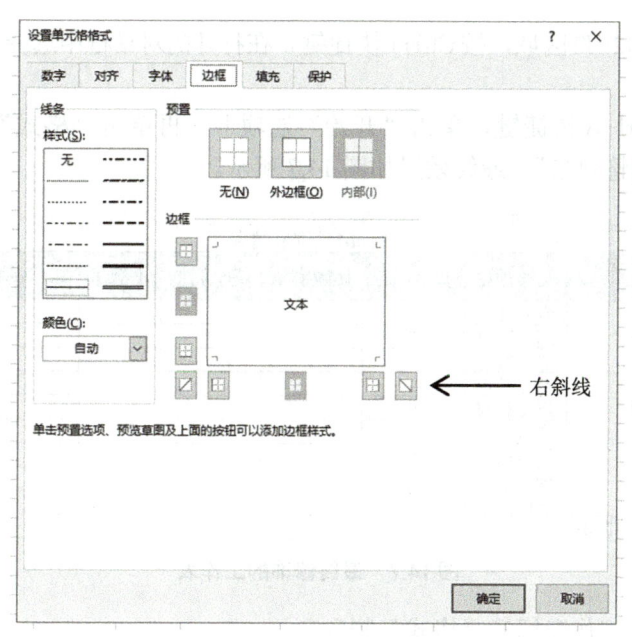

图 14.3　给单元格加斜线

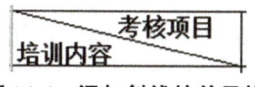

图 14.4　添加斜线的单元格

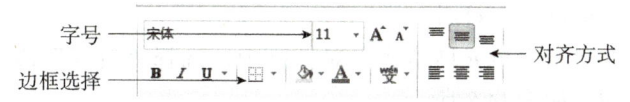

图 14.5　常用的"开始"功能区按钮

步骤 5：单击第 10 行的行号，选中整行，在第 10 行上右击，选择"插入"命令，在第 10 行的前面插入一个空行，成为新的第 10 行，原来从当前行往下的所有行往下移一行。

另一种操作方法：单击第 10 行的任意单元格，右击，选择"插入"命令，弹出"插入"对话框，如图 14.6 所示，选择"整行"。

步骤 6：单击 B10 单元格，输入"专业知识"。

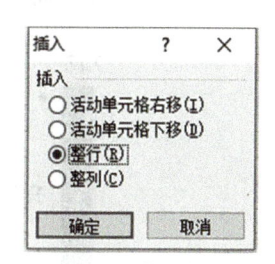

图 14.6　整行插入

技 巧

1. 在 Excel 中插入整行或整列遵循"左上原则"，即插入的整行或整列位于当前行、列的上面或左侧。

2. 如果插入多行（列），可以从当前行（列）往下（右）选择多行（列），再右击鼠标，选择"插入"命令，插入的行（列）数与选择的行（列）数一样多。

3. 在步骤 7 中，设置完 A3:A5 区域后，可以选中该区域，双击"格式刷"按钮，刷目标区域 A6:A8 和 A9:A11，可以实现一样的效果。

步骤 7：选中 A3:A5，单击"开始—合并后居中"，同样设置 A6:A8 区域、A9:A11 区域。

步骤8：选择A2:H2区域，按Ctrl+1快捷键，在打开的对话框中选择"填充"选项卡，背景色选择棕色。

步骤9：按Ctrl+A快捷键，单击"开始"选项卡，再单击"格式"中的"自动调整行高"和"自动调整列宽"，最终效果如图14.7所示。

图14.7 最终修饰的工作表

步骤10：单击工作表标签"格式复制"。

单击A4单元格，再单击"开始—（单元格）—格式—设置单元格格式"，弹出"设置单元格格式"对话框。

在"设置单元格格式"对话框中，选择"对齐"选项卡，在"方向"框中，选择垂直方向，如图14.8所示。

单击"确定"按钮，单元格的文字变成垂直方向，如图14.9所示。

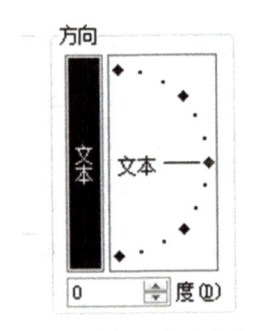

图14.8 选择垂直文字方向   图14.9 垂直的文字方向

步骤11：单击A4单元格，双击"开始—（剪贴板）—格式刷 格式刷"，分别单击A5和A6单元格，两个单元格的格式变得与A4单元格一样。

单击"开始—（剪贴板）—格式刷 格式刷"或者按Esc键，取消格式刷功能。

步骤12：将光标移到C列与D列的中间，光标形状变成"左右调整" C↔D，双击鼠标左键，C列的列宽自动调整为最合适的列宽。

步骤13：单击A1单元格，拖曳鼠标到F3单元格，选中区域A1:F3；单击"开始—（对齐方式）—居中"。

步骤14：选择A1:F6区域，单击"开始—（剪贴板）—格式刷 格式刷"。拖动鼠标选择A10:F15；这时，A10:F15区域对应的单元格格式与A1:F6完全一样。

> **技 巧**
>
> 1. 使用"格式刷"功能时,单击格式刷工具,则可以使用一次格式刷功能;双击格式刷,则可以使用多次格式刷功能,但用后要取消格式刷。
> 2. 利用格式刷工具进行区域格式复制时,两个区域的大小不要求完全一样,但被刷区域的单元格会变得与原区域的对应单元格格式一致,尽管原来不同的单元格的格式可能不一样。
> 3. 双击行号或列号的中间,行高与列宽设置为"自动调整行高(列宽)"。

子任务 15 对数据进行验证和检查

在 Excel 2016 中,数据有 6 种类型,分别是文本、数值、时间日期、公式和函数、逻辑值和错误值;前 5 种数据都可以由用户手动输入。用户在手动输入数据时,往往会出现一些意想不到的结果,为了保证数据的正确性,有必要对数据进行检查。Excel 2016 提供多种方法对数据进行检查。

本子任务对应文件"15 数据检查"。

步骤 1: 单击工作表标签"职工基本数据"。

选中 D2:D13 区域;单击"数据—(数据工具)—数据验证—数据验证",弹出"数据验证"对话框。

步骤 2: 在"数据验证"对话框中选择"设置"选项卡,在"允许"下拉列表中选择"日期";在"数据"下拉列表中选择"介于";在"开始日期"与"结束日期"框中分别输入"1980-1-1"和"1985-12-31"(输入后自动存为日期格式),单击"确定"按钮,如图 15.1 所示。

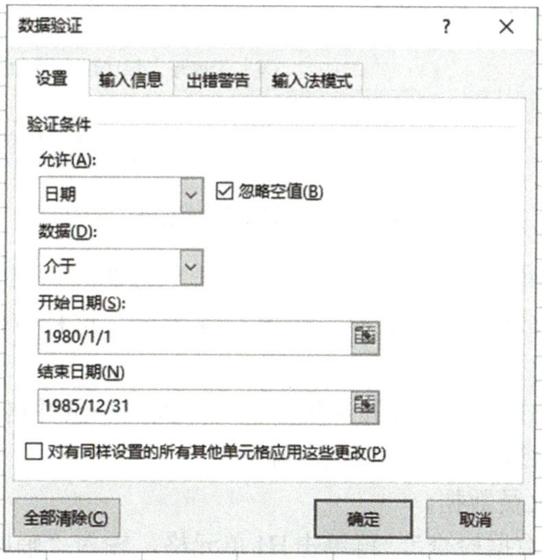

图 15.1 确定数据验证

步骤3：再次选中D2至D13单元格区域，单击"数据—（数据工具）—数据验证—圈释无效数据"，这时不符合要求的数据被加上了红圈，如图15.2所示。

	A	B	C	D	E	F	G
1	序号	姓名	性别	出生日期	学历	部门	联系方式
2	1	王家鹏	男	1980/6/20	本科	营销部	13101854788
3	2	丁俊	男	1981/1/17	本科	采购部	13151105892
4	3	冯志杰	男	1982/3/13	硕士	财务部	13773585363
5	4	吴青松	男	1979/9/14	本科	总经办	15895634080
6	5	印玉洁	女	1980/11/11	专科	营销部	13511759280
7	6	高俊	男	1983/2/10	博士	财务部	18952598898
8	7	丁俊	男	1981/1/17	本科	采购部	13151105892
9	8	张军玲	女	1980/12/4	硕士	广告部	15189851398
10	9	吴青松	男	1979/9/14	本科	总经办	15895634080
11	10	赵星宇	男	1978/12/3	本科	人事部	18605226798
12	11	费旻茜	女	1983/5/2	硕士	后勤部	15852873644
13	12	张嘉惠	女	1977/10/16	博士	人事部	13952730853
14							

图15.2　圈释无效数据

注意

1．给已有的数据的区域添加数据验证时，虽然有些数据不符合有效性要求，但不会提示出错。

2．圈释无效数据对同一张工作表中不同的数据验证区域都有效。

步骤4：给单元格设置条件格式。

选择C2:C13区域，单击"开始—（样式）—条件格式—突出显示单元格规则—等于"，出现"等于"对话框，如图15.3所示。

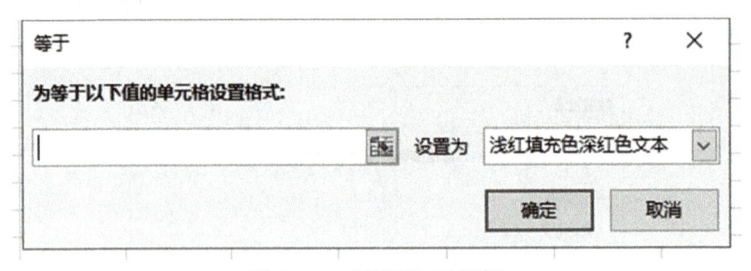

图15.3　"等于"对话框

在"等于"对话框中输入"男"，单击"确定"按钮；这时，所有数值为"男"的数据，单元格背景显示为深红色文本，如图15.4所示；这种方法可以检查整个数据区域中的某个值。

步骤5：选中C2:C11区域，单击"开始—（样式）—条件格式—清除规则—清除所选单元格规则"，可以将这个区域的规则清除掉。

步骤6：检查重复人员数据。

单击工作表标签"数据检查"，再单击H1单元格，输入"辅助列"。

步骤7：单击H2单元格，输入公式"=COUNTIF($B$2:$B$13,B2)"，如图15.5所

示。输入完毕后，按回车键，得到结果。

图 15.4　条件格式

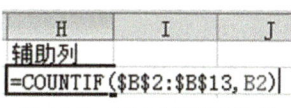

图 15.5　输入辅助列公式

> **提　高**
>
> 1. COUNTIF()是条件计数函数，格式为 COUNTIF（区域，条件），返回区域中满足条件的单元格个数。
> 2. 函数的"条件"可以是数字、表达式、单元格引用或文本字符串，如 32、″>32″、B4、″苹果″或″32″、″>″&B4；条件中可以使用通配符。

步骤 8：拖动 H2 单元格的填充柄到 H13 单元格，得到结果，如图 15.6 所示。

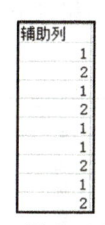

图 15.6　辅助列计算结果

在辅助列，结果为 1 的为唯一值，结果不是 1 的，则表示为重复值。

> **技　巧**
>
> 1. 利用 COUNTIF()函数可以统计姓"王"的员工人数，以"数据检查"工作表为例，公式为"=COUNTIF(B:B,″王??″)"。
> 2. 如果统计"营销部姓王"的职工数量，则可用 COUNTIFS()函数进行多条件计数，公式为"= COUNTIFS(B:B,″王??″,F:F,″营销部″)"。

步骤 9：通过条件格式检查重复数据。
单击 B 列列标，选中整个 B 列；单击"开始—（样式）—条件格式—新建规则"，弹出"新建格式规则"对话框，在"选择规则类型"中选择"仅对唯一值或重复值设置格式"。

在"编辑规则说明"框中,"全部设置格式"选择"重复",单击"格式"按钮,弹出"设置单元格格式"对话框,在"字形"列表中选择"加粗",在"颜色"下拉列表中选择"红色",在"特殊效果"中勾选"删除线",如图15.7所示。

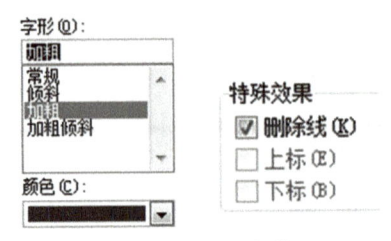

图15.7 设置文字效果

设置完毕后,单击"确定"按钮返回"编辑格式规则"对话框,如图15.8所示。

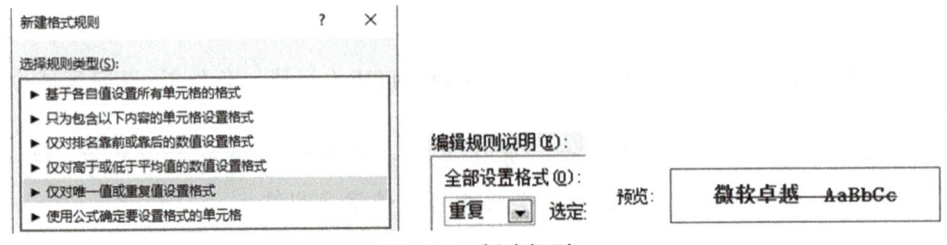

图15.8 新建规则

设置完毕后,单击"确定"按钮,结果在B列中所有重复的姓名变成了红色加粗并带删除线,如图15.9所示。

图15.9 设置条件后的重复数据

子任务 16　浏览工作表内容

当工作表内容较多,一屏容不下时,就需要用到水平滚动条和垂直滚动条来调整查看区域,此外,Excel 2016还提供了其他的一些工具来浏览数据。

本子任务对应文件"16浏览工作表内容"。

步骤1:单击工作表标签"浏览数据",拖动水平滚动条和垂直滚动条来浏览整个工作表数据。

步骤2:单击"视图—(窗口)—冻结窗格—冻结首行",如图16.1所示。

这时，数据区域的标题行就会被固定在第一行，无论垂直滚动条怎么滚动，第一行始终在工作表的顶端。

单击"视图—（窗口）—冻结窗格—取消冻结窗格"，则可以取消冻结窗口。

如果选择"冻结首列"，则工作表的第一列被固定，移动水平滚动条将对第一列不产生作用。

步骤3： 选中第10行，单击"视图—（窗口）—冻结窗格—冻结拆分窗格"，如图16.2所示。

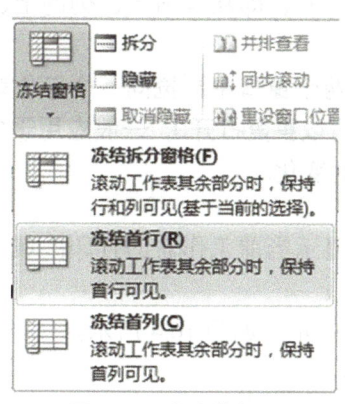

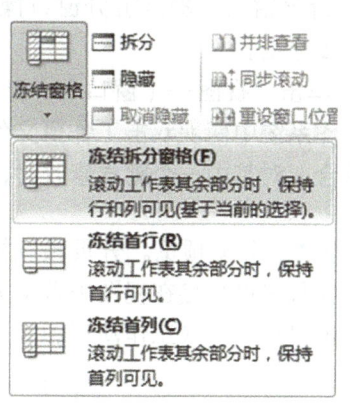

图16.1　冻结首行　　　　　　　　　图16.2　冻结拆分窗格

这时，前9行（1至9行）的数据被冻结，移动垂直滚动条，滚动条的移动不会影响到被冻住的数据区域。

单击"视图—（窗口）—冻结窗格—取消冻结窗格"，则可以取消冻结窗口。

步骤4： 选中C列，单击"视图—（窗口）—冻结窗格—冻结拆分窗格"，这时，A列和B列的数据被冻结，水平滚动条的滚动将不会影响到被冻住的数据列。

单击"视图—（窗口）—冻结窗格—取消冻结窗格"，则可以取消冻结窗口。

步骤5： 单击数据区域的任意单元格，如D5单元格，单击"视图—（窗口）—拆分"，则窗口被分成4个小窗口，每个小窗口都可以独立浏览整个数据区域。

步骤6： 单击数据区域的一整行或一整列，如第5行，或G列，再单击"视图—（窗口）—拆分"，则窗口分为水平或垂直的两个窗口，每个窗口都可以浏览整个数据区域。

在Excel 2010或更早的版本中，单击工作表窗口的"水平拆分"按钮，可以将窗口水平拆分为两个窗口，上下两个窗口的数据一样，分别可以浏览不同的数据部位，如图16.3所示。

图16.3　水平和垂直拆分窗口

单击工作表窗口右下角的"垂直拆分"按钮，可以将窗口分为左右两个窗口，左右两个窗口的数据一样，分别可以浏览不同的数据部位，如图16.3所示。

在Excel 2016版本中，只能通过功能区按钮实现上述操作，工作表中的"拆分"按钮被取消了。

> **技 巧**
>
> 1. 拆分窗口、冻结拆分窗口操作都遵循"左上原则"，即从当前行、列的上、左开始拆分或冻结。
> 2. 单击"视图—（窗口）—新建窗口"，可以在两个窗口中浏览同一个工作簿，这与在操作系统中两次双击工作簿文件不同（实际也不可以重复打开），一般应用于多显示器的场合，对其中一个副本修改时，另一个副本会同时变化。

步骤7：分页预览。分页预览模式可以很方便地显示当前工作表的打印区域及分页设置，并且可以直接在视图中调整分页。

单击"视图—（工作簿视图）—分页预览"，系统提示，如图16.4所示。

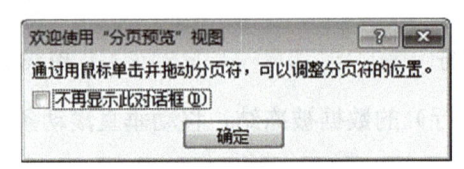

图16.4 分页预览的提示

单击"确定"按钮，然后，页面进入分页预览模式，如图16.5所示；在分页预览的模式下，蓝色的边框线就是分页的边界线，虚蓝线为自动分页线，实蓝线为手动分页线；利用鼠标可以调整页面，也可以插入分页进行手动分页。

图16.5 分页预览效果图

> **注 意**
>
> 1. 必须在操作系统中安装打印机。
> 2. 页面显示效果因打印机不同、纸张不同而可能不一样。

步骤9：单击"页面布局—（分隔符）—插入分页符"，可以插入一个水平分页符，如图16.6所示。

在页面中插入一道蓝色水平分页符。

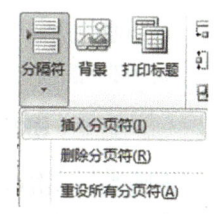

图16.6 插入分页符

子任务17 分类着色浏览工作表内容

数据条是Excel 2007开始新增的功能之一，利用该功能可以非常直观地查看区域中数值的大小情况。从Excel 2016起，数据条的长度表示更加准确，增添了负值的数据条表示，并且，当数据区域包含错误值时，仍可显示数据条。

数据条是在单元格内，将数据图形化成一个带有颜色的横条，如果是一个区域，则根据数据大小决定颜色条的长度。在Excel 2016中，广义的数据条还包括色阶、图标集。

本子任务对应文件"17分类着色浏览数据"。

步骤1：单击工作表标签"股票"，再单击D列标签，选中整个D列。

步骤2：单击"开始—（样式）—条件格式—数据条—（渐变填充）—蓝色数据条"，如图17.1所示。

在整个数据列区域的每一个单元格底部都附加上一根蓝色的"进度条"，这根"进度条"被称为"数据条"，如图17.2所示。

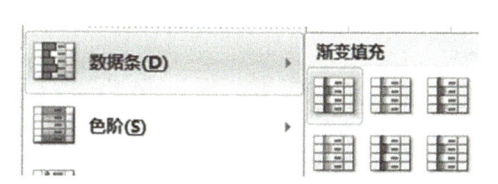

图17.1 蓝色数据条   图17.2 蓝色数据条

> **提 高**
>
> 1. 数据条的长短与单元格数值大小有关；区域中最大数据的数据条长度占满单元格，其他单元格数据条长度根据比例显示。
> 2. 如果区域中有负值，则正负值的数据条向两个方向绘制，以示区别。

步骤3：单击F列标签，选中F列。

步骤4：单击"开始—（样式）—条件格式—色阶—绿黄红色阶"，如图17.3所示。

在一个单元格区域中,显示双色渐变或三色渐变,在本例中,数据最大者显示绿色,其次为黄色、红色,如图17.4所示。

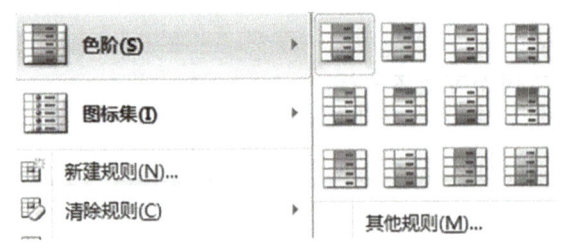

图17.3　选择色阶

图17.4　色阶显示结果

步骤5：单击G列标签,选中G列。

步骤6：单击"开始—(样式)—条件格式—图标集—(方向)—三向箭头(彩色)",如图17.5所示。

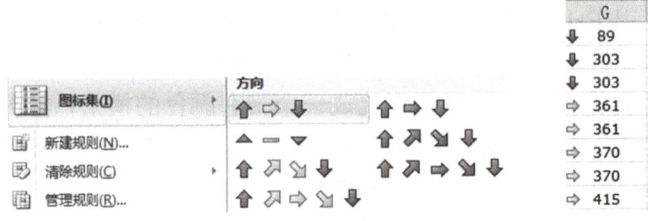

图17.5　选择三向箭头和结果

步骤7：查看规则。

单击G列标签,选中G列；再单击"开始—(样式)—条件格式—管理规则",在弹出的对话框中选中"图标集"规则,再单击"编辑规则",打开"编辑规则说明"对话框,如图17.6所示。

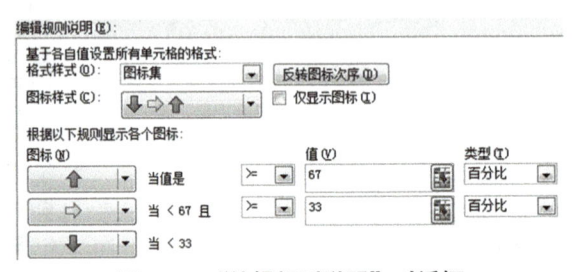

图17.6　"编辑规则说明"对话框

> **注　意**
>
> 1. 编辑规则时,首先需要确定的是格式样式,然后是图标样式、比值关系等。
> 2. 规则适用的数据区域是固定的,如果增加数据,新的数据区域不会有条件格式。
> 3. 条件格式效果可以打印。

步骤8：单击工作表标签"温度",再单击列标签B,选中B列。

步骤9：单击"开始—（样式）—条件格式—数据条—（实心填充）—绿色数据条"。在本例中，正负数表示为不同方向的数据条；最大值与最小值在单元格中显示为最长的数据条，其他数据依比例显示。结果如图17.7所示。

步骤10：清除规则。单击"开始—（样式）—条件格式—清除规则—清除整个工作表的规则"，如图17.8所示。

图17.7 带有负数的数据条

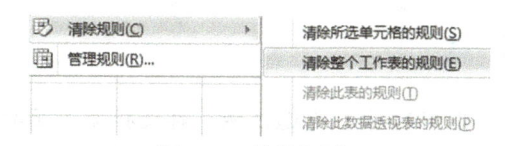

图17.8 清除规则

步骤11：假设平均气温在10～20℃之间的为适宜温度，用绿色标记，低于10℃的用黄色标记，高于20℃的用红色标记。

单击B列标签，选中B列；再单击"开始—（样式）—条件格式—新建规则"，弹出"新建格式规则"对话框。

步骤12：在"新建格式规则"对话框的"选择规则类型"窗格中，选择"基于各自值设置所有单元格的格式"。

在"编辑规则说明"窗格中，"格式样式"选择"图标集"，"图标样式"暂不选择。

"图标"规则是：第一个图标选择"红色圆，带边框"，比较运算方式选">"，"类型"设为"数字"，在"值"文本框中输入20。

第二个图标选择"绿色圆"，比较运算方式选">="，"类型"设为"数字"，在"值"文本框中输入10。

第三个图标选择"黄色圆"；整个设置如图17.9所示。

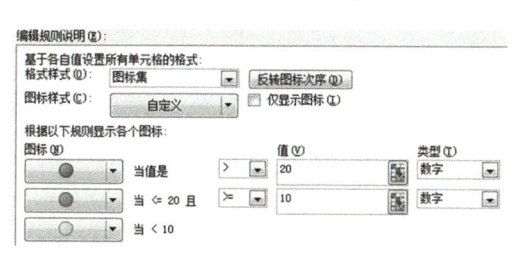

图17.9 设置规则

步骤13：单击"确定"按钮，不同气温范围带有不同的颜色显示，一目了然，如图17.10所示。

步骤14：单击工作表标签"销售记录"。

选择D2:D13区域，输入"=IF(B2>0, C2/B2, 0)"；输入结束，按Ctrl+Enter快捷键，结果如图17.11所示。

图 17.10　自定义规则结果　　　　　　　　　　图 17.11　输入函数

> **注　意**
>
> 1. 在步骤14中，先选区域，再直接输入函数，函数输入结束后，不要单击鼠标，也不要按回车键，而是按Ctrl+Enter快捷键，表示复制函数到所有选中的区域。
>
> 2. IF函数的格式：IF（逻辑判断，如果为真时返回值，如果为假时返回值）；本例中判断"B2>0"的原因是防止B2（B2下面的所有列）的值为0，导致出错。

步骤15： 选择D2:D13区域，单击"开始—（数字）—百分比 %"，则数据显示为百分比格式；两次单击"增加小数位数"，显示为两位小数。

步骤16： 选择D2:D13区域，单击"开始—（样式）—条件格式—新建规则"，弹出"编辑格式规则"对话框。在对话框的"选择规则类型"中，选中"基于各自值设置所有单元格的格式"；在"编辑规则说明"的"格式样式"中选择"数据条"；最小值与最大值的类型均为"百分比"，其他设置保持默认值，如图17.12所示。

单击"确定"按钮，完成设置，如果如图17.13所示。

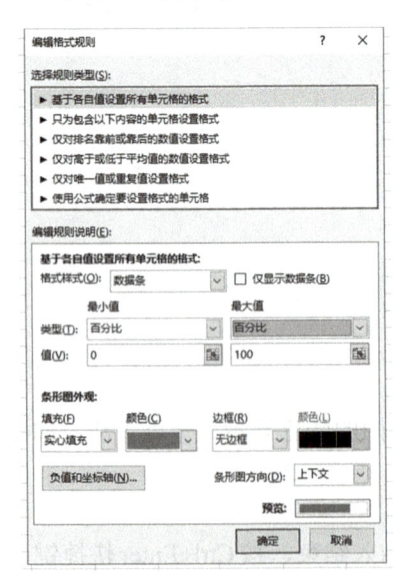

图 17.12　设置规则　　　　　　　　　　图 17.13　规则应用效果

步骤17：在B、C、D三列中，如果数据发生变化，则D列的数据条随之变化。

这种设置还可以用于单列的数据，有数据时显示数据条，没有数据时则不显示；也可以不显示单元格数据，如图17.12所示，则需要勾选"仅显示数据条"。

子任务 18　打印工作表

打印工作表是利用Excel 2016进行办公的常用目的，Excel 2016可以进行页面设置，方便地将内容打印出来。

Excel 2016最常用的打印功能是快速打印。快速打印指的是不需要用户进行进一步确认，就可以直接打印，如果当前工作表没有进行过任何有关打印选项的设置，Excel 2016会自动以默认的打印方式对其进行设置，默认的内容如下。

打印内容：当前选定工作表中所有包含数据或格式的区域，包括图形、图表，不包括单元格批注；

打印份数：1份；

打印范围：整个工作表中包含数据和格式的区域；

打印方向：纵向；

打印顺序：从上至下，再从左到右；

打印缩放：无缩放；

页边距：上下页边距为1.91厘米，左右边距为1.78厘米，页眉页脚边距为0.76厘米；

页眉页脚：无；

打印标题：无标题。

> **注意**
>
> 1. 打印前必须在计算机中正确安装打印机驱动程序。
> 2. 必须将打印机设为默认打印机。

本子任务对应文件"18打印工作表"。

步骤1：打印当前工作表。

单击工作表标签"打印"，再单击"文件—打印"，出现"打印"对话框，如图18.1所示。

单击"打印"按钮，则打印当前工作表。单击"设置"下拉列表，选择"打印整个工作簿"，则打印整个工作簿内容，如图18.2所示。

步骤2：打印选定区域。

方法一：选定区域A1:G10，单击"文件—打印"，在"打印"对话框的"设置"下拉菜单中选择"打印选定区域"，再单击"打印"按钮，如图18.2所示。

方法二：选定区域A1:G10，单击"页面布局—（页面设置）—打印区域—设置打印区域"，如图18.3所示；这时该区域被系统自动命名为"Print_Area"，在默认情况下，单击"打印"按钮即打印这个区域；在名称管理器中可以对"Print_Area"进行编辑，参见"子任务13"。

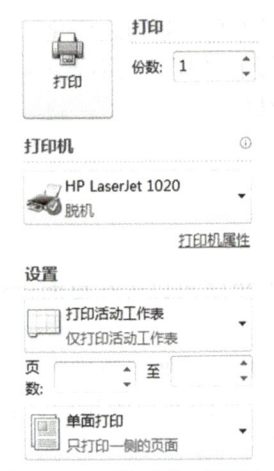

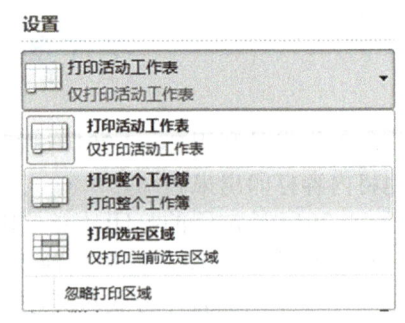

图 18.1 "打印"对话框　　　　　　图 18.2 设置打印对象

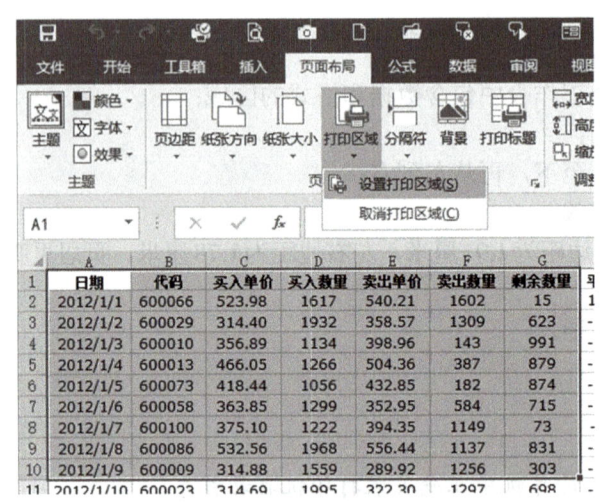

图 18.3 设置打印区域

> **注　意**
>
> 1．只有在工作簿中的多个工作表都有数据时，打印整个工作簿才有效。
> 2．只有设置了"打印区域"后，"设置"菜单中的"忽略打印区域"才有效。

单击"页面布局—（页面设置）—打印标题"，在弹出的"页面设置"对话框中，选择"工作表"选项卡，在"打印区域"框中出现默认的打印区域，单击扩展选项按钮可以更改打印区域。

步骤3：设置打印标题。

一般工作表都有标题行或标题列，当工作表数据较多，在打印时，一般仅首行或首列所在页有标题，其他页则没有标题。Excel 2016可以将标题行或标题列重复打印在每个页面上。

单击"页面布局—（页面设置）—打印标题"，在弹出的"页面设置"对话框中选中

"工作表"选项卡。

在"顶端标题行"框中输入"$1:$1",或者单击扩展选项按钮,选择第一行,如图18.4所示。

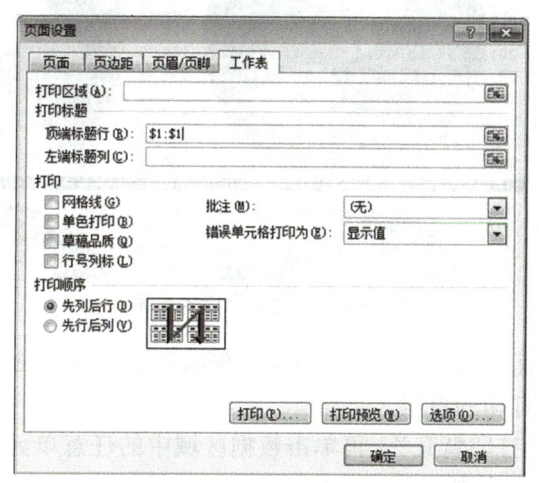

图18.4 设置打印标题

这样每页的数据行(列)前就会加上标题行。

步骤4: 设置工作表背景。

单击"页面布局—(页面设置)—背景",弹出"插入图片"对话框,在该对话框中,可以指定图片位置,常见的图片文件均可以作为工作表背景,格式可以为JPG、BMP、TIF、EMF、GIF等,如图18.5所示。

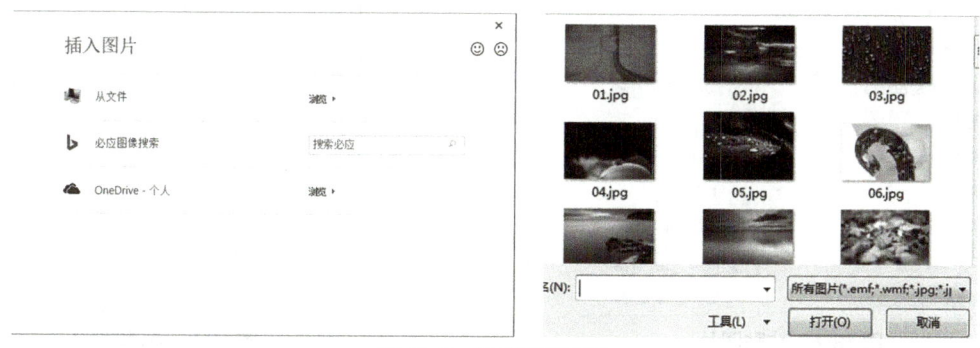

图18.5 选择背景图片

选择earth.jpg,单击"打开"按钮,效果如图18.6所示。

> **注意**
>
> 1. 设置的背景图片以"平铺"形式"铺"在工作表中,如果图片比工作表小,则"重复"显示,"铺满"工作表。
> 2. 插入的背景图片不会被打印。

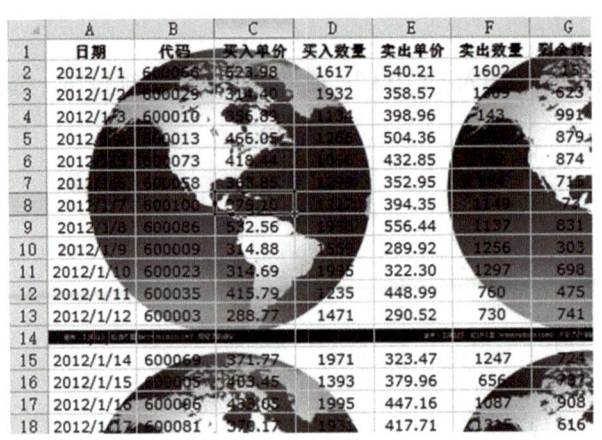

图 18.6 设置背景后的效果

步骤5：单击"页面布局—（页面设置）—删除背景"，可以删除已设置的背景。

步骤6：设置可以打印的背景。

单击工作表标签"打印背景"，再单击数据区域中的任意单元格，如D5单元格；按Ctrl+A快捷键，选中全部的数据部分；再按Ctrl+C快捷键，复制内容。

步骤7：单击新建工作表标签 ⊕ ，新建一个工作表；在任意单元格中右击，选择"选择性粘贴—（其他粘贴选项）—图片"命令，如图18.7所示。

粘贴后的效果如图18.8所示。

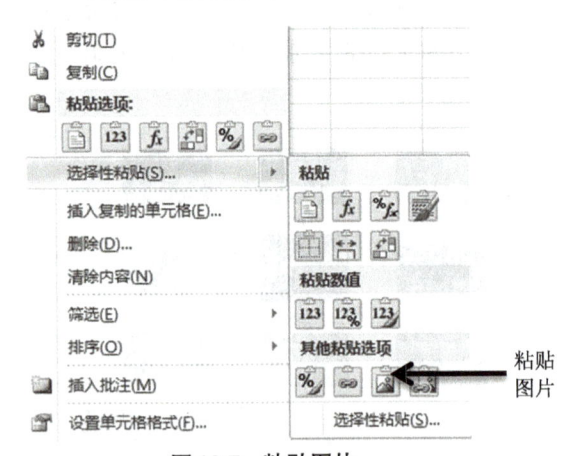

图 18.7 粘贴图片　　　　　图 18.8 粘贴效果

步骤8：单击"插入—（插图）—图片"，在打开的"插入图片"对话框中，选择earth.jpg，单击"插入"按钮，将图片插入到工作表中。这时，图片（一幅）浮于最上层，如图18.9所示。

步骤9：拖动图片边框调整图片大小，也可以按Ctrl键拖动图片来复制多张图片。按住Ctrl键不放，分别单击所有图片，选中所有图片；松开Ctrl键，右击，选择"组合—组合"命令，将多幅图片合为一幅，如图18.10所示。

步骤10：右击图片，选择"置于底层—置于底层"命令，图片移至文字下方，如图18.11所示。

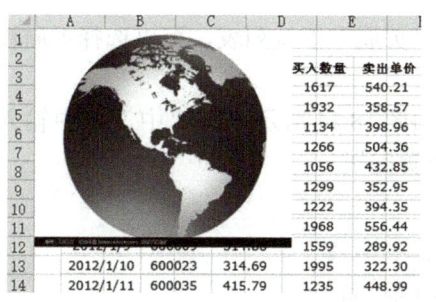

图18.9 插入图片的效果　　　　　　　　图18.10 组合图片

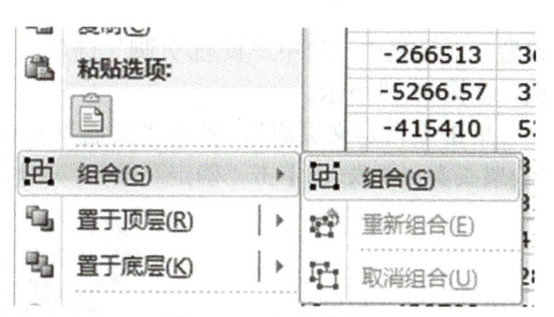

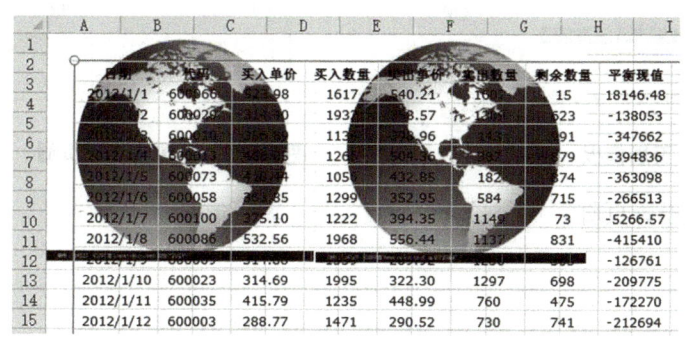

图18.11 将图片置于文字下方

步骤11：调整表层文字（其实是粘贴的图片）的位置，就可以打印带背景图片的表格，如图18.12所示。

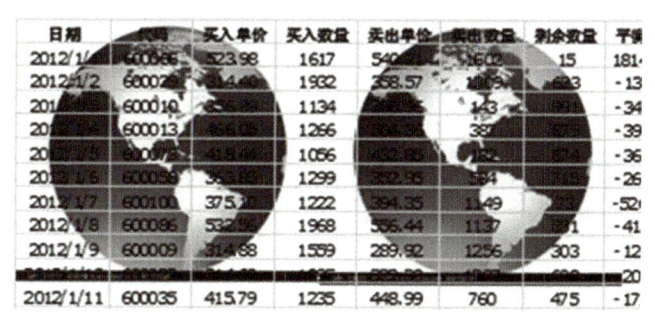

图18.12 打印效果

> **技巧**
>
> 1. 插入的背景图片可以"复制平铺"或"单张拉伸"，最终与文字区域一样大小。
> 2. 所有的图片可以"组合"成一幅图；图片与文字（其实是图片）也可以"组合"成一幅图，这样操作起来更方便；如果将原工作表的网络线取消，则更美观。
> 3. 可以在工作表中先插入背景图片，再将其"选择性粘贴"为图片，这样背景就可以打印了。

步骤12：设置页眉页脚。

单击"页面布局—（页面设置）— "，打开"页面设置"对话框；在打开的"页面设置"对话框中,选中"页眉/页脚"选项卡,单击"页眉"下拉列表,可以选择页眉模板,如图18.13所示。

单击"自定义页眉",弹出"页眉"对话框,如图18.14所示,在"中"框中输入"股票买卖一览表",单击"确定"按钮,此时页眉设置完毕。

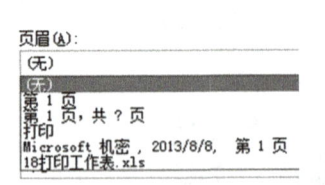

图18.13　页眉模板

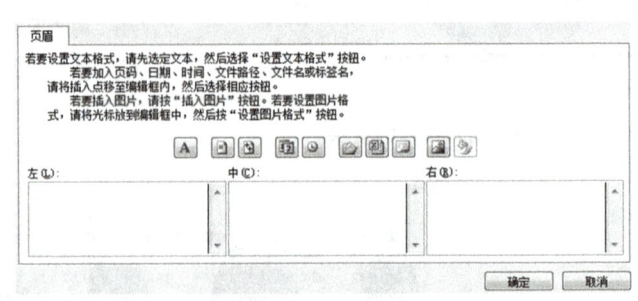

图18.14　设置自定义页眉

同样,可以设置页脚。

技 巧

1. 在页眉和页脚中,可以插入下列对象:插入页码、插入页数、插入日期、插入时间、插入图片。

2. 设置完页眉和页脚后,只有在打印预览或打印时,才能看到效果。

任务 4　计算职工和营销数据

任务说明

本任务主要是通过 Excel 2016 的函数计算相关数据。计算，在 Excel 软件中是一个宽泛的概念，不仅包括加、减、乘、除等算术运算，还包括文本、财务、统计等领域的特殊运算。在经济领域，Excel 软件的计算功能显得特别重要。在完成任务的过程中，一方面熟悉 Excel 2016 常用函数的用法；另一方面熟悉如何构造方案，通过函数来实现方案。

任务结构

子任务 19　提取职工信息
子任务 20　计算工资数据
子任务 21　计算分店的销售数据
子任务 22　填写分析表
子任务 23　分级和合并计算工资
子任务 24　通过表格功能计算和分析销售数据

Excel 2016 本身具有十分强大的计算功能，这些计算功能通过公式与函数来实现。公式（Formula）是以"="号[①]为引导，通过运算符号按照一定的顺序组合进行数据运算处理的等式；函数是按特定算法执行计算的用于产生一个或一组结果的预定义的特殊公式。

子任务 19　提取职工信息

职工的身份证号码里面包含有地区信息、出生日期信息和性别信息。通过对身份证号码的分析，可以得出这些信息。

本子任务对应文件"19提取职工信息"。

步骤 1：单击工作表标签"提取职工信息"；B2:B5 区域显示的是职工的身份证号码（虚拟身份证号码，非真实号码），其中有两个版本，一个是 15 位身份证号，另一个是 18 位身份证号；15 位身份证号的出生年份是两位数，而 18 位身份证号的出生年份是 4 位数，最后增加了一位校验码。

步骤 2：单击 C2 单元格，输入公式"=MID(B2, 7, 8)"，得到结果"20220101"。

---

① 实际操作中，以"+"开头，或者"——"（两个减号）开头，也是可以的。

> **提 高**
>
> 1. Excel 2016中，所有的函数名称，包括函数前导的等号、函数里面的括号、逗号等字符必须是半角英文符号，否则会出错；函数名不区分大小写。
> 2. MID()函数的作用是摘取字符串中的部分字符；函数的格式为：MID（字符串，起始位置，长度），函数返回摘取的字符串。
> 3. LEN()函数的作用是返回字符串的长度；函数的格式为：LEN（字符串），函数返回字符串的长度值，即字符的个数。
> 4. IF()函数的作用是判断并返回结果；函数的格式为：IF（逻辑判断，条件是真时的返回值，条件是假时的返回值）。
> 5. "&"用于字符的连接，相当于函数CONCATENATE()。

单击C3单元格，输入公式"=MID(B3, 7, 6)"，得到结果"991231"；由于日期结果不满8位，可以更改公式，让日期达到8位格式，新公式为"="19"&MID(B3, 7, 6)"。

步骤3：可以通过IF()函数将两个函数合二为一。

选择C4单元格，输入函数"=IF(LEN(B4)=15,"19"&MID(B4, 7, 6), MID(B4, 7, 8))"。

复制C4单元格到C5单元格，同样得到正确结果，如图19.1所示。

	A	B	C
1	姓名	身份证号	出生日期
2	张三	321000202201011234	20220101
3	李四	321000991231123	19991231
4	王五	321000201001012345	20100101
5	赵六	321002961231456	19961231

图19.1　通过身份证号获取出生日期

> **注 意**
>
> 1. 同样的一个任务，可以通过不同的公式来完成，这也是Excel 2016公式与函数的魅力之所在。
> 2. 步骤3的公式也可以写成："=IF(LEN(B4)=15,"19"&MID(B4, 7, 6+(LER(B4)=18)*2)"，有兴趣的读者可以试试。

步骤4：根据出生日期计算年龄。

单击D2单元格，输入"=DATEDIF(TEXT(C2,"0000-00-00"), TODAY(),"y")"，得到周岁值。

步骤5：根据身份证号得到性别信息。15位身份证号的最后一位，或18位身份证号的倒数第二位代表性别信息，偶数为女性，奇数为男性。

单击E2单元格，输入公式"=IF(MOD(RIGHT(LEFT(B2, 17), 1), 2),"男","女")"。

> **提 高**
>
> 1. LEFT()函数与RIGHT()函数是取字符串函数，LEFT()从左起取字符串，RIGHT()从右起取字符串，格式为：LEFT（字符串，位数）、RIGHT（字符串，位数）。
> 2. MOD()函数为取余数函数，也称取模函数，返回两个数相除的余数，格式为：MOD（被除数，除数）。

解释：通过LEFT()函数，取出身份证号的左边17位，如果不足17位的，则全部取出，然后再用RIGHT()函数，取出最右一位，再与2模除（MOD()），如果为1，则为奇数，Excel中，1也被认为逻辑值"真"，返回IF()函数的第二个参数"男"，否则返回"女"。

步骤6：分列操作。

单击工作表标签"分列操作"，再单击A列标签，选中A列，或者选择A1:A4区域。

步骤7：单击"数据—（数据工具）—分列"，弹出"文本分列向导"对话框，在对话框中选择"分隔符号"，如图19.2所示，单击"下一步"按钮。

步骤8：在打开的对话框中，"分隔符号"选择"其他"，并输入分隔符"-"，如图19.3所示，单击"下一步"按钮。

图19.2 文本分列1

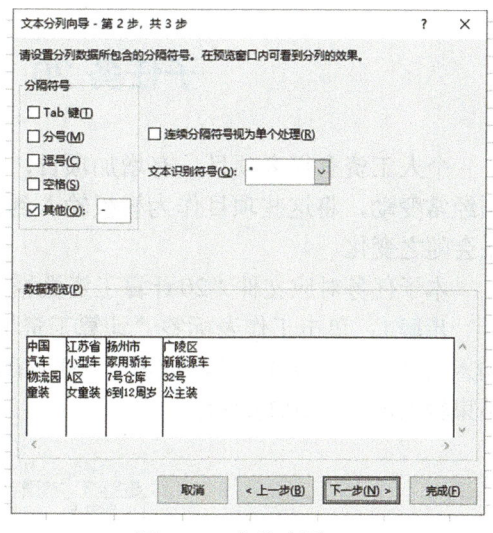

图19.3 文分本列2

步骤9：在打开的对话框中，选择"列数据格式"为"文本"，单击"完成"按钮，将原单元格数据分列在同行不同列中，如图19.4所示。

	A	B	C	D
1	中国	江苏省	扬州市	广陵区
2	汽车	小型车	家用轿车	新能源车
3	物流园	A区	7号仓库	32号
4	童装	女童装	6到12周岁	公主装

图19.4 分列后的数据

> **注 意**
>
> 1. 在分列操作前，数据的右侧不可有数据，否则会被分列后的数据覆盖。
> 2. 本例中，用分隔符分列后，分隔符会被删除。
> 3. 分列后的数据，可以在步骤9中指定数据类型。

步骤10：上述的分列操作，也可以用快速填充的方法完成。

步骤11：单击工作表标签"分列2"。在B1单元格中输入"中国"；在C1单元格中输入"江苏省"。

步骤12：选择B1:B4区域，按Ctrl+E快捷键，快速填充。选择C1:C4区域，按Ctrl+E快捷键，快速填充，结果如图19.5所示。

图19.5　通过快速填充实现分列

采用快速填充的方法提取数据，可以保留原始数据，直接提取目标数据。

子任务 20　计算工资数据

个人工资有很多项目，有增加项目，也有扣款项目，还有个人所得税，而且这些数据经常变动，将这些项目作为模板输入到Excel 2016中，这样只需要改动数据，最终结果会随之变化。

本子任务对应文件"20计算工资数据"。

步骤1：单击工作表标签"计算工资"，再单击J2单元格，计算"计发工资"字段，输入公式"=G2+H2+I2"，或者"=SUM(G2, H2, I2)"，或者"=SUM(g2:I2)"；按回车键结束输入，如图20.1所示。

图20.1　计算计发工资

> **提 高**
>
> 表示单元格区域的符号有三个：逗号、冒号和空格。逗号为"枚举运算符"，也称"联合运算符"，即多个单元格或区域的罗列，所有对象是并列的关系；冒号为"区域运算符"，冒号连接的两个单元格地址为一个矩形区域的两个角单元格，整个矩形区域都包括在内；空格为"交叉运算符"，即空格连接的两个（或多个）区域的交叉部分，若无交叉则提示出错。

步骤2：移动光标到J2单元格的右下角，当鼠标箭头变成填充柄（黑色实心十字）时，拖动填充柄到J11单元格，所有单元格的"计发工资"计算出来。

步骤3：计算公积金，公积金数额为基本工资的10%。

单击K2单元格，输入公式"=G2*10%"，或者"=G2*0.1"，按回车键，如图20.2所示。

步骤4：一般公积金为整数，更改公式，使计算出的公积金为整数，单击K2单元格，更改公式为"=INT(G2*10%)"，或者"=INT(G2*0.1)"，按回车键，如图20.3所示。

G	H	I	J	K
基本工资	加班费	餐补	计发工资	公积金
5830.5	800	120	6750.5	=G2*10%

图20.2　计算公积金

G	H	I	J	K
基本工资	加班费	餐补	计发工资	公积金
5830.5	800	120	6750.5	=INT(G2*10%)

图20.3　重新计算公积金

步骤5：双击K2单元格的填充柄，将公式复制到K11单元格。

技巧

1. 拖动填充柄与双击填充柄的区别是：拖动填充柄可以拖到任意行（或列）单元格，而双击则会自动复制到有数据区域的最后一行，当遇到第一个空白单元格时停止。

2. 选中整个需要输入公式的区域，再输入公式，输入完毕后按Ctrl+Enter快捷键，可以一步实现输入和复制。

步骤6：计算"计扣工资"字段。

单击N2单元格，输入公式"=K2+L2+M2"；复制N2单元格，到N3:N11区域。

步骤7：计算"实发工资"字段。

单击O2单元格，输入公式"=J2−N2"；复制O2单元格，至O3:O11单元格，如图20.4所示。

J	K	L	M	N	O
计发工资	公积金	房租	水电费	计扣工资	实发工资
6750.5	583	450	100	1133	=J2−N2

图20.4　计算实发工资

提高

1. 在步骤6和步骤7中，复制公式时，公式中的单元格地址会随着公式地址的变化而变化，这种地址称为相对地址，O2单元格中的公式为"=J2−N2"，复制公式到O3单元格时，公式下移一行，则公式内的地址也下移一行，变为"J3−N3"。

2. Excel 2016中的单元格地址有三类：相对地址、绝对地址和混合地址；绝对地址需要在列号与行号前加"$"（如$A$5），在使用时不随公式地址的变化而变化；混合地址则是在行号或列号前加"$"（如$A1，A$1），在使用时，如果公式的行号和列号发生变化，公式中没有加绝对符号（即$）的发生变化，而加绝对符号的不变。

步骤8： 计算合计值。

单击 C12 单元格，单击"公式—（函数库）—其他函数—统计—COUNTA"，如图 20.5 所示。

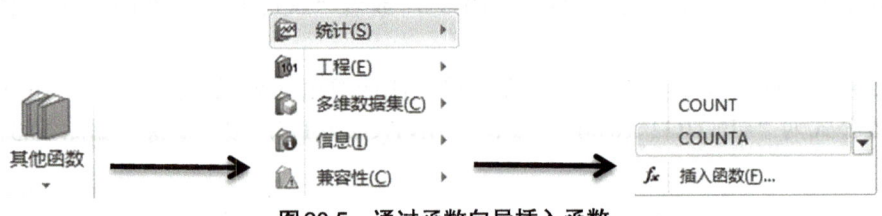

图 20.5　通过函数向导插入函数

弹出"函数参数"对话框，如图 20.6 所示。

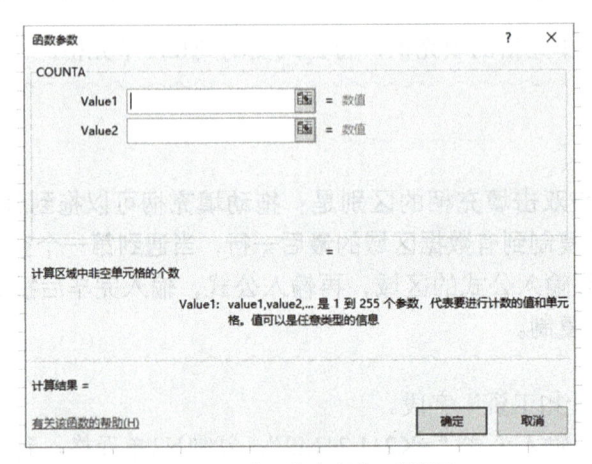

图 20.6　"函数参数"对话框

步骤9： 在"函数参数"对话框中，可以看到函数的说明"计算区域中非空单元格的个数"，区域中的值可以是任意类型。

单击"Value1"参数框后的选择按钮，在工作表中拖动鼠标选择 C2:C11 区域，选定的区域会自动写入"函数参数"对话框；

再次单击选择按钮返回，单击"确定"按钮，在单元格中得到函数计算结果 10，同时在 C12 单元格中自动生成函数"=COUNTA(C2:C11)"。

> **提　高**
>
> 1. 与 COUNTA() 函数相似的计算函数是 COUNT() 函数，COUNT() 函数用于统计区域中数字型参数的个数。
>
> 2. 步骤9是通过计数"性别"数据来统计职工总数的，不一定科学，因为性别数据可能缺失，从而影响统计结果。更科学的应是计数"姓名"字段，这里仅作为一个教学案例。
>
> 3. 任何函数，都可以单击"公式—（函数库）—插入函数"，在弹出的"插入函数"对话框中找到，然后通过向导插入函数，也可以直接在编辑栏中输入函数。

步骤10：单击G12单元格，拖动鼠标选中G12:O12；单击编辑栏，输入"=SUM("；再用鼠标选择G2:G11区域；按Ctrl+Enter快捷键；结果在G12:O11区域中全部输入了求和公式，如图20.7所示。

图20.7 求和合计数据

步骤11：单击C13单元格，输入公式"=COUNTIF(C2:C11,"男")"，输入完毕后，按回车键，得到结果。

单击C14单元格，输入公式"=COUNTIF(C2:C11,"女")"，输入完毕后，按回车键，得到结果。

步骤12：单击G13单元格，输入公式"=SUMIF(C2:C11,"男",G2:G11)"，输入完毕后，按回车键得到男职工的基本工资和。

单击G14单元格，输入公式"=SUMIF(C2:C11,"女",G2:G11)"，输入完毕后，按回车键得到女职工的基本工资和。

提 高

1. SUMIF()函数是条件求和函数，格式是"SUMIF（条件计算区域，条件[，求和区域]）"；如果"求和区域"省略，则直接计算"条件计算区域"中符合条件的和。

2. 步骤11和步骤12中的第二步，不宜采用拖动填充柄的方法，因为在公式中采用的是相对地址，如果拖动，则"条件计算区域"会发生偏差，导致计算错误，如图20.8所示。

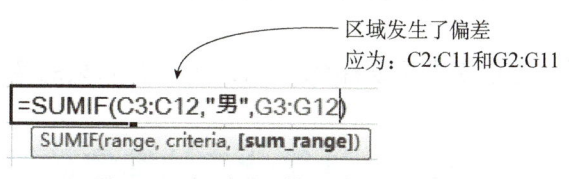

图20.8 相对引用的区域发生了偏差

步骤13：单击G13单元格，修改第一个参数区域为绝对引用："=SUMIF($C$2:$C$11,"男",G2:G11)"，修改完毕后按回车键。

拖动G13单元格的填充柄到O13单元格，得到所有男职工工资计算结果。

步骤14：单击工作表标签"计算工资2"，再单击G2单元格，然后单击"数据—（数据工具）—数据验证—数据验证"，弹出"数据验证"对话框。在"设置"选项卡中，

"允许"选择"序列","来源"框中输入"28, 29, 30, 31",单击"确定"按钮,如图20.9所示。

步骤15: 单击 H2 单元格,设置数据验证,同步骤14,"来源"框中输入"100, 120, 150";选择实际当月的满勤天数,如31天;选择缺勤扣款,如100。

步骤16: 选择 G1:H2 区域,单击"公式—(定义的名称)—根据所选内容创建",弹出"以选定区域创建名称"对话框,仅勾选"首行",如图20.10所示,单击"确定"按钮。

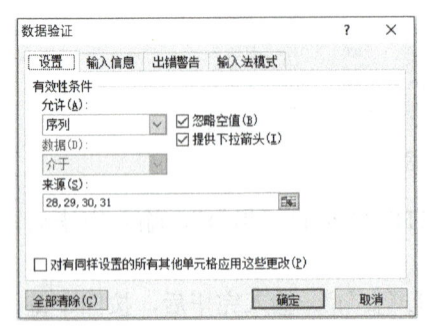

图20.9 设置数据验证　　　　图20.10 创建名称

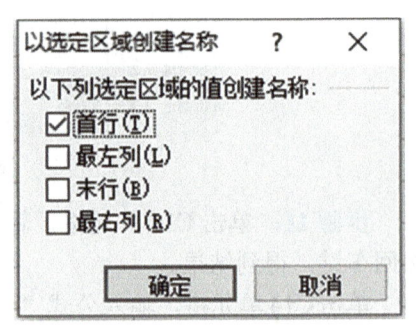

步骤17: 选择E2单元格,输入"=C2-(满勤天数-D2)*缺勤扣款",如图20.11所示。

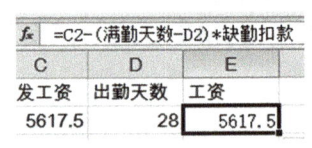

图20.11 计算工资

步骤18: 拖动 E2 单元格的填充柄到E11 单元格,完成计算;改变 G2 和 H2 单元格中的数值,可以动态计算工资。

> **技 巧**
>
> 1. 上例中,满勤天数与缺勤扣款两个数据,如果使用单元格地址,应采用绝对引用方式,否则会出错。
> 2. 在公式或函数中可以使用区域名称,从而可以解决烦琐的绝对引用问题。

子任务 21　计算分店的销售数据

销售数据中包括分店名、产品名、单价和数量,在统计分析时,需要以人员或产品将销售额统计出来。在 Excel 2016 中,通过 SUMPRODUCT()函数可以将符合条件的数据抽取出来,并进行一定的运算,方便地得到想要的结果。

本子任务对应文件"21计算分店的销售数据"。

步骤1: 单击工作表标签"销售数据",再单击K1单元格,然后单击"公式—(函数库）—数学和三角函数—SUMPRODUCT"，弹出"函数参数"对话框，如图21.1所示。

图21.1 SUMPRODUCT"函数参数"对话框

步骤2： 在"函数参数"对话框中，数组区域1（Array1）中输入"E2:E21"，数组区域2（Array2）中输入"F2:F21"，单击"确定"按钮。

在K2单元格中生成函数"=SUMPRODUCT(E2:E21,F2:F21)"，如图21.2所示。

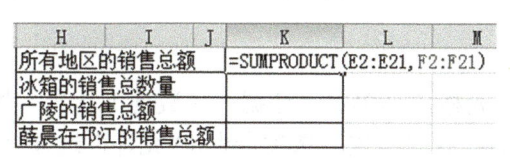

图21.2 SUMPRODUCT函数

提 高

1. SUMPRODUCT()函数的功能是区域乘积求和，函数格式是SUMPRODUCT（区域1，[区域2]…），要求所有区域的大小形状一样，函数返回所有区域中对应位置的数值乘积之和。

2. 步骤2中的K2单元格函数也可以写成"=SUMPRODUCT((E2:E21)*(F2:F21))"。

步骤3： 单击K2单元格，输入公式"=SUMPRODUCT((F2:F21)*((D2:D21)="冰箱"))"，按回车键得到冰箱的总销量，如图21.3所示。

图21.3 计算冰箱销量

解释：F2:F21为全部产品的销量区域；(D2:D21)="冰箱"，产生一个新的区域（数组），结果为1或0，单元格内容是"冰箱"的结果为1，否则为0；两个区域相乘，则将后一区域中为1的销量保留下来，其余清为0，再将这个区域求和，可以得到冰箱的总销量。

步骤 4：单击 K3 单元格，输入公式"=SUMPRODUCT((C2:C21="广陵")*(E2: E21)*(F2:F21))"，如图 21.4 所示。

解释：同上，只不过这里多了一个区域，结果为 3 个区域相乘后再求和。

| 广陵的销售总额 | =SUMPRODUCT((C2:C21="广陵")*(E2:E21)*(F2:F21)) |

图21.4　计算广陵的销售总额

步骤 5：单击 K4 单元格，输入公式"=SUMPRODUCT((B2:B21="薛晨")*(C2: C21="邗江")*(E2:E21)*(F2:F21))"，如图 21.5 所示。

解释：同上，这里再增加一个区域，4 个区域相乘再求和。

| 薛晨在邗江的销售总额 | =SUMPRODUCT((B2:B21="薛晨")*(C2:C21="邗江")*(E2:E21)*(F2:F21)) |

图21.5　计算薛晨在邗江的销售总额

> **提　高**
>
> 1. SUMPRODUCT()函数默认支持数组，步骤 3、步骤 4 和步骤 5 均使用了数组功能，即区域直接相乘实为数组操作。
>
> 2. 将步骤 3、步骤 4 和步骤 5 中的函数名称 SUMPRODUCT 换成 SUM，其他不变，输入完成后，按 Ctrl+Shift+Enter 快捷键，同样也能得到正确结果，这也利用了 Excel 2016 的数组功能。

步骤 6：单击 B26 单元格，再单击"数据—（数据工具）—数据验证—数据验证"，弹出"数据验证"对话框。在"设置"选项卡中，"允许"选择"序列"，"来源"框中选择 $B$2:$B$21 区域，单击"确定"按钮，如图 21.6 所示。

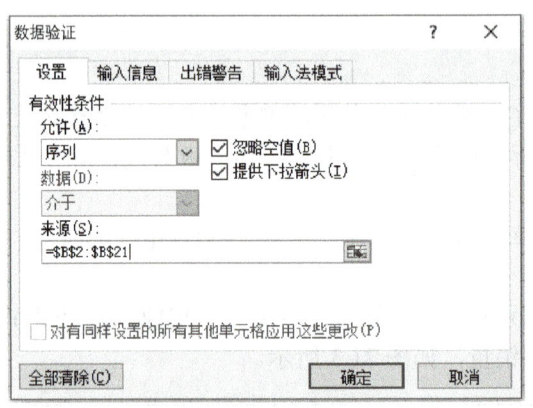

图21.6　设置数据验证

任意选择一个销售员，如"薛晨"。

步骤 7：单击 C26 单元格，同步骤 6，数据来源设为 C2:C21；同样在 D26 单元格中，设置数据验证为 D2:D21；为相应单元格选择任意数据。

步骤 8：单击 E26 单元格，输入"=SUMPRODUCT((B2:B21=B26)*(C2:C21=C26)*

(D2:D21=D26)*(E2:E21)*(F2:F21))"；在 E26 单元格中计算出销售员在对应地区的对应产品的销售额。

> **技巧**
>
> 1. 步骤8中，可以将公式中的区域均定义为名称，这样公式就更容易读懂。
> 2. 步骤8中，可以使用条件格式，在数据区域将所选的销售员、地区、产品标记出来。

步骤9：选择B1:B20区域，单击"开始—（样式）—条件格式—突出显示单元格规则—等于"，弹出"等于"对话框，再单击B26单元格，如图21.7所示，单击"确定"按钮。

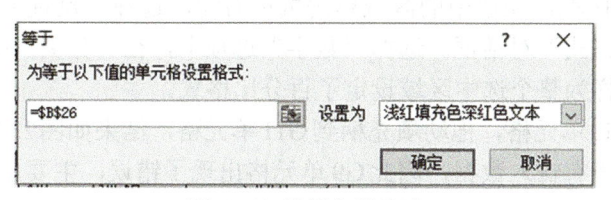

图21.7 设置条件格式

步骤10：地区与产品的条件格式设置同步骤9，效果如图21.8所示。

图21.8 设置条件格式的数据区域

实际分析操作时，首先任意选择销售员、地区、产品，自动统计符合条件的销售总额，然后在数据区域中将对应的销售员、地区、产品等数据变色突出显示。

子任务 22 填写分析表

在计算分析数据时，常常会有一些例外的数据导致计算出错，虽然Excel 2016的容错功能十分强大，但是用户可以选择多种方法来处理错误数据或计算。

本子任务对应文件"22填写分析表"。

步骤1：单击工作表标签"数据分析"，再单击G3单元格，计算非常满意率，输入公式"=C3/(C3+D3+E3+F3)"，按回车键得到结果，结果是"1.00"。右击G3单元格，选择"设置单元格格式"命令，弹出"设置单元格格式"对话框。选择"数字"选项卡，在"分类"中选择"百分比"，如图22.1所示。

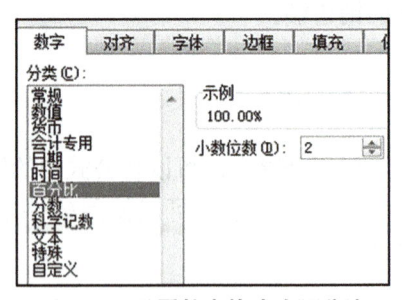

图22.1 设置数字格式为百分比

单击"确定"按钮，计算结果变成 非常满意率 100.00%。

步骤2：单击G4单元格，拖曳鼠标到G11单元格，选中G4:G11区域；按住鼠标不放，再选中F3:F11区域，在选中的区域单击鼠标右键，选择"设置单元格格式"命令，弹出"设置单元格格式"对话框。选择"数字"选项卡，在"分类"中选择"百分比"，如图22.1所示；这样为整个选中区域设定了百分比格式。

步骤3：单击G3单元格，拖动填充柄到G11单元格，结果如图22.2所示。

由于售前服务没有输入数据，因此G9单元格出现了错误，主要原因是公式的分母为0，为了避免这种情况出现，将G列的公式进行修改。

单击G3单元格，将G3单元格的公式改为"=IF(SUM(C3:F3), C3/SUM(C3:F3),0)"，再拖到填充柄到G11单元格，得到正确结果，G9单元格的值为0.00%，如图22.2所示。

图22.2 对比不同公式的结果

解释：SUM(C3:F3)表示求和得到总票数，在公式中首先作为IF函数的逻辑判断表达式，如果非0，则认为是"真"，取第二个参数，即C3/SUM(C3:F3)，如果为0，则取第三个参数0，从而有效地避免了分母为0的情况。

提 高

1. 在逻辑判断时，有时不出现逻辑判断表达式，而直接用数字来表示，因为在Excel中，非0的数字在逻辑表达式中被当作"真"，而0在逻辑表达式中被当作"假"；例如"=IF(0, 2, 4)"的结果为4，而"=IF(1, 2, 3)"的结果为2。

2. Excel中的错误信息有8种：（1）####，错误原因：输入到单元格中的数值太长或公式产生的结果太长，单元格容纳不下；解决方法：适当增加列的宽度；（2）#DIV/0!，错误原因：除法时除数为0；解决方法：改除数为非零值；（3）#N/A，错误原因：函数或公式中没有可用的数值；解决方法：如果工作表中某些单元格暂时没有数值，在这些单元格中输入#N/A，公式在引用这些单元格时，将不进行数值计算，而是返回#N/A；（4）#NAME!，错误原因：在公式中使用了Excel不能识别的文本；解决方法：确认使用的名称确实存在，如所需的名称没有被列出，应添加相应的名称，如果名称存在拼写错误，则修改拼写错误；（5）#NULL!，错误原因：当试图为两个并不相交的区域指定交叉点时，将产生以上错误；解决方法：如果要引用两个不相交的区域，可使用合并运算符；（6）#NUM!，错误原因：当公式或函数中某些数字有问题时，将产生该错误信息；解决方法：检查数字是否超出限定区域，确认函数中使用的参数类型是否正确；（7）#REF!，错误原因：当单元格引用无效时，将产生该错误信息；解决方法：更改公式中的单元格或区域引用；（8）#VALUE!，错误原因：当使用错误的参数或运算对象类型时，或当利用自动更改公式功能不能更正公式时，将产生该错误信息；解决方法：确认公式或函数所需的参数或运算符是否正确，并确认公式引用的单元格所包含的均为有效的数值。

步骤4： 单击C12元格，输入公式"=IF(SUM(C3:C11), AVERAGE(C3:C11), 0)"，拖动C12单元格的填充柄到F12单元格，得到全部结果，如图22.3所示。

分析内容	反馈项目	非常满意	比较满意	基本满意	不满意	非常满意率
产品外观	产品颜色	10				100.00%
	产品手感	7	2	1		70.00%
	产品重量	9	1			90.00%
产品功能	操作方便	9	1			90.00%
	运行噪声	8	2			80.00%
	产品能耗	7	1	2		70.00%
产品服务	售前服务					0.00%
	售中服务	8	2			80.00%
	售后服务	7	2	1		70.00%
平均票数		8.13	1.57	1.33	0.00	

图22.3 整个分析表

提 高

1. AVERAGE()函数是求平均值函数，格式为"=AVERAGE（单元格或区域1[，单元格或区域2]，…）"。

2. AVERAGE()函数在计算平均值时，如果区域或单元格引用参数包含文本、逻辑值或空单元格，则这些值将被忽略，而0值将被计算在内。

子任务23 分级和合并计算工资

对于既有明细又有汇总的数据，可以分级显示：将明细数据隐藏起来，仅显示汇总数据，方便用户使用。对于没有汇总行的数据，可以手动插入汇总行，形成符合要求的数据格式。

当有多个零散的数据需要合并时，可以采用合并计算。合并计算时可以将行标签、列标签完全一样的数据合并起来，免去了一一对比再合并计算的麻烦。

本子任务对应文件"23分级和合并计算工资"。

步骤1： 单击工作表标签"分级显示"。

步骤2： 单击G2单元格，查看计发工资项，其是汇总项；同样查看K列和L列，它们都是汇总项，采用的是求和公式。

单击D12单元格，查看一月合计，本行是合计行，是一月份工资的合计内容。

步骤3： 单击工作表内任意单元格，如B5，再单击"数据—（分级显示）—创建组—自动建立分级显示"，如图23.1所示。

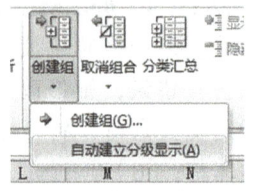

图23.1 创建分级显示

步骤4： 在工作表内行、列自动创建数据分级显示，如图23.2所示。

图23.2 分级显示

分级的依据是数据表中的汇总行（列）。

步骤5： 单击行级别数字"1"，再单击列级别数字"1"，隐藏内容明细，仅显示汇总项，如图23.3所示。

分级显示数字，可以调整显示级别。

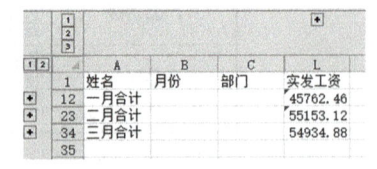

图23.3 仅显示汇总项的分级显示

技 巧

1. 单击分级区域的"+"或"-"，可以展开或隐藏明细数据。
2. 分级显示操作不可以撤销，但是可以取消分级显示。

步骤6： 单击"数据—（分级显示）—取消组合—取消分级显示"，数据区域的分级显示被取消，恢复原始状态。

提 高

数据分组也可以实现分级效果，选中数据明细行，如2:11，单击"数据—（分级显示）—创建组—创建组"，则对一月数据创建一个组，其他月份依此类推。这样在行上就创建了3个组，隐藏明细数据，则可以仅显示三个月的汇总行，如图23.4所示。

任务 4 计算职工和营销数据

	A	B	C	D	E	F	G	H	I	J	K	L
1	姓名	月份	部门	基本工资	加班费	餐补	计发工资	公积金	房租	水电费	计扣工资	实发工资
12	一月合计			50288.8	7000	964	58252.8	6990.336	4500	1000	12490.34	45762.46
23	二月合计			63120	4825	895	68840	8260.8	4500	1000	13760.8	55079.2
34	三月合计			61809	5865	959	68633	8235.96	4500	1000	13735.96	54897.04

图 23.4　分组显示

步骤 7：单击工作表标签"合并计算"。

步骤 8：单击 A31 单元格，再单击"数据—（数据工具）—合并计算"，弹出"合并计算"对话框。

在"函数"下拉列表中选择"求和"，直接在数据区域拖动鼠标，选择 A1:L9 区域，单击对话框中的"添加"按钮。再拖动鼠标选择 A11:L19 区域，单击对话框中的"添加"按钮，然后拖动鼠标选择 A21:L29 区域，单击对话框中的"添加"按钮。勾选对话框中"首行"和"最左列"，如图 23.5 所示。

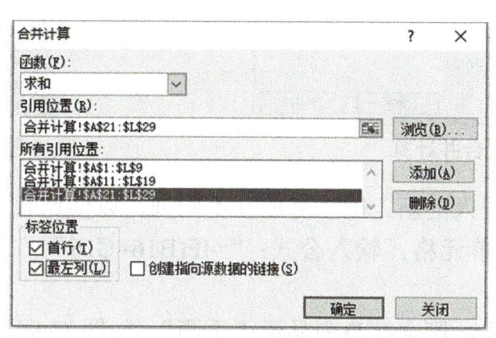

图 23.5　设置合并计算

单击"确定"按钮完成合并计算，结果如图 23.6 所示。

		月份	部门	基本工资	加班费	餐补	计发工资	公积金	房租	水电费	计扣工资	实发工资
31												
32	王家鹏			11291.5	1242	231	12764.5	1531.74	900	200	2631.74	10132.76
33	冯志杰			9801	1414	224	11439	1372.68	900	200	2472.68	8966.32
34	吴青松			19868.8	1545	295	21708.8	2605.056	1350	300	4255.056	17453.74
35	印玉洁			11971	1036	218	13225	1587	900	200	2687	10538
36	高俊			13845	1184	173	15202	1824.24	900	200	2924.24	12277.76
37	丁俊			16098	1464	310	17872	2144.64	1350	300	3794.64	14077.36
38	张军玲			17569.5	1876	312	19757.5	2370.9	1350	300	4020.9	15736.6
39	赵星宇			7035.6	1447	168	8650.6	1038.072	900	200	2138.072	6512.528
40	贾旻茜			11422.3	1339	223	12984.3	1558.116	900	200	2658.116	10326.18
41	张嘉惠			22260.7	1864	205	24329.7	2919.564	1350	300	4569.564	19760.14

图 23.6　合并计算的结果

提　高

1. 合并计算可以将几组数据区域合并起来。合并的计算方式可以是求和、平均、计数等。
2. 合并时，仅当行、列标签相同的情况下，才执行合并计算。
3. 合并计算的数据内容可以分布在不同的工作表中。

步骤 9：合并计算可以用于数据的差异比较。

单击工作表标签"数据对比"，A1:B11 区域、D1:E11 区域是职工的新、旧工号，要查找出同一个人新旧工号有没有变化。

单击 A15 单元格，再单击"数据—（数据工具）—合并计算"，弹出"合并计算"对话框。

在"函数"下拉列表中选择"求和"，然后直接在数据区域中选择 A1:B11 区域，单击"添加"按钮。再拖动鼠标在数据区域中选择 D1:E11 区域，单击"添加"按钮，勾选"首行"和"最左列"，如图 23.7 所示。

单击"确定"按钮，在 A15:C25 区域中显示合并计算结果，如图 23.8 所示。

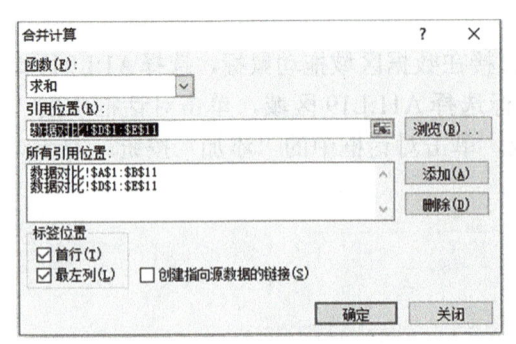

图 23.7　设置合并计算　　　　　图 23.8　合并计算结果

上述操作可以将同一人的新、旧工号放在不同列，以便比较。

步骤 10： 单击 D16 单元格，输入公式："=IF(B16=C16″，″ ″，″不同″)"，并将公式复制到 D25 单元格。

如果新旧工号不一样，则会在 D 列显示"不同"，如图 23.9 所示。

图 23.9　优化合并计算结果

> **提　高**
>
> 1. 在"=IF(B16=C16″，″ ″，″不同″)"中，用 IF 函数这样判断：如果 B16 与 C16 相同，则不显示任何信息，如果不同，则显示"不同"两字。
>
> 2. 这里的计算，不是真正的"合并计算"，而是用合并计算的功能，将最左列，即同一姓名的两个工号放在同一行，便于对比。

子任务 24　通过表格功能计算和分析销售数据

表格，也称"列表"，不是指 Excel 的普通工作表，而是 Excel 提供的一种"表格化"功能。表格功能可以独立于工作表中其他行和列中的数据，用于管理行和列中的数据。

本子任务对应文件"24通过表格功能计算和分析销售数据"。

步骤1： 单击工作表标签"表格"，查看工作表数据。

单击"文件—选项—公式"，勾选"在公式中使用表名"，如图24.1所示。

步骤2： 选中所有数据或者单击工作表中任意一个有数据的单元格，如D5，单击"插入—（表格）—表格"，弹出"创建表"对话框，此时，软件自动选中所有数据区域。

步骤3： 查看"创建表"对话框中的数据来源区域，勾选"表包含标题"，如图24.2所示，单击"确定"按钮。

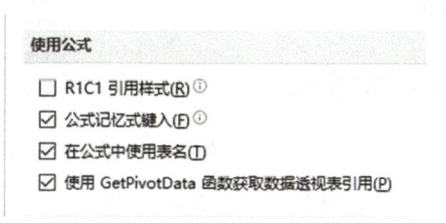

图24.1　在公式中使用表名　　　　图24.2　"创建表"对话框

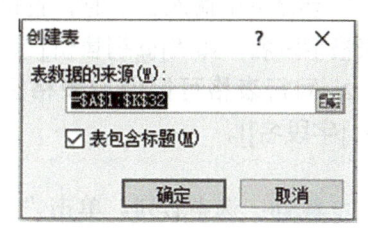

步骤4： 数据区域形成了一张"表"，在数据区域中，标题行增加了筛选标记，并出现上下文选项卡"表格工具—设计"，如图24.3所示。

单击上下文选项卡"设计—（属性）"，在"表名称"框中输入新建的表格名称"mytable"，如图24.4所示。

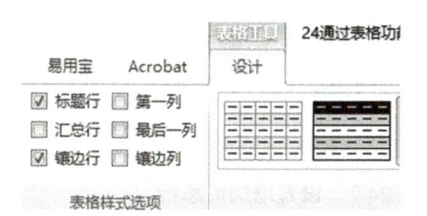

图24.3　上下文选项卡　　　　图24.4　命名表格

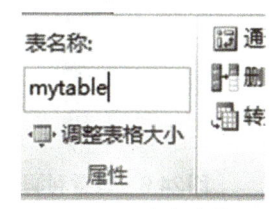

> **注　意**
>
> 1. 定义表格时，没有要求一定要有标题行，但是一般要有标题行，这样才能更好地发挥表格功能。
>
> 2. 表格命名，相当于"区域命名"，但是表格被命名后，名称指向的数据区域会随着数据行的增加而扩大，如上面步骤中，mytable指向的数据区域是A2:K32，如果用户在第33行增加数据，则mytable指向的数据区域是A2:K33。

步骤5： 单击M2单元格，输入"总销量"；单击M3单元格，输入"总销售额"。

步骤6： 单击N2单元格，输入公式"=SUM(mytable[数量])"，得到总销量；在输入时，Excel会自动出现表格提示，如图24.5所示。

单击N3单元格，输入公式"=SUM(mytable[销售额])"，得到总销售额。

步骤7： 单击A33单元格，任意输入一行数据；在N2、N3单元格中会自动更新表格汇总结果。

步骤8：单击 L1 单元格，输入"利润率"，输入后按回车键，L 列自动纳入到表格"mytable"中。

步骤9：单击 L2 单元格，输入公式"=([@销售价]-[@进货价])/[@进货价]"，输入完毕按回车键后，L 列数据区域自动出现公式结果。

> **技 巧**
>
> 1. 步骤9中输入公式时，直接单击同行的字段，就会出现表格字段名，如"[@销售价]"。
> 2. 同行表格可以使用表格区域符，格式为：[@[字段名]:[字段名]]。

图24.5 输入表格公式

步骤10：选中 L 列，单击"开始—（数字）—百分比%"，并单击 按钮增加两位小数，结果如图24.6所示。

步骤11：单击表格内任意一个单元格，如B10，再单击"设计—（表格样式选项）"，勾选"汇总行"，如图24.7所示，在表格区域最后一行，增加汇总行，如图24.8所示。

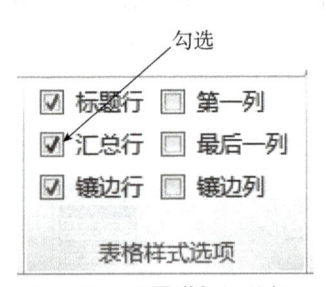

图24.6 设置利润率　　　　图24.7 设置增加汇总行

图24.8 表格汇总行

> **提 高**
>
> 1. 步骤11中，汇总单元格的公式是"=SUBTOTAL(109,[销售额])"，SUBTOTAL()是分类汇总函数，109是求和代号忽略隐藏值），参见子任务34。
> 2. 如果带有汇总行，则在汇总行前插入的内容，才会被纳入到表格中，在汇总行后面的内容，则不会被自动纳入表格中。

步骤12：单击表格中的任意单元格，如A3，单击"设计—（工具）—转换为区域 "，弹出提示对话框，如图 24.9 所示。单击"是"按钮，则表格转换为普通工作表。

图 24.9　转换为区域

任务 5　查询与筛选职工和销售数据

任务说明

本任务主要是在数据清单中查找目标数据，查找目标数据有两种情况，一是直接搜索目标数据，二是搜索与目标数据相关的数据。在任务中，查找数据可以进行多重优化，Excel 2016不仅可以在数据区域中突显被查数据，还可以单独显示查找结果。

在Excel 2016中，另一种查找数据的方法是筛选，本任务中用户可以通过自动筛选和高级筛选分别来筛选数据。

任务结构

子任务25　查找和替换职工数据
子任务26　利用函数查询职工数据
子任务27　优化职工数据查询
子任务28　自动筛选销售数据
子任务29　高级筛选销售数据
子任务30　自定义条件筛选销售数据

子任务 25　查找和替换职工数据

一般意义上的查找就如同Windows平台中的搜索。利用Excel 2016提供的编辑功能，可以查找或替换一个工作表中的单元格数据。

本子任务对应文件"25查找和替换工资数据"。

步骤1：单击工作表标签"工资"，再单击任意单元格，如D2，然后单击"开始—（编辑）—查找和选择—查找"。在打开的"查找和替换"对话框中，选择"查找"选项卡，在"查找内容"框中输入"赵创"，如图25.1所示。

单击"查找下一个"按钮，光标将停留在第一个找到的单元格上，如果找不到，则弹出对话框，如图25.2所示。

步骤2：单击任意单元格，如D2，再单击"开始—（编辑）—查找和选择—替换"。在打开的"查找和替换"对话框中，选择"替换"选项卡，在"查找内容"框中输入"财务部"，在"替换为"框中输入"人事部"，如图25.3所示。

单个替换数据则单击"替换"按钮，一次全部替换数据则单击"全部替换"按钮。

任务5　查询与筛选职工和销售数据

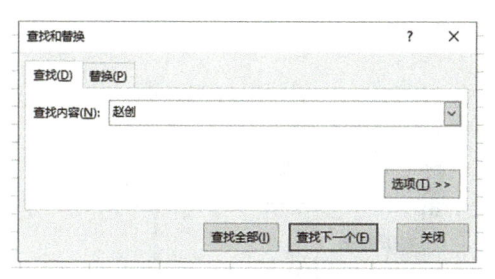

图25.1　查找数据

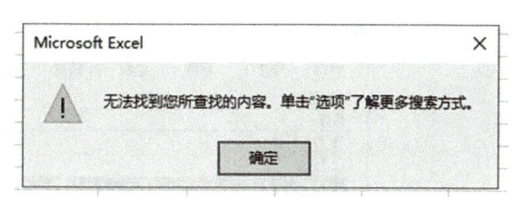

图25.2　没有找到对话框

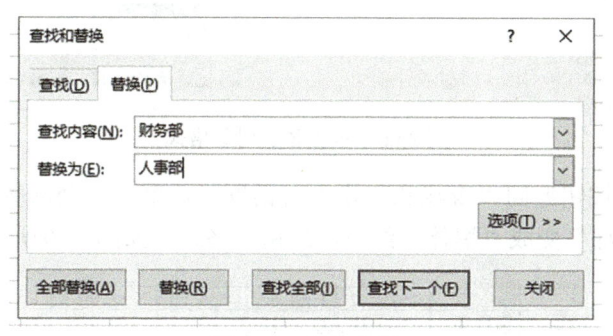

图25.3　替换数据

> **注　意**
>
> Excel 2016中，单击"查找和替换"对话框中的"选项"按钮，查找与替换可以按范围选择，有工作表和工作簿；搜索方式可以按行或按列；查找范围可以按公式、值和批注；所有的查找与替换均可以区分大小写、单元格匹配和区分全/半角，利用这些选项在搜索时可以提高搜索效果。

步骤3：替换为带格式的文本。

单击任意单元格，如E5，再单击"开始—（编辑）—查找和选择—替换"。在打开的"查找和替换"对话框中，选择"替换"选项卡，在"查找内容"框中输入"信贷部"，在"替换为"框中输入"信贷部"，单击"选项"按钮，显示扩展选项，如图25.4所示。

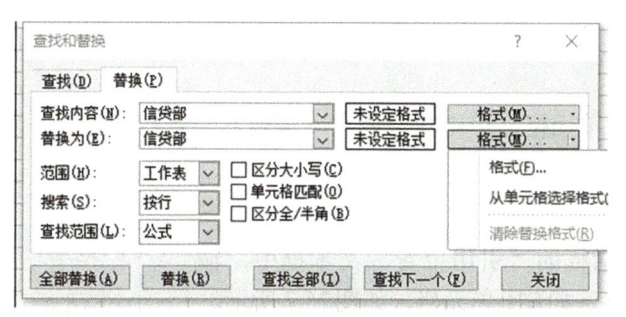

图25.4　扩展替换选项

步骤4：单击"格式—格式"，打开"替换格式"对话框，选择"字体"选项卡，设

83

置为"黑体、红色、加粗",如图25.5所示。

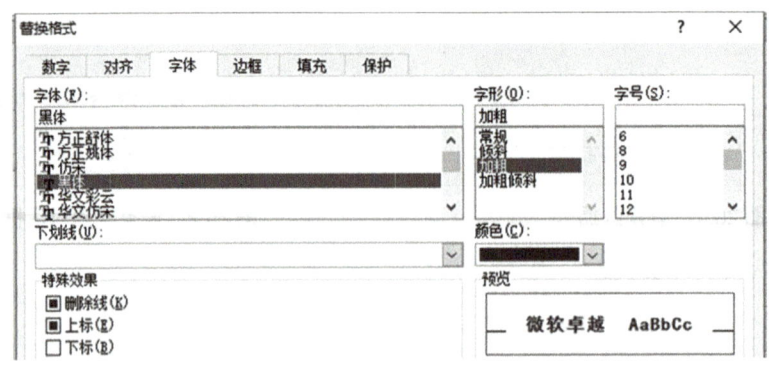

图25.5 设置替换对象格式

单击"确定"按钮返回"查找和替换"对话框,再单击"全部替换"按钮,数据区域中所有的"信贷部"变成"黑体、红色、加粗"格式,如图25.6所示。

图25.6 带有格式替换后的效果

> **技 巧**
>
> 1. 如果对工作表中较多重复内容设置格式,采用带格式替换是简单有效的方法。
> 2. 如果数据区域中,同样的内容,有的带格式,有的不带格式;在替换时,可以针对带有格式(或不带格式)的内容进行替换;但在替换时,查找内容的格式设置一定要正确。

步骤5: 定位到单元格,单击"开始—(编辑)—查找和选择—转到",弹出"定位"对话框。

在"定位"对话框的"引用位置"文本框中,输入想要转到的单元格,如E10单元格,如图25.7所示。

输入完毕后,单击"确定"按钮,则光标定位到E10单元格。

图25.7 定位到某个单元格

步骤6： 定位到特定单元格，将扣发工资中没有数据的，统一输入50。

单击 I 列标签，选定整个 I 列，再单击"开始—（编辑）—查找和选择—定位条件"，如图25.8所示，弹出"定位条件"对话框。

在"定位条件"对话框中选中"空值"，单击"确定"按钮，则选定了本列数据区域中所有的空单元格，如图25.9所示。

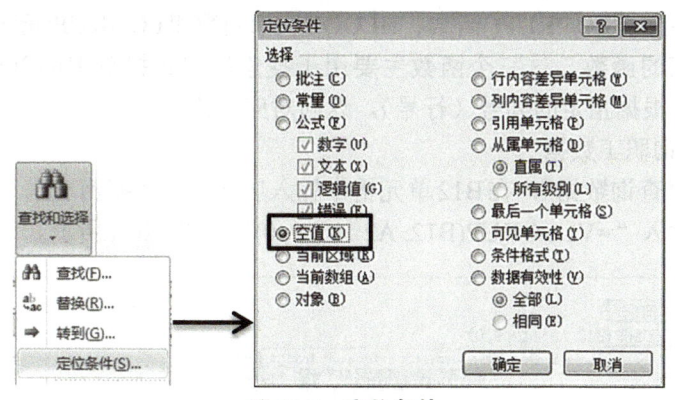

图25.8　定位条件　　　　　　　　　　图25.9　选中空单元格

> **注意**
>
> 1. 空单元格与0值单元格是两个不同的概念；空值即没有任何数值，而0是一个数值型数据。
>
> 2. 可以用ISNUMBER()函数来测试两种单元格，如果是空单元格，则返回False；如果是0值单元格，则返回True。

步骤7： 输入"50"，输入完成后按Ctrl+Enter快捷键，复制输入到所有空白单元格中。

步骤8： 单击工作表行标签"2"，拖到光标到第6行，选中2至6行。在选定区域右击鼠标，选择"隐藏"命令，如图25.10所示。

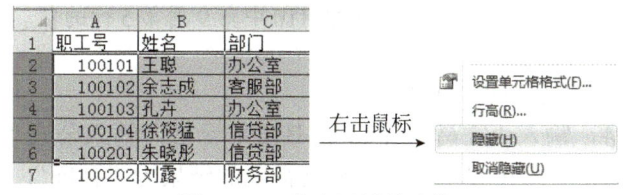

图25.10　选定区域并隐藏

步骤9： 单击数据区域任意单元格，如A1单元格，按Ctrl+A快捷键，选中整个数据区域。单击"开始—（编辑）—查找和选择—定位条件"，弹出"定位条件"对话框。

在"定位条件"对话框中，选中"可见单元格"，单击"确定"按钮返回工作表。

步骤10： 在选定区域，右击，选择"复制"命令，单击工作表标签栏的"新建工作表"按钮 ⊕ ，再单击新工作表A1单元格，右击，选择"粘贴"命令，则"工资"工作表中所有可见的单元格被复制到新工作表中。

子任务 26　利用函数查询职工数据

在子任务 25 中，查找的特征是"输入查找对象进行查找"，即查找源与查找结果相同；而在数据库中，一般是按行来组织数据的[①]，而查找可以在不同字段（属性）之间传递，即通过一个字段值查找到另一个字段值，如通过某人的姓名查到此人的家庭住址。利用函数查询是 Excel 2016 的特色。VLOOKUP()函数、HLOOKUP()函数和 LOOKUP()函数是查询数据时使用频率非常高的函数。这三个函数主要用于搜索用户查找范围的首行（首列）中满足条件的数据，并根据指定的列号（行号），返回对应的值。

本子任务对应文件"26 查询职工数据"。

步骤 1：单击工作表标签"查询数据"，在 B12 单元格中输入店名，如"银河店"。

步骤 2：在 B13 单元格中输入"=VLOOKUP(B12, A2:I10, 9, 0)"，如图 26.1 所示。

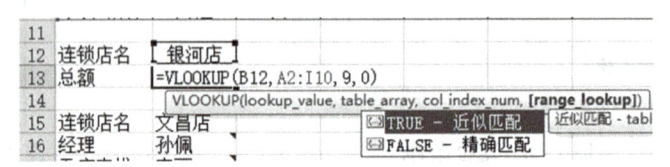

图 26.1　用 VLOOKUP 函数查找数据

函数输入完毕后，按回车键，得到查询的结果：624。

> **提　高**
>
> VLOOKUP()函数第一种格式是"VLOOKUP（查找值，查找区域，返回列号，查找方式）"。公式在"查找区域"的第 1 列搜索"查找值"，如果找到则返回行号，然后返回"返回列号"的那一列的同一行的数据；"查找方式"有两种，方式一是"True"，是近似匹配，方式二是"False"，是精确匹配，True 和 False 可以用数字 1 和 0 代替。在上例中，B12 为查找单元格，A2:I10 为被查找区域，9 为返回列号（因为"总额"位于数据区域的第 9 列）；意思是在 A2:I10 的第 1 列查找与 B12 单元格值相同的值，结果为第 5 行（"银河店"是第 1 列第 5 行数据），找到后，返回 A2:I10 中第 9 列第 5 行的值。

步骤 3：根据连锁店名查询经理姓名。

单击 B15 单元格，输入"文昌店"；单击 B16 单元格，输入公式"=VLOOKUP(B15, A2:I10, 2, 1)"，输入完毕后按回车键；单元格得到的结果为"孙佩"，结果不正确。

> **注　意**
>
> 在查找方式中，1 表示模糊查找，采用这种方式查询时，会采用二分法查找，要求查找区域是升序排序的，如果数据没有排序，则可能返回错误结果；0 表示精确查找，软件会一一比对，如果没有找到，则返回#N/A 错误。

[①] 关系型数据模型就是一张二维表，数据按行组织。

步骤 4：双击 B16 单元格，将 B16 公式改为"=VLOOKUP(B15, A2:I10, 2, 0)"，输入完毕后按回车键，得到正确结果"李丽"。

步骤 5：单击 B20 单元格，输入公式"=HLOOKUP(B19, A2:I10, 4, 0)"，输入结束后按回车键，得到正确结果为 182，如图 26.2 所示。

| 19 | 产品 | 电脑 |
| 20 | 望月店 | =HLOOKUP(B19, A2:I10, 4, 0) |

图 26.2　利用 HLOOKUP 进行查询

提　高

HLOOKUP() 函数与 VLOOKUP 函数相近，只不过做了行列变换。格式为"HLOOKUP (查找值, 查找区域, 返回行号, 查找方式)"。公式在"查找区域"的第 1 行搜索"查找值"，如果找到则返回列号，然后返回"返回行号"的那一行的同一列的数据；"查找方式"与 VLOOKUP() 函数一样。在上例中，B19 为查找单元格，A2:I10 为被查找区域，4 为返回行号，意思是在 A2:I10 的第 1 行查找与 B19 单元格值相同的值，结果为第 6 列（"电脑"在第 1 行的第 6 列），找到后，返回第 4 行（"望月店"是查找区域第 1 列的第 4 行）中第 6 列的值。

步骤 6：反向查找，即查找值不是位于查找区域的第一列，如对应 A2:B10 区域，根据经理姓名查找店名。

单击 B24 单元格，输入公式"=VLOOKUP(B23, IF({1,0}, B2:B10, A2:A10), 2, 0)"，如图 26.3 所示，输入完毕后按回车键，得到"电视机销售额为 109 的经理姓名"是"赵巍"。

| 23 | 经理 | 孙佩 |
| 24 | 店名 | =VLOOKUP(B23, IF({1,0}, B2:B10, A2:A10), 2, 0) |

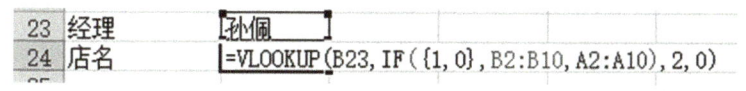

图 26.3　反向查找

技　巧

1. VLOOKUP() 函数不可以进行反向查找，即查找值必须位于查找区域的第 1 列；要实现反向查找，只能将数据按区域中的列顺序调整。

2. 任务 6 中，用 IF() 函数调整了查找列与返回列。在 IF({1,0}, B2:B10, A2:A10) 中，第 1 个参数 {1,0} 是个数组，当取 1 时，函数实际是 IF(1, B2:B10, A2:A10)，结果为 B2:B10 区域；当取 0 时，函数实际是 IF(0, B2:B10, A2:A10)，结果为 A2: A10。这样，就构成了一个从 B 列到 A 列的反向区域。

> **注 意**
> 1. 反向查找可以通过多种方式实现，读者可以尝试。
> 2. HLOOKUP()函数、VLOOKUP()函数均可以使用反向查找。
> 3. 精确查找时，如果查找值在查找区域有多个值时，返回第一个值所有的行（列）。

子任务 27　优化职工数据查询

前例中的数据查询主要由人工输入查询数据，如果输入有误差，则查询会发生偏差，或者查询不到正确结果。在 Excel 2016 中，可以通过数据验证和单元格条件格式来优化查询，让查询更加可靠和直观。

本子任务对应文件"27优化职工数据查询"。

步骤1：单击工作表标签"查询优化"。

步骤2：单击单元格 B12，再单击"数据—（数据工具）—数据验证—数据验证"，弹出"数据验证"对话框。

在"数据验证"对话框中选择"设置"选项卡，在"允许"下拉列表中选择"序列"，单击"来源"框，在工作表中拖动区域 A3:A10，如图 27.1 所示。

单击"确定"按钮，这时单击 B12 单元格，会出现下拉箭头，在下拉列表中选择连锁店名，如图 27.2 所示。

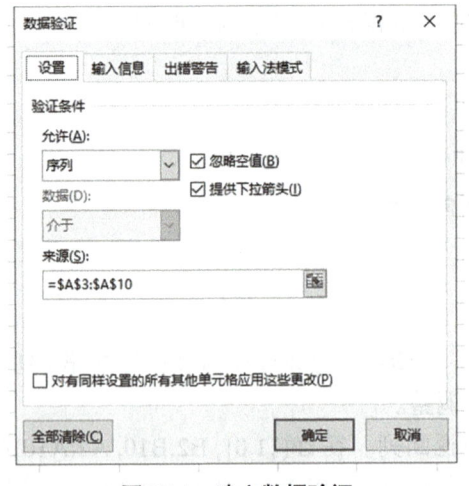

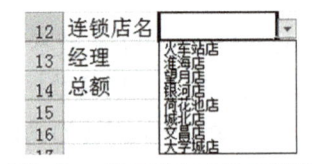

图 27.1　建立数据验证　　　　　　　图 27.2　数据验证中的序列效果

步骤3：单击 B13 单元格，输入公式"=VLOOKUP(B12, A2:I10, 2, 0)"，输入完毕后按回车键。

单击 B14 单元格，输入公式"=VLOOKUP(B12, A2:I10, 9, 0)"，输入完毕后按回车键。

这时在 B12 单元格中任意选择某个店名，B13 单元格会显示查到的经理姓名，B14 单元格会显示查到的总销售额。

技 巧

如果对 A2:I10 区域进行命名，如选择 A2:I10，在名称框中输入"sales"，则步骤3公式中的区域可以用对应的名称来代替，如"=VLOOKUP(B12, sales, 2, 0)"，这样公式显得更加简洁。

步骤4：选择 A2:A10 区域，单击"开始—（样式）—条件格式—突出显示单元格规则—等于"，弹出"等于"对话框，如图27.3所示。

直接单击 B12 单元格，再单击"确定"按钮。

在数据区域中，与 B12 单元格内容相同的单元格被设置成"浅红填充色深红色文本"格式，这样可以方便地在数据区域中找到被查数据，如图27.4所示。

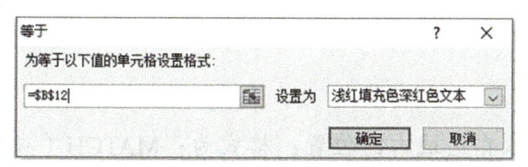

图27.3 设置等于条件格式

图27.4 带条件格式的查找

步骤5：采用同样的方式，设置 B2:B10 区域的格式、I2:I10 区域的格式，如图27.5所示。

图27.5 设置条件格式后的效果

注 意

1. 上面的步骤中，一定要先选择需要设置条件格式的区域，再设置规则类型，再选取规则指向的单元格，顺序不可乱。

2. 只要规则指向的单元格不同，规则设置就必须分步骤操作。

步骤6：单击工作表标签"查询优化2"。

单击B12单元格，设置数据验证[①]，对应区域A2:A10。

单击B13单元格，设置数据验证，对应区域D2:I2。

两个单元格选取任意一个值，如图27.6所示。

	连锁店名	经理	性别	电视机	空调	电扇	电脑	冰箱	总额
3	火车站店	李丽	女	￥130	￥113	￥96	￥177	￥83	￥599
4	淮海店	赵巍	男	￥109	￥133	￥103	￥172	￥90	￥607
5	望月店	孙佩	女	￥119	￥114	￥110	￥182	￥91	￥616
6	银河店	钱洋	女	￥116	￥134	￥100	￥186	￥88	￥624
7	荷花池店	武清	女	￥117	￥134	￥102	￥189	￥95	￥637
8	城北店	王璋	男	￥129	￥135	￥98	￥191	￥87	￥640
9	文昌店	陈亮	男	￥125	￥137	￥92	￥190	￥97	￥641
10	大学城店	周远	女	￥126	￥121	￥107	￥195	￥96	￥645
11									
12	连锁店名	淮海店	← 设置完成，选择一个任意值						
13	产品	冰箱							
14	销售额								

图27.6 设置数据验证值

步骤7：单击B14单元格，输入公式"=VLOOKUP(B12, A2:I10, MATCH(B13, A2:I2, 0),0)"，按Enter键后得到结果：90，即"淮海店"的"冰箱"的销售额。

提 高

1. MATCH()是文本匹配函数，返回文本在区域内的位置；格式为：MATCH（查找值，区域，匹配类型），在"区域"中查找"查找值"；如果找到，则返回该值在区域中的位置值；如果找不到，则返回错误值#N/A。

2. MATCH()函数中的匹配类型有：−1、0、1；1或者省略匹配类型值，查找小于或等于查找值的最大值（返回位置值）；0表示查找完全等于查找值的第1个值（返回位置值）；−1表示查找大于或等于查找值的最小值（返回位置值）。

3. 公式"=VLOOKUP(B12, A2:I10, MATCH(B13, A2:I2, 0), 0)"的理解是：在A2:I10区域的第1列查找B12单元格的内容，如"淮海店"，返回列号由"冰箱"在A2:I2中的位置决定，这样实现了行、列的动态查询。

步骤8：修改B12和B13的值，可以实现动态查询。

步骤9：选择A2:I10区域，单击"开始—（样式）—条件格式—新建规则"，弹出"新建格式规则"对话框。

步骤10：在"新建格式规则"对话框中，选择"使用公式确定要设置格式的单元格"，在"编辑规则说明"的 中，输入公式"=$A2=$B$12"；单击"格式"按钮，弹出"设置单元格格式"对话框，选择"填充"选项卡，单击颜色方块"红色"，如图27.7所示。

单击"确定"按钮，完成格式设置，返回到"新建格式规则"对话框，如图27.8所示，单击"确定"按钮，数据区域中店名与B12相同的整行数据变成了红色。

[①] 设置数据验证的方法，参见子任务10。

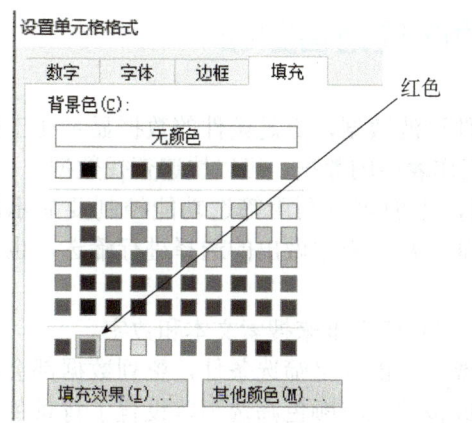

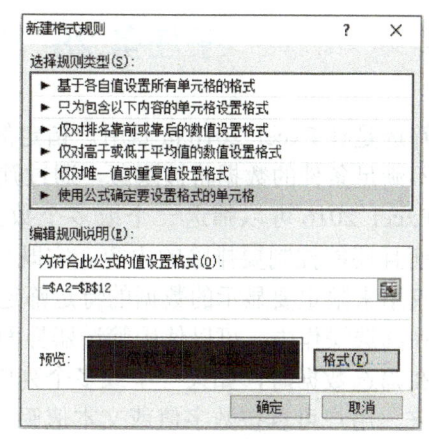

图27.7 设置填充色 图27.8 设置格式规则

> **提 高**
>
> 条件格式中公式"=$A2=$B$12"的理解是：B12单元格内容为连锁店名，区域中连锁店名为A列，因此采用绝对引用"$A"，而数据区域的首行是第2行，所以用"$A2"，即任意一个单元格的数据，都转换成该行的A列与B12比较，相等则应用条件格式，如当前单元格是D5，应用条件格式的公式时转换为"=$A5=$B$12"，结果为False，不应用条件格式。

步骤11：选择A2:I10区域，单击"开始—（样式）—条件格式—新建规则"，弹出"新建格式规则"对话框。在"新建格式规则"对话框中，选择"使用公式确定要设置格式的单元格"，在"编辑规则说明"中输入公式"=A$2=$B$13"。

单击"格式"按钮，弹出"设置单元格格式"对话框。选择"填充"选项卡，单击颜色方块"红色"。单击"确定"按钮，完成格式设置，返回到"新建格式规则"对话框。单击"确定"按钮，数据区域中产品名与B13相同的整列数据变成了红色，如图27.9所示。

	A	B	C	D	E	F	G	H	I
1	网点销售额一览表								
2	连锁店名	经理	性别	电视机	空调	电扇	电脑	冰箱	总额
3	火车站店	李丽	女	¥130	¥113	¥96	¥177		¥599
4	淮海店	李耀	男						
5	望月店	孙佩	女	¥119	¥114	¥110	¥182		¥616
6	银河店	钱洋	女	¥116	¥134	¥100	¥186		¥624
7	荷花池店	武清	女	¥117	¥134	¥102	¥189		¥637
8	城北店	王璋	男	¥129	¥135	¥98	¥191		¥640
9	文昌店	陈亮	男	¥125	¥137	¥92	¥190		¥641
10	大学城店	周远	女	¥126	¥121	¥107	¥195		¥645
11									
12	连锁店名	淮海店							
13	产品	冰箱							
14	销售额	90							

图27.9 双重条件格式的效果

步骤12：更改连锁店名或产品名，销售额随之变化，数据区域中店名行和产品列的红色条也随之变化，数据查询变得更加直观。

子任务 28　自动筛选销售数据

筛选是让 Excel 2016 按照用户指定的条件过滤数据，满足条件的数据显示在工作表中，不满足条件的数据将被隐藏，通过筛选工作表中的数据，可以快速查找数据。

Excel 2016 可以筛选一个或多个数据列，不但可以利用筛选功能控制要显示的内容，而且还能控制要排除的内容。它既可以基于从列表中做出的选择进行筛选，也可以创建仅用来限定要显示的数据的特定筛选器。

在筛选操作中，可以使用筛选器界面中的"搜索"框来搜索文本和数字。

在筛选数据时，如果一个或多个列中的数值不能满足筛选条件，整列数据都会被隐藏起来。用户可以按数字值或文本值筛选，或按单元格颜色筛选那些设置了背景色或文本颜色的单元格。

本子任务对应文件"28 自动筛选销售数据"。

步骤 1： 单击工作表标签"自动筛选数据"。

单击数据区域中的任意单元格，如 A2 单元格，再单击"数据—（排序和筛选）—筛选"，数据区域的第一行（标题行）的每个字段都加上了下拉箭头，如图 28.1 所示。

图 28.1　自动筛选

> **注　意**
>
> 1. 操作自动筛选数据时，不一定要把光标定位到数据区域的第一行。
> 2. 从筛选的意义来看，数据区域的第一行一般是标题行。
> 3. 自动筛选也可以是数据区域的一部分数据。

步骤 2： 单击"销售地区"单元格右侧的下拉箭头，选择"降序"，所有数据清单的数据按销售地区降序排序。

步骤 3： 单击"销售金额"单元格右侧的下拉箭头，选择"数据筛选—介于"，弹出"自定义自动筛选方式"对话框。

在"自定义自动筛选方式"对话框中，在"大于或等于"框中输入 20000，"小于或等于"框中输入 30000，如图 28.2 所示。

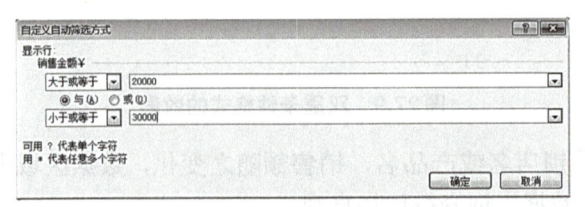

图 28.2　"自定义自动筛选方式"对话框

任务 5　查询与筛选职工和销售数据

单击"确定"按钮，数据区域中不满足筛选条件的数据被隐藏，而"销售金额"字段右侧的下拉箭头变成了，带上了"筛选"标记。

> **注 意**
>
> 1. 在 Excel 2016 自动筛选中，同一数据区域有多个筛选时，筛选条件会叠加；自动筛选中的排序不可以叠加，即不可以对一个字段排序，同时再对另一个字段排序。
> 2. 在 Excel 2016 自动筛选中，可以按颜色排序。

步骤 3： 单击"销售金额"单元格右侧的下拉箭头，选择"从'销售金额￥'中清除筛选"，如图 28.3 所示，则清除"销售金额"的筛选。

步骤 4： 单击"销售人员"单元格右侧的下拉箭头，选择"降序"。

拖动鼠标选中 B4:B5 区域，单击"开始—（单元格）—格式—设置单元格格式"，或者按 Ctrl+1 快捷键，弹出"设置单元格格式"对话框。在"设置单元格格式"对话框中，选择"填充"选项卡，单击"红色"，如图 28.4 所示，单击"确定"按钮返回。

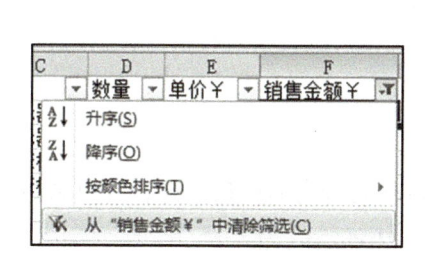

图 28.3　清除某个筛选

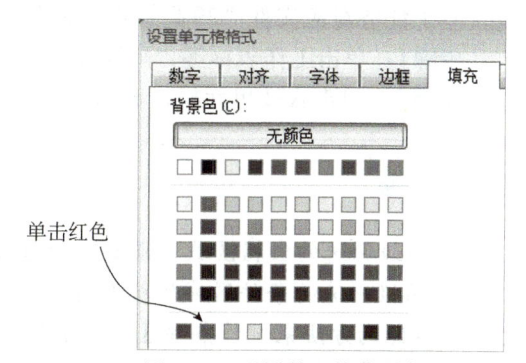

图 28.4　设置单元格背景色

步骤 5： 选择 B23:B26 区域，同步骤 4，格式设置为"绿色"背景。

步骤 6： 单击 B1"销售人员"右侧的下拉箭头，选择"按颜色排序—'红色'"，如图 28.5 所示。

图 28.5　按颜色排序

在数据区域中，红色单元格对应的数据排在了数据区域的前面。

单击 B1"销售人员"右侧的下拉箭头，选择"按颜色排序—'绿色'"，绿色单元格对应的数据排在了数据区域的前面，如图 28.6 所示。

图 28.6　按颜色排序的结果

子任务 29　高级筛选销售数据

自动筛选一般用于条件简单的筛选操作，符合条件的记录显示在原来的数据表格中。若要筛选的多个条件间是"或"的关系，或者需要将筛选的结果在新的位置显示出来那只有用"高级筛选"来实现。

高级筛选一般用于条件较复杂的筛选操作，其筛选的结果可显示在原数据表格中，不符合条件的记录被隐藏起来；也可以在新的位置显示筛选结果，不符合条件的记录同时保留在数据表中而不会被隐藏起来，这样就更加便于进行数据的比对了。

本子任务对应文件"29高级筛选和自定义筛选销售数据"。

步骤1：单击工作表标签"高级筛选"，选择A1:H1，右击，选择"复制"命令。

步骤2：单击A31单元格，右击，选择"粘贴"命令。

> **注　意**
>
> 1. 高级筛选的数据区域必须要有标题行。
> 2. 高级筛选的条件区域的标题行内容与数据区域的标题行内容必须一致，可以采用复制、粘贴的方法来制作条件区的标题行。
> 3. 条件区的标题字段数量不必要与数据区的字段数量完全一致，可以只包括数据区标题的一个字段或部分字段。
> 4. 结果区域的列宽一定要与数据区域的列宽一致，无论是宽度不足还是超宽，系统都会提示出错，如图 29.1 所示。

图 29.1　结果区域宽度不一致出现的错误信息

步骤3：在D32单元格中输入">30"。

步骤4：单击"数据—（排序和筛选）—高级"，出现"高级筛选"对话框，如图 29.2 所示。

> **提　高**
>
> 1. 高级筛选有两种模式，一种是在原有数据区域中进行筛选，将不满足条件的记录隐藏；第二种方式是将满足条件的数据复制到另一个区域。

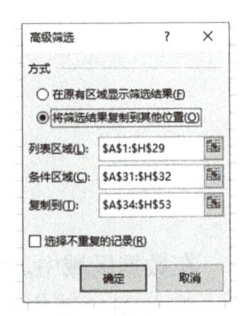

图 29.2　"高级筛选"对话框（1）

2. 高级筛选的条件区域，如果写在同一行，条件间的关系是"且"，如果写在不同行，条件之间的关系是"或"。

3. 条件区域中，描述条件时，可以用通配符"*"和"?"，其中"*"表示与任意多个字符相匹配；"?"表示与一个字符相匹配。描述条件时，还有一个波形符号"~"，如"~?""~*"，此时"?"和"*"不作为通配符，而表示"?"和"*"本身，在条件中表示筛选含有"?"或"*"的数据。

步骤5： 在"高级筛选"对话框中，选中"将筛选结果复制到其他位置"，同时，"复制到"框高亮显示；单击"列表区域"，选择A1:H29区域；单击"条件区域"，选择A31:H32区域；单击"复制到"框，选择A34:H53区域；单击"确定"按钮，如图29.2所示。

步骤6： 在A34:H53区域，出现筛选结果，如图29.3所示。

	销售地区	销售人员	品名	数量	单价¥	销售金额¥	销售年份	销售季度	
31	销售地区	销售人员	品名	数量	单价¥	销售金额¥	销售年份	销售季度	条件区
32				>30					
33									
34	销售地区	销售人员	品名	数量	单价¥	销售金额¥	销售年份	销售季度	
35	上海	陈昕怡	微波炉	36	500	18,000	2006	2	
36	山东	李晔	微波炉	69	500	34,500	2006	3	
37	南京	顾资然	按摩椅	32	800	25,600	2006	3	
38	杭州	顾资然	微波炉	76	500	38,000	2006	3	结果区
39	杭州	沈子依	微波炉	39	500	19,500	2006	2	
40	北京	陈坚	按摩椅	45	800	36,000	2006	3	
41	北京	缪林鑫	微波炉	69	500	34,500	2005	1	
42	北京	曾维	微波炉	65	500	32,500	2006	3	

图29.3 高级筛选结果

步骤7： 单击J1单元格，输入"销售地区"；单击K1单元格，输入"品名"；单击J2单元格，输入"上海"；单元J3单元格，输入"山东"；单击K3单元格，输入"跑步机"，结果如图29.4所示。

步骤8： 单击"数据—（排序和筛选）—高级"，出现"高级筛选"对话框，如图29.5所示。

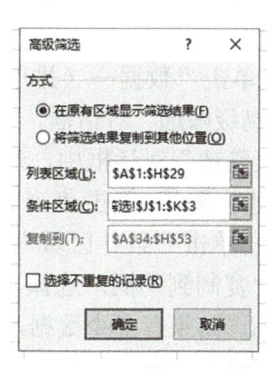

J	K
销售地区	品名
上海	
山东	跑步机

图29.4 筛选条件

图29.5 "高级筛选"对话框（2）

选中"在原有区域显示筛选结果"，单击"列表区域"，选择A1:H29区域；单击"条件区域"，选择J1:K3区域，单击"确定"按钮，得到筛选结果；在原有数据区域，部分数据被隐藏，如图29.6所示。

销售地区	销售人员	品名	数量	单价¥	销售金额¥	销售年份	销售季度
上海	陈昕怡	微波炉	36	500	18,000	2006	2
上海	李乐霁	跑步机	17	2,200	37,400	2006	4
上海	李晔	微波炉	24	500	12,000	2006	4
上海	孙智婷	液晶电视	1	5,000	5,000	2006	2
上海	李乐霁	显示器	15	1,500	22,500	2006	4
山东	陈坚	跑步机	14	2,200	30,800	2006	2
山东	沈子依	跑步机	2	2,200	4,400	2006	1

结果区域
不符合筛选
条件的数据
被隐藏

图 29.6　数据区域与结果区域合并的筛选

解释筛选条件：第一行筛选"销售地区"是"上海"的数据，第二行筛选"销售地区"是"山东"而且"品名"是"跑步机"的数据；第一行与第二行不在同一行，是"或"的关系，即"销售地区"是"上海"的数据或者"销售地区"是"山东"的"跑步机"数据。

子任务 30　自定义条件筛选销售数据

自动筛选是一种简单的筛选方式；高级筛选可以通过不同的条件组合，实现复杂条件的数据筛选，但是高级筛选是基于现有数据的字段的，也就是说所有条件都必须在现有字段的基础上实现，离开这些字段，筛选不能实现。

在 Excel 2016 中，用户也可以通过一些方法来构造一些"字段"，通过构造出来的"字段"参与筛选条件的创建，可筛选出想要的数据。

本子任务对应文件"30 自定义条件筛选销售数据"。

步骤 1：单击工作表标签"自定义筛选"。

步骤 2：单击 A32 单元格，输入"平均销售金额"。单击 A33 单元格，输入公式"=AVERAGE(F2:F29)"，输入完毕后，按回车键，得到平均销售额。

步骤 3：单击 B32 单元格，输入"大于平均销售额"；单击 B33 单元格，输入公式"=F2>$A$33"；得到运算结果"False"；区域 B32:B33 构成了一个新条件。

步骤 4：单击"数据—（排序和筛选）—高级"，弹出"高级筛选"对话框。

在"高级筛选"对话框中，选中"将筛选结果复制到其他位置"；单击"列表区域"，选择 A1:H29 区域；单击"条件区域"，选择 B32:B33 区域；单击"复制到"框，选择 A35:H64 区域；由于不知道筛选结果有多少数据，因此这个区域要尽可能大些，否则会提示筛选结果超出范围。所有输入完毕，如图 30.1 所示。

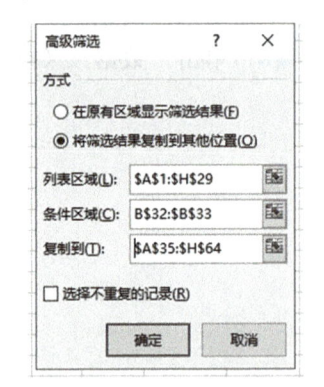

图 30.1　自定义条件高级筛选参数（1）

> **注 意**
>
> 1. 用鼠标拖选上述几个区域时，会自动加上工作表引用，即"自定义筛选！."，并

采用绝对引用。

2. 目标区域，即"复制到"的列数与数据区域要一样，行数可以是一行，如果结果超过一行，则会自动扩展。

单击"确定"按钮，得到筛选结果，如图30.2所示。

平均销售金额	大于平均销售额						
20,371	FALSE	←自定义条件					

销售地区	销售人员	品名	数量	单价	销售金额	销售年份	销售季度
北京	孙智婷	按摩椅	28	800	22,400	2006	2
上海	李乐聿	跑步机	17	2,200	37,400	2006	4
山东	陈坚	跑步机	14	2,200	30,800	2006	1
南京	顾资然	按摩椅	32	800	25,600	2006	3
山东	李晔	微波炉	69	500	34,500	2006	3
南京	陈坚	显示器	29	1,500	43,500	2006	1
山东	戴昊玮	显示器	14	1,500	21,000	2006	4
杭州	顾资然	微波炉	76	500	38,000	2006	3
杭州	缪林鑫	显示器	24	1,500	36,000	2006	1
北京	陈坚	按摩椅	45	800	36,000	2006	3
北京	缪林鑫	微波炉	69	500	34,500	2005	1
上海	李乐聿	显示器	15	1,500	22,500	2006	4
北京	曾维	微波炉	65	500	32,500	2006	3

筛选出所有销售金额大于平均值的数据

图30.2　自定义条件筛选结果

> **提　高**
>
> 1. 自定义条件筛选的过程是：将数据区域中的数据一行一行地通过条件比对，将满足条件的记录复制到结果区。
>
> 2. 在步骤3中输入自定义条件时，被比对的地址一定要采用绝对引用，这样在其他行比对时，仍然与设定的平均值比对，否则会出错。

步骤5： 将"销售人员"姓名中带"乐"字的人员筛选出来。

单击J2单元格，输入公式"=ISNUMBER(FIND("乐", B2))"，得到结果"False"。

步骤6： 单击"数据—（排序和筛选）—高级"，弹出"高级筛选"对话框。在"高级筛选"对话框中，选中"将筛选结果复制到其他位置"；单击"列表区域"，选择A1:H29区域；单击"条件区域"，选择J1:J2区域；单击"复制到"框，选择J4:Q16区域；由于不知道筛选结果有多少数据，因此这个区域应尽可能大些，否则会提示筛选结果超出范围，所有输入完毕，如图30.3所示。

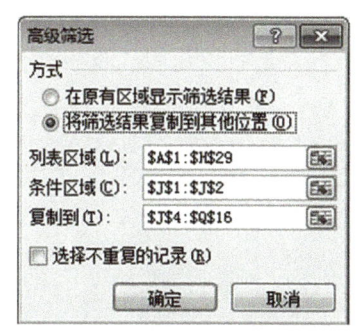

图30.3　自定义条件高级筛选参数（2）

> **注 意**
>
> 1. 构造条件时，条件一定要是一个逻辑表达式，结果为逻辑值。
> 2. 构造的条件可以使用"空白标题字段"，因此"高级筛选"对话框中的"条件区域"指定为J1:J2区域，J1实为空白单元格，但一定要指定。

单击"确定"按钮，得到筛选结果，如图30.4所示。

销售地区	销售人员	品名	数量	单价	销售金额	销售年份	销售季度
上海	李乐建	跑步机	17	2,200	37,400	2006	4
南京	李乐建	微波炉	19	500	9,500	2006	2
杭州	乐维	微波炉	22	500	11,000	2006	1
上海	李乐建	显示器	15	1,500	22,500	2006	4
北京	乐维	微波炉	65	500	32,500	2006	3

（FALSE—自定义条件；筛选出所有名字中带"乐"的销售员）

图30.4 自定义条件筛选结果

> **提 高**
>
> 1. FIND()函数用来查找某个字符串在文本中的位置，语法是"=FIND（查找字符，被查找文本，起始位置）"，如果在"被查找文本"中找到"查找字符"，则返回该字符在文本中的位置，否则返回错误；"起始位置"默认为1。
>
> 2. ISNUMBER()函数是一个信息函数，也称IS函数，用来获取单元格信息。这个函数用于判断参数是否是数值型数据，语法是"=ISNUMBER（参数）"，如果参数是数值型数据则返回True，否则返回False。
>
> 3. 其他的信息函数有判断空白单元格函数ISBLANK()、判断错误值函数（不包括N/A错误）ISERR()、判断逻辑值函数ISLOGICAL()、判断是否为N/A错误函数ISNA()、判断是否为引用函数ISREF()、判断是否为文本函数ISTEXT()。

任务 6　统计职工和销售数据

任务说明

本任务主要是统计相关营销数据。统计内容包括排序、区间统计、分类汇总等。排序是最基本的数据统计方式；区间统计是利用 Excel 2016 的模糊查找功能来实现的；分类汇总是一种基于排序字段的统计方法，它可以为分类数据进行计数、平均、最值、乘积等汇总统计。

任务结构

子任务 31　对职工工资数据进行排序
子任务 32　对职工数据进行自定义排序
子任务 33　对销售数据进行模糊统计与频率统计
子任务 34　对销售数据进行分类汇总
子任务 35　对销售数据进行叠加分类汇总
子任务 36　自动分类统计
子任务 37　对销售数据进行预测

子任务 31　对职工工资数据进行排序

对数据进行排序是数据分析不可缺少的组成部分。排序操作可以将名称列表按字母顺序排列、将库存按从高到低的顺序排列、按颜色或图标对行进行排序等。对数据进行排序有助于快速直观地显示数据并更好地理解数据，有助于人们组织并查找所需数据，有助于人们最终做出更有效的决策。

本子任务对应文件 "31 排序"。

步骤 1：单击工作表标签 "排序"。

步骤 2：单击 H 列的任意单元格，如 H5；单击 "数据—（排序和筛选）—升序 ↑↓"，所有数据按照 "月工资" 升序排列。

> **注意**
> 1. 快速排序时，默认按列排序，且有标题行。
> 2. 快速排序时，如果选择了某个区域，则会提示是仅对区域内的数据进行排序，还是扩展到整个数据区域。

步骤3：单击"数据—（排序和筛选）—排序"，出现"排序"对话框，如图31.1所示。在"排序"对话框中，默认选中"数据包含标题"；对话框中已存在按"月工资"升序排序的一个条件，其中"主要键字"为"月工资"字段；"排序依据"是"数值"，即按数值大小排序；"次序"为"升序"；单击每一项的下拉列表，可以更改；单击"删除条件"按钮则可以将这个排序条件删除。

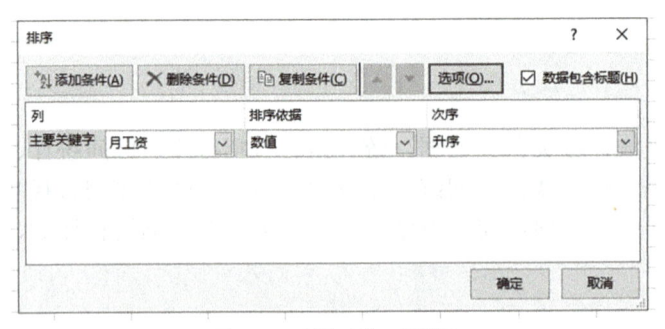

图31.1 "排序"对话框

步骤4：单击"添加条件"按钮，在"排序"对话框中出现第二个排序关键字，如图31.2所示。

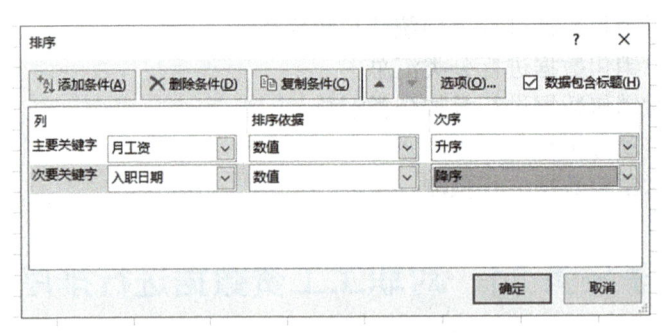

图31.2 添加排序关键字

"次要关键字"选择"入职日期"，"排序依据"选择"数值"，"次序"选择"降序"，完成后单击"确定"按钮。

在数据区域，所有数据在月工资升序的基础上，如果月工资相同，则按入职日期降序排序。

提 高

1. Excel 2016的排序关键字突破了以往的3个的限制，最多可达64个排序条件。
2. 后面的排序条件必须在不改变之前排序结果的情况下才有意义。
3. Excel 2016可以按单元格格式（包括单元格颜色、字体颜色或图标集）进行排序。
4. 排序的方法可以是"字母"和"笔画"；"字母"即英文字母或汉字拼音首字母，"笔画"则以汉字笔画多少排列字，笔画相同则按起笔顺序排列（横、竖、撇、捺、折），再其次按字形结构排列（左右、上下、整体字）。

步骤 5：单击"数据—（排序和筛选）—排序"，出现"排序"对话框。单击对话框中的"选项"按钮，出现"排序选项"对话框，如图 31.3 所示。选中"按行排序"，单击"确定"按钮。

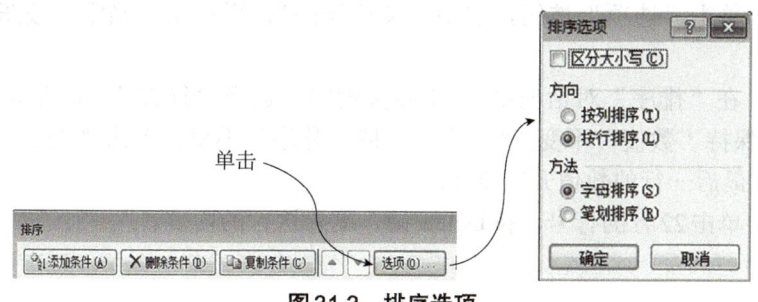

图 31.3　排序选项

步骤 6：在"排序"对话框中，"主要关键字"选择"行 1"，"排序依据"设为"数值"，"次序"设为"升序"，单击"确定"按钮，如图 31.4 所示。

排序结果为：以第一行标题行各个标题字段的升序重新组织数据，如图 31.5 所示，"出生日期""工号""工作地点"是按升序排序的。这种方法可以用来调整数据区域的左右顺序，但是数据区域中如果有函数或引用，可能会引发错误。

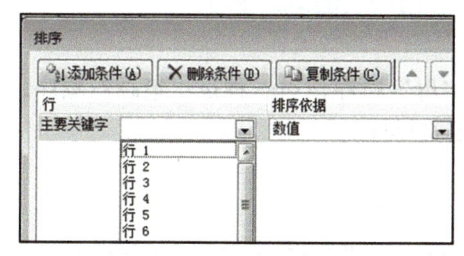

图 31.4　"排序"对话框

图 31.5　按行排序

技 巧

解决因行排序导致有公式的单元格数据出错的方法是：先复制内容，再使用"选择性粘贴—数值"命令粘贴数据，然后将原数据删除；如果格式不一致，再用格式刷工具，将格式"刷"成一样。

步骤 7：单击数据区域内任意单元格，如 D5 单元格；按 Ctrl+A 快捷键，全选数据区域；再按 Ctrl+C 快捷键，复制数据区域。

步骤 8：单击新建工作表标签，右击，选择"选择性粘贴—（粘贴数值）—值"命令，如图 31.6 所示。

步骤 9：在粘贴后的数据区域的下面一行，输入数字。

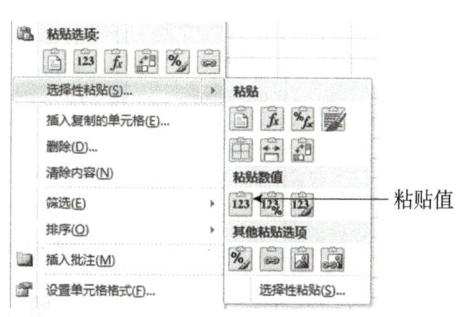

图 31.6　粘贴值

单击J22单元格，输入1；单击I22单元格，输入2。

步骤10：选中I22:J22区域，反向拖动填充柄到A22单元格，产生降序序列。

步骤11：选中A1:J22区域，单击"数据—（排序和筛选）—排序"，弹出"排序"对话框。单击"选项"按钮，选中"按行排序"，再单击"确定"按钮，返回"排序"对话框。

步骤12：在"排序"对话框中，"主要关键字"选择"行22"，即新建的最后一行；"排序依据"保持"数值"不变；"次序"保持"升序"不变，单击"确定"按钮；原数据区域的列按最后一行的数值升序排序。

步骤13：单击22行的行号，按Delete键，删除这行的内容。

> **技 巧**
>
> 在数据区域增加辅助行（也可以是辅助列），并输入数字，数字顺序就是用户对字段（如果是辅助列，则为数据行）的排序顺序，再通过行排序的方法，可以快速调整数据区域字段（数据行）的顺序。

子任务 32 对职工数据进行自定义排序

Excel 2016提供的排序方法只有两种，一是"字母"顺序，另一种是"笔画"顺序。如果想让数据按照用户的顺序来排序，则要用到自定义排序。

本子任务对应文件"32自定义排序"。

步骤1：单击工作表标签"自定义排序"。

步骤2：单击B列的任意一个单元格，如B5，再单击"数据—（排序和筛选）—升序"，数据排序的结果是按照"二公司、三公司、一公司"的顺序来排序的，这是按照拼音的升序来排序的。而用户想要的排序应是"一公司、二公司、三公司"。

步骤3：单击"文件—选项—高级"，在"Excel选项"对话框的右侧，单击"编辑自定义列表"按钮，如图32.1所示。

图32.1 自定义序列

在打开的"自定义序列"对话框中,在"输入序列"框中输入自定义序列的内容"一公司、二公司、三公司";每个数据占一行,没有标点符号,输入完毕后,单击"添加"按钮,再单击"确定"按钮,如图32.2所示。

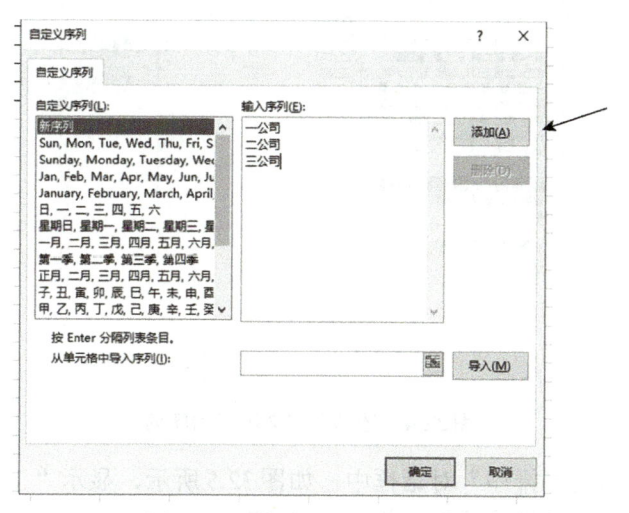

图32.2 "自定义序列"对话框

Excel中自定义序列也可以导入现有工作表中的数据。在图32.2中,单击"导入"按钮,再拖动鼠标左键,选中目标数据区域,可以将现有工作表中的数据导入到自定义列表中,从而简化定义操作。

> **提 高**
>
> 1. Excel 2016可以从数据区域中导入定义序列值,如图32.2所示,单击"导入"按钮,可以将一个区域的数据导入到自定义序列表中。
> 2. 如果排序数据超出序列范围,则序列包含的值排在前。

步骤4:单击"数据—(排序和筛选)—排序",在弹出的对话框中,"主要关键字"设为"工作地点","排序依据"设为"数值";在"次序"下拉列表中选择"自定义序列",如图32.3所示。

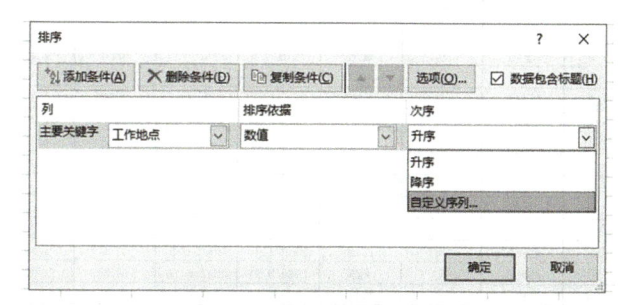

图32.3 利用自定义序列排序

在弹出的"自定义序列"对话框中,选择刚才定义的序列"一公司、二公司、三公司",单击"确定"按钮,如图32.4所示。

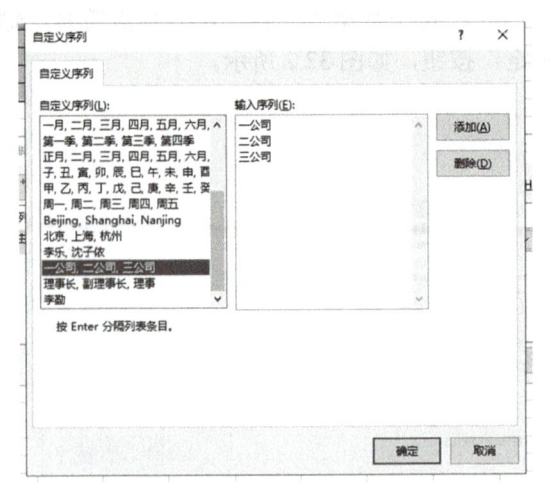

图32.4 选择自定义排序的序列

步骤5:在返回的"排序"对话框中,如图32.5所示,显示"工作地点"按"一公司,二公司,三公司"的顺序排序,单击"确定"按钮,排序完成。

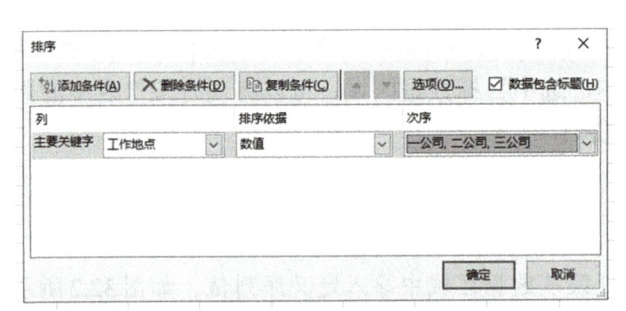

图32.5 自定义排序

整个数据按照"一公司,二公司,三公司"的顺序排序,结果如图32.6所示。

工号	工作地点	姓名	性别	籍贯	出生日期	入职日期	月工资	绩效系数	年终奖金
121212	一公司	艾思迪	女	北京	1966/5/4	2003/6/1	3250	1.20	7,020
434343	一公司	邓星丽	女	西安	1967/5/27	2003/6/19	3750	1.30	8,775
535353	一公司	林达	男	哈尔滨	1978/5/28	2003/6/20	4750	0.50	4,275
424242	一公司	帅丽莉	男	广州	1977/5/8	2003/6/11	4750	0.60	5,130
828282	一公司	孙丽星	男	成都	1966/12/5	2003/6/15	3750	1.20	8,100
323232	一公司	岳恩	男	南京	1983/12/9	2003/6/10	4250	0.75	5,738
131313	二公司	李勤	男	成都	1975/9/5	2003/6/17	3250	1.00	5,850
616161	二公司	艾利	女	厦门	1980/10/22	2003/6/6	4750	1.00	8,550
414141	二公司	郝尔冬	男	北京	1980/1/1	2003/6/9	3750	0.90	6,075
525252	二公司	郝河	男	广州	1969/5/12	2003/6/12	3250	1.20	7,020
717171	二公司	吉汉阳	男	上海	1968/1/5	2003/6/7	4250	1.20	9,180
626262	二公司	贾丽丽	女	成都	1983/6/5	2003/6/13	2750	0.95	4,703
515151	二公司	马豪	男	上海	1958/3/1	2003/6/5	4250	1.50	11,475
919191	二公司	岳凯	男	南京	1977/6/2	2003/6/9	3250	1.30	7,605
212121	三公司	白可燕	女	山东	1970/9/28	2003/6/2	2750	1.30	6,435
818181	三公司	李克特	男	广州	1988/11/3	2003/6/8	3750	1.30	8,775
929292	三公司	帅胜昆	男	天津	1986/9/28	2003/6/16	3750	1.00	6,750
232323	三公司	张祥志	男	桂林	1989/12/3	2003/6/18	3750	1.30	7,605
727272	三公司	赵睿	男	杭州	1974/5/25	2003/6/14	2750	1.00	4,950
313131	三公司	朱丽叶	女	天津	1971/12/17	2003/6/3	3250	1.10	6,435

图32.6 自定义排序结果

> **技 巧**
>
> 1. Excel 2016在对姓名进行排序时，如果想让某个人或某些人一直排在前面（如公司领导），可以将这些姓名放在自定义序列中，然后用这个序列去排序，这样序列中的姓名会一直排在前面。
>
> 2. Excel 2016可以根据字体颜色或单元格颜色来排序，这样可以将用户标注颜色的数据进行单独排在数据清单的顶端或底端。

步骤6： 单击数据区域任意单元格，如D7，再单击"数据—（排序和筛选）—排序"。在弹出的对话框中，"主要关键字"设为"姓名"，"排序依据"设为"数值"，在"次序"下拉列表中选择"自定义序列"，如图32.7所示。

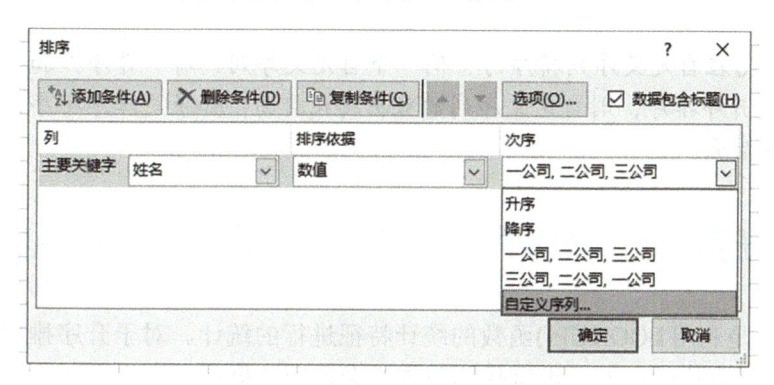

图32.7 按姓名自定义序列排序

步骤7： 在弹出的"自定义序列"对话框中，输入序列"李勤、朱丽叶、岳凯"，单击"添加"按钮，如图32.8所示，姓名的序列就添加到自定义序列列表中。单击"确定"按钮，完成添加。

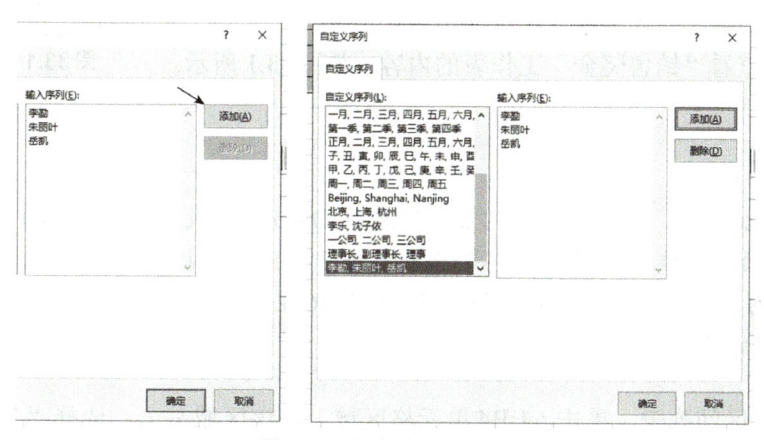

图32.8 添加自定义序列

步骤8： 在返回的"排序"对话框中，显示将会以"李勤、朱丽叶、岳凯"的顺序排序，单击"确定"按钮，完成自定义姓名顺序排序，如图32.9所示。

	A	B	C	D
1	工号	工作地点	姓名	性别
2	131313	二公司	李勤	男
3	313131	三公司	朱丽叶	女
4	919191	二公司	岳凯	男
5	616161	二公司	艾利	女
6	121212	一公司	艾思迪	女
7	212121	三公司	白可燕	女
8	434343	一公司	邓星丽	女
9	414141	二公司	郝尔冬	男
10	525252	二公司	郝河	男
11	717171	二公司	吉汉阳	男
12	626262	二公司	贾丽丽	女

图32.9　按姓名自定义顺序排序

在C列的姓名中，排在前面的为自定义姓名序列的三人，其余的则按升序排列。

注 意

Excel 2016在自定义序列排序时，同一个自定义序列，有“升序”和“降序”两个顺序；如果是升序排序，则自定义序列的数据排在前面；如果是降序排序，则自定义序列的数据排在后面。

子任务33　对销售数据进行模糊统计与频率统计

模糊统计是利用LOOKUP()函数的统计特征进行的统计。对于升序排序的数据，用LOOKUP()进行查找时，如果没有找到数据，会返回数据区域中小于（小于等于）查找值的最大值，利用这个特征，可以进行模糊查找。

频率统计一般是针对大量数据而言的，设置几个区间点，统计各个区间点的数据分布情况，相当于在不同的数据区间计数。

本子任务对应文件“33模糊统计与频率统计”。

步骤1： 单击工作表标签“销售奖金”。

步骤2： 查看“销售奖金”工作表的内容，如图33.1所示。

	A	B
1	销售额	奖金比率
2	M<5000	0.60%
3	5000≤M<50000	0.30%
4	M≥50000	0.10%

图33.1　销售奖金标准

注 意

1. Excel 2016中，模糊统计用到最多的是LOOKUP()函数。用LOOKUP()函数查询时（查找的数据须升序排序），如果找不到匹配数据，则会返回小于等于查找值的最大值。

2. 传统的数据区间列表需要转换为Excel 2016能够识别的数据格式，这样的数据才能统计出正确的结果。

首先转换区间列表。单击A1:B4单元格区域，在该区域右击，选择“复制”命令，再右击D1单元格，选择“粘贴”命令。

步骤3： 单击D2单元格，输入0；单击D3单元格，输入5000；单击D4单元格，输入50000，如图33.2所示。

	A	B	C	D	E
1	销售额	奖金比率		销售额	奖金比率
2	M<5000	0.60%	→	0	0.60%
3	5000≤M<50000	0.30%		5000	0.30%
4	M≥50000	0.10%		50000	0.10%

图 33.2　统计区间的转换

步骤 4：单击 B7 单元格，输入公式"=B6*LOOKUP(B6, D2:D4, E2:E4)"，得到结果 80；修改 B6 单元格的销售金额，B7 单元格的奖金自动修改。

> **提 高**
>
> LOOKUP()函数在 D2:D4 单元格区域查找 B6 单元格的值 80000；没有找到 80000，函数返回小于等于 80000 的最大值（查到的值是 50000）所在的行号（数据区的第 3 行），再从 E2:E4 区域找到第 3 行的值 0.10%返回；再将 0.10%与 B6 单元格的值相乘，得到结果 80。

步骤 5：单击工作表标签"销售评价"，浏览销售业绩的划分的标准，如图 33.3 所示。

步骤 6：复制 A1:B6 区域的内容到 D1:E6，更改 D2:D6 区域的内容，依次输入"0、100、150、200、300"，如图 33.4 所示。

	A	B
1	考核方法	等次
2	销售额<100	优秀奖
3	100<=销售额<150	四等奖
4	150<=销售额<200	三等奖
5	200<=销售额<300	二等奖
6	300<=销售额	一等奖

图 33.3　销售业绩的划分

	A	B	C	D	E
1	考核方法	等次		考核方法	等次
2	销售额<100	优秀奖	→	0	优秀奖
3	100<=销售额<150	四等奖		100	四等奖
4	150<=销售额<200	三等奖		150	三等奖
5	200<=销售额<300	二等奖		200	二等奖
6	300<=销售额	一等奖		300	一等奖

图 33.4　更改成 Excel 2016 能够识别的数据格式

步骤 7：拖动鼠标选中 C10:C19 区域，在编辑栏中输入"=LOOKUP(B10, $D$2:$D$6, $E$2:$E$6)"，按 Ctrl+Enter 快捷键，得到成绩统计结果，如图 33.5 所示。

步骤 8：有多个考核方法的快速统计。

单击工作表标签"双重销售评价"，查看评价标准，如图 33.6 所示。

	A	B	C
9	姓名	销售额	等次
10	王聪	115	四等奖
11	余志成	96	优秀奖
12	孔卉	378	一等奖
13	徐筱猛	275	二等奖
14	朱晓彤	198	三等奖
15	刘露	139	四等奖
16	朱屹承	77	优秀奖
17	李婷	143	四等奖
18	赵创	425	一等奖
19	朱园园	127	四等奖

图 33.5　销售业绩统计结果

	A	B	C	D	E
1	考核方法一	等次		考核方法二	等次
2	0	优秀奖		0	四等奖
3	100	四等奖		120	三等奖
4	150	三等奖		240	二等奖
5	200	二等奖		360	一等奖
6	300	一等奖			

图 33.6　两个评价标准

步骤 9：选择 A2:B6 区域，在名称框中输入"考核一"，将区域命名为"考核一"；选择 D2:E5 区域，在名称框中输入"考核二"，将区域命名为"考核二"。

步骤 10：单击 C9 单元格，再单击"数据—（数据工具）—数据验证—数据验证"，在弹出的"数据验证"对话框的"设置"选项卡中，"允许"下拉列表中选择"序列"，在"来源"框中输入"考核一，考核二"。单击"确定"按钮，完成设置，单击 C9 单元格的下拉箭头，任选一个数据。

步骤 11：单击 C10 单元格，输入公式："=LOOKUP(B10, INDIRECT($C$9))"，输入完毕后按 Enter 键；拖动 C10 单元格的填充柄到 C19 单元格，所有单元格中产生考核结果。

步骤 12：单击 C9 单元格，更换考核方式，C10:C19 区域中的考核结果相应发生变化，如图 33.7 所示。

步骤 13：单击工作表标签"频率统计"。

数据清单为某产品的一段时间的销售量表，现在统计销售量小于 10 台、10～20 台、20～30 台、30～40 台、50 台以上各有多少天。

图 33.7 双重销售评价

> **注意**
>
> 1. 频率统计函数将 N 个区间点划分为 $N+1$ 个区间，按照向上舍入原则进行统计，结果生成 $N+1$ 个统计值。
> 2. FREQUENCY() 函数是 Excel 2016 中最常用的频率分布函数。

单击 D1 单元格，输入"统计区间"；单击 E1 单元格，输入"天数"。

在 D2:D6 区域，输入区间点"10、20、30、40、50"。

拖曳鼠标选中 E2:E7 区域，在编辑栏中输入："=FREQUENCY(B2:B31, D2:D6)"，按 Ctrl+Shift+Enter 快捷键，出现统计结果，如图 33.8 所示。

图 33.8 统计区间与统计结果

> **提高**
>
> 1. FREQUENCY() 函数统计结果是一个一维数组，故函数输入结束时，要按数组的方式结束输入，按 Ctrl+Shift+Enter 快捷键。
> 2. FREQUENCY() 函数的统计区间点为 N 时，结果区间为 $N+1$ 个，步骤 13 中区间的划分的意义为 $(-\infty, 10]$、$(10, 20]$、$(20, 30]$、$(30, 40]$、$(40, 50]$、$(50, +\infty)$。

步骤 14：计算排名。

单击 C2 单元格，在 C2 单元格中输入函数"=RANK(B2, $B$2:$B$31)"，输入完毕后，按回车键。计算结果为 B2 单元格在 B2:B31 区域的数值从大到小的排名顺序值，拖动 C2 单元格的填充柄到 C31，得到整个计算结果。

提高

1. RANK()函数用于统计数值在区域中的排名,格式为"=RANK(需要排名的数值或引用,排名区域[,排名方式])","排名方式"默认为0或缺省,表示降序;1为升序;函数返回排名值。

2. 如果某些数值相同,则它们的排名值相同;如果有 N 个排名值相同,则下面会有 N−1 个排名值空缺,如图33.9所示。

销售日期	销售(台)	排名
2013年1月1日	2	30
2013年1月2日	25	10
2013年1月3日	25	10

两个排名相同,下一排位为12

图33.9 空缺排位

3. 在函数中,区域使用到了绝对引用。因为在公式复制时,如果采用相对引用,则排名区域会发生变化,而本意为在固定区域中排名,因此要用绝对引用。

子任务34 对销售数据进行分类汇总

分类汇总是对数据清单进行数据统计的最常用的方法。分类汇总在Excel中有两个操作,一是分类,二是汇总。数据的"分类",也就是按某个字段(也可以是多个字段)进行排序,然后再进行"汇总",汇总的方式也有多种,可以是求和、最大值、最小值、方差、标准差等。分类汇总能够快速地以某一个字段为分类项,对数据列表中的其他字段的数值进行各种统计计算。

在Excel 2016中,分类汇总之前,必须对分类字段进行排序。排序的目的不是获得一个带有顺序的数据区域,而是将分类字段进行"分类"——相同的数据放在一起,便于计算机进行统计。

本子任务对应文件"34对销售数据进行分类汇总"。

步骤1: 单击工作表标签"分类汇总"。

单击 C 列的任意单元格,如C2,再单击"数据—(排序和筛选)—升序 ↓",整个数据区域按"客户名称"升序排序。

步骤2: 单击"数据—(分级显示)—分类汇总",弹出"分类汇总"对话框。

在"分类汇总"对话框中,"分类字段"选择"客户名称";"汇总方式"选择"求和";"选定汇总项"勾选"销售额",如图34.1所示。

单击"确定"按钮,出现汇总结果,如图34.2所示。

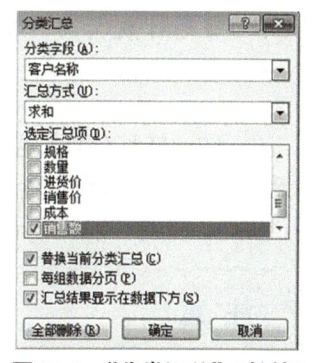

图34.1 "分类汇总"对话框

Excel根据客户名称进行分类,将同类结果的销售额求和。

图34.2 分类汇总的结果（部分）

步骤3：在窗口左上角有三个分级显示按钮，单击"分级"按钮1，整个明细数据收缩，只显示汇总部分，明细数据被隐藏，如图34.3所示。

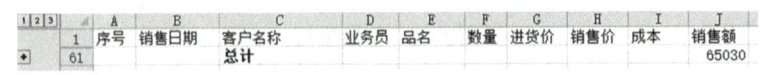

图34.3 只显示分类汇总的总计项

步骤4：单击"分级"按钮2，显示分项汇总和总计，如图34.4所示。

图34.4 分项汇总

单击J16单元格，查看编辑栏内的公式是："=SUBTOTAL(9, J2:J15)"。

> **提 高**
>
> SUBTOTAL()函数用于返回列表或数据库中的分类汇总，格式为：SUBTOTAL（统计代号，区域），统计代号分为两类，一类是区域中包含隐藏值（统计代号小于100），一类是忽略隐藏值（统计代号大于100）。常用的统计代号有：1——平均、2——数值计数、3——普通计数[①]、4——最大值、5——最小值、6——乘积、7——标准偏差、8——总体标准偏差、9——求和、10——方差、11——总体方差。

步骤5：转移分项汇总数据。单击"分级"按钮2，显示分项汇总和总计；单击C1单元格，拖曳鼠标到K34单元格，在选定区域右击，选择"复制"命令；单击C40单元格，右击，选择"粘贴"命令，分项汇总和数据细节一齐被粘贴出来。

> **注 意**
>
> 1. 分类字段不排序，也可以做分类汇总，但是汇总出来的结果会出现重复值。

[①] 数值计数即仅统计数值型数据，普通计数即统计非空的所有数据。

> 2. 在Excel中，如果复制区域含有隐藏数据，在粘贴时，隐藏数据会被显示出来。
> 3. 分级显示时，单击 + 或 -，可以展开、收缩数据。

步骤6：单击C1单元格，拖曳鼠标到K34单元格；单击"开始—（编辑）—查找和选择—定位条件"，弹出"定位条件"对话框，如图34.5所示。

点选"可见单元格"，选中的色框变成虚框，如图34.6所示。

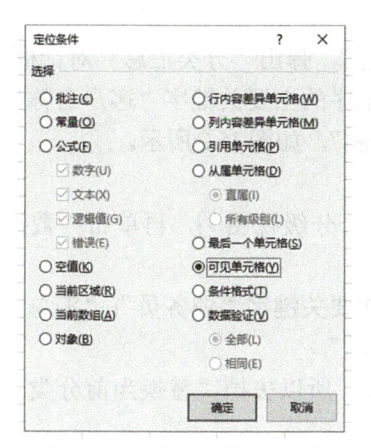

图34.5 "定位条件"对话框

图34.6 仅选中可见数据

按Ctrl+C快捷键，或在选中区域右击，选择"复制"命令。

步骤7：单击M40单元格，按Ctrl+V快捷键，或右击，选择"粘贴"命令。可见数据区域被粘贴出来，而隐藏的数据明细则被忽略。

步骤8：单击"数据—（分级显示）—分类汇总"，在打开的"分类汇总"对话框中，单击"全部删除"按钮，则可以将当前的分类汇总删除。

子任务35　对销售数据进行叠加分类汇总

分类汇总操作一次只能对一个字段进行分类汇总，但可以多次进行分类汇总操作，每次选择不同的分类字段，从而实现分类汇总的叠加，使数据分析更加细致。

本子任务对应文件"35对销售数据进行叠加分类汇总"。

步骤1：单击工作表标签"分类汇总叠加"。

步骤2：单击"数据—（排序和筛选）—排序"，弹出"排序"对话框。

在"排序"对话框中，"主要关键字"选择"客户名称"，按"数值""升序"排序。

单击"添加条件"按钮，"次要关键字"选择"业务员"，按"数值""升序"排序，如图35.1所示。设置完毕后，单击"确定"按钮。

图35.1 排序设置

> **注 意**
>
> 1. 叠加分类汇总字段必须先排序，而且第一次分类汇总的字段在排序时必须是主要关键字，第二次分类汇总的字段是次要关键字。
> 2. 叠加分类汇总前，要把所有分类字段一次排序完成，然后再进行多重汇总。

步骤3：单击"数据—（分级显示）—分类汇总"，弹出"分类汇总"对话框。

在"分类汇总"对话框中，"分类字段"选择排序的主要关键字"客户名称"；"汇总方式"选择"求和"；"选定汇总项"仅勾选"销售额"，如图35.2所示。

单击"确定"按钮，第一次分类汇总完成。

步骤4：单击任意一个分级视图标签，如第三个分级视图 [3]，再单击"数据—（分级显示）—分类汇总"，弹出"分类汇总"对话框。

在"分类汇总"对话框中，"分类字段"选择次要关键字"业务员"；"汇总方式"选择"求和"；"选定汇总项"勾选"数量"和"销售额"。

因为已经存在一个分类汇总，而且不能被替换，所以去掉"替换当前分类汇总"前面的钩，如图35.3所示。

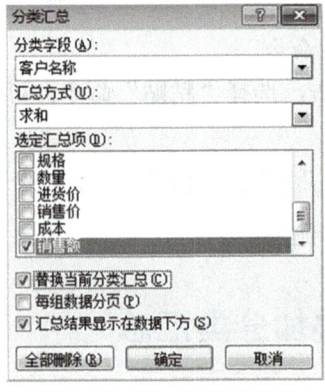

图35.2 第一级分类汇总　　　图35.3 第二级分类汇总

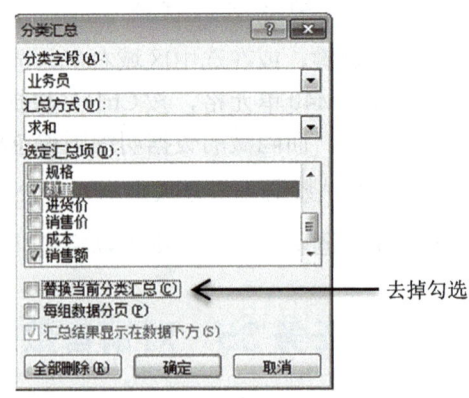

单击"确定"按钮，第二级分类汇总完成。

步骤5：窗口的左侧分级显示变为四级 [1][2][3][4]，单击第3级，两次分类汇总叠加显示出来，如图35.4所示。

客户名称	业务员	数量	销售额
	金合 汇总	1	¥540
	令才 汇总	6	¥4,080
	刘金谷 汇总	6	¥1,060
	张海 汇总	3	¥2,090
金创公司 汇总			¥7,770

图35.4 叠加的分类汇总

步骤6：单击第3级分类视图，再单击"开始—（编辑）—查找和选择—替换"，弹出"查找和替换"对话框。在"查找和替换"对话框中，"查找内容"框中输入"汇总"，

"替换为"框中输入空格,如图35.5所示。

图35.5 替换"汇总"一词

单击"全部替换"按钮,工作表的单元格中所有"汇总"一词被替换成空格,单击"关闭"按钮,关闭"查找和替换"对话框。汇总数据变得更加简洁,如图35.6所示。

图35.6 替换后的汇总表

子任务 36　自动分类统计

对于收集的数据,可以采用不同的统计方法来进行数据分析。在Excel中,可以对同样的数据采用不同的统计方法进行分析,方便地得到相应的分析结果。这样做可以从多个角度分析数据,辅助企业决策。

本子任务对应文件"36自动分类统计"。

步骤1:单击工作表标签"自动分类汇总",再单击B列任意单元格,如B2单元格,单击"数据—(排序和筛选)—升序排序 ↓",得到按机床名称排序后的数据。

步骤2:选择D2:D6区域,在名称框中输入"半自动机床",如图36.1所示。

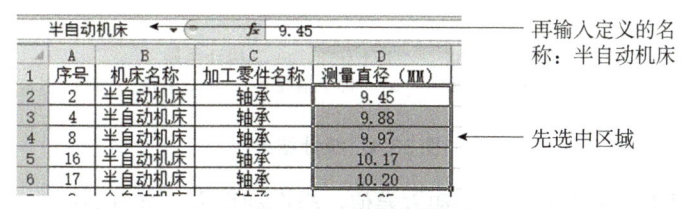

图36.1 定义名称

选择D7:D11区域,在名称框中输入"全自动机床";

选择D12:D16区域，在名称框中输入"手动机床"；

选择D17:D21区域，在名称框中输入"数控机床"。

步骤3：单击B26单元格，输入"机床名称"；单击C26单元格，输入"统计方式"；单击D26单元格，输入"统计结果"。

步骤4：单击B27单元格，再单击"数据—（数据工具）—数据验证—数据验证"，弹出"数据验证"对话框。"允许"下拉列表中选择"序列"，在"来源"框中输入"半自动机床,全自动机床,手动机床,数控机床"，如图36.2所示。输入完毕后单击"确定"按钮。

步骤5：单击C27单元格，再单击"数据—（数据工具）—数据验证—数据验证"，弹出"数据验证"对话框。"允许"下拉列表中选择"序列"，在"来源"框中输入"01-平均,02-计数,04-最大值,05-最小值,07-标准偏差,08-总体标准偏差,09-求和,10-方差,11-总体方差"，如图36.3所示。输入完毕后单击"确定"按钮。

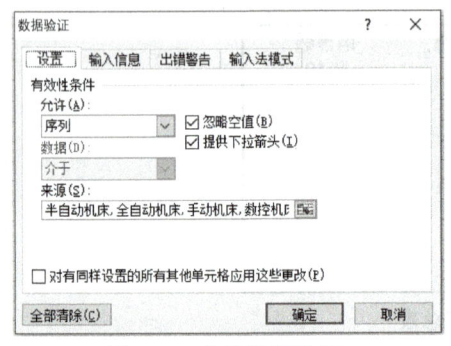

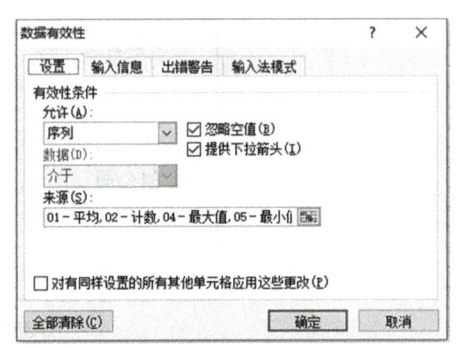

图36.2　名称数据验证　　　　　图36.3　统计方式数据验证

> **技　巧**
>
> 1. 在步骤4中，数据验证的内容与定义的名称要相对应，这样可以用INDIRECT()函数将其转换成对应区域。
>
> 2. 在步骤5中，统计代号故意设计成两位数字，其目的是统一代号长度，方便LEFT()函数提取用；代号后面加上文字说明，是为了方便用户理解。

步骤6：任意选择B27、C27单元格的内容。单击D27单元格，输入公式："=SUBTOTAL(LEFT(C27, 2), INDIRECT(B27))"，得到相应机床的对应统计结果，如图36.4所示。

25			
26	机床名称	统计方式	统计结果
27	数控机床	07-标准偏差	0.091268834
28			

图36.4　统计结果

步骤7：查看不同机床的平均值和方差值；半自动机床、全自动机床、手动机床、数控机床的平均值分别是：9.934、10.016、9.986、9.976，从数据上看最优机床是手动机床。

再查看半自动机床、全自动机床、手动机床、数控机床的方差值分别是：0.09132、

0.01918、0.15893、0.00833，从数据上看最优机床是数控机床。

究竟哪个机床性能好呢？

> **提 高**
>
> 在对测量数据统计中，平均值法可能将正、负测量数据抵消，容易产生一个错误的统计结果；而方差反映了测量数据偏离中心数据的程度，正负偏差不会抵消，方差越大，说明样本偏离越大，反之则偏离越小，机床的性能也最好。

步骤8： 选择A1:D21区域，单击"开始—（样式）—条件格式—新建规则"，弹出"新建格式规则"对话框。在"选择规则类型"中单击"使用公式确定要设置格式的单元格"，在"编辑规则说明"中输入"=$B1=$B$27"，再单击"格式"按钮，弹出"设置单元格格式"对话框。在"填充"选项卡中，设置背景色为"黄色"，图案样式为"6.25%灰色"，如图36.5所示，单击"确定"按钮。

在返回的"编辑格式规则"对话框中，如图36.6所示，单击"确定"按钮。在数据区域中，与B27单元格相同的机床名所在行变成"黄色6.25%灰度"格式，如图36.7所示。

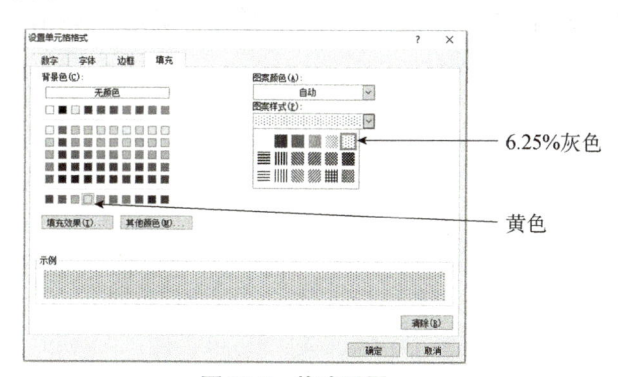

图36.5 格式设置

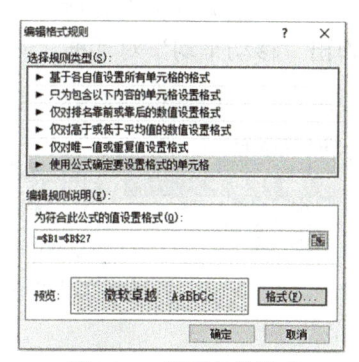

图36.6 设置条件格式

图36.7 格式设置效果

子任务 37 对销售数据进行预测

移动平均法是用一组最近的实际数据来预测未来一期或几期内公司产品的需求量、公司产能等的一种常用方法。移动平均法适用于即期预测，当产品需求既不快速增长也不快速下降，且不存在季节性因素时，移动平均法能有效地消除预测中的随机波动，预测的拟合程度十分高。

销售预测常用的方法是通过 FORECAST 函数进行预测，FORECAST 函数根据一条线性回归拟合线返回一个预测值，使用此函数可以对未来销售额、库存需求、消费趋势进行预测。

本子任务对应文件"37对销售数据进行预测"。

步骤1：加载分析库，如果已加载，此步跳过。单击"文件—选项"，弹出"Excel选项"对话框。在弹出的"Excel选项"对话框中单击左侧的"加载项"，在右侧窗口中单击"转到"按钮，弹出"加载宏"对话框，如图37.1所示，勾选"分析工具库"，单击"确定"按钮。

步骤2：单击工作表标签"移动平均"，再单击工作表中的任意单元格，如B2单元格；然后单击"数据—（分析）—数据分析"，弹出"数据分析"对话框。

在"数据分析"对话框中，选中"移动平均"，如图37.2所示，单击"确定"按钮，弹出"移动平均"对话框。

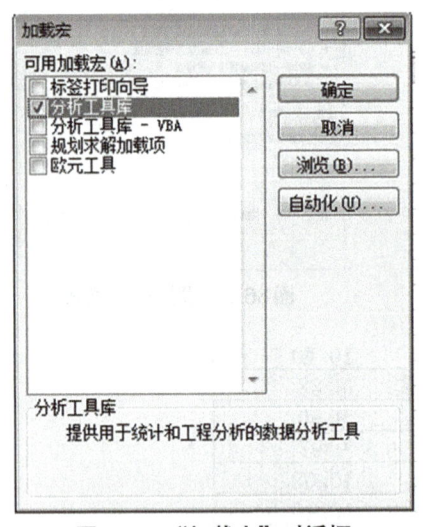

图37.1 "加载宏"对话框

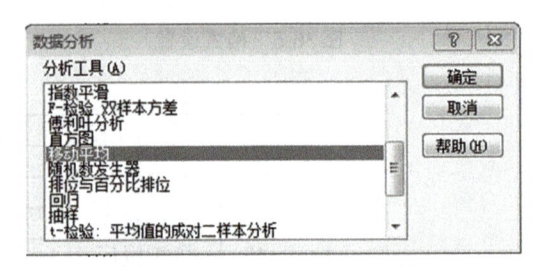

图37.2 "数据分析"对话框

步骤3：在"移动平均"对话框中，单击"输入区域"框，选择B1:B14区域，并勾选"标志位于第一行"，因为这个区域包括了标题行；单击"间隔"文本框，输入3，表示移动平均计算的项数，即每三年计算一次平均；单击"输出区域"框，选择C2:C15区域，如图37.3所示，单击"确定"按钮。

任务 6 统计职工和销售数据

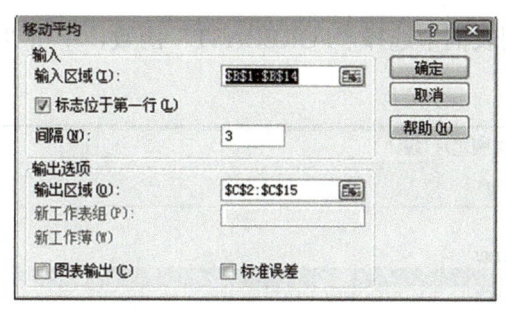

图 37.3 设置移动平均参数

> **注 意**
>
> 1. 移动平均的"间隔"必须大于等于 2 才有意义,即原始数据项数必须大于间隔长度才有意义。
>
> 2. 移动平均的计算可以直接用 AVERAGE() 函数来代替,移动平均就是计算间隔周期的平均值。

步骤 4:观察 C 列,得到移动平均计算的结果,如图 37.4 所示。

解释:输出区域的第一行和第二行出现错误信息"#N/A",表示在前两个计算周期内没有可用的数据,因为本次移动平均的项数是 3。虽然在图 37.3 中将 C15 单元格包括在内,但 C15 单元格没有得到移动平均值,原因是 C15 单元格的结果要由 B13:B15 区域计算平均值得到,而 B15 没有数值。

步骤 5:单击 B15 单元格,输入公式"=AVERAGE(B12:B14)",输入完毕后按回车键,得到移动平均值 212,与 C14 单元格值一样,如图 37.5 所示。

图 37.4 移动平均计算结果

图 37.5 直接输入公式计算移动平均

复制 B15 单元格到 B16 单元格,同样可以通过移动平均获得预测值。

步骤 6:单击工作表标签"销售数据预测",再单击 B15 单元格,然后单击"公式—(函数库)—插入函数 *fx*",弹出"插入函数"对话框。

在弹出的"插入函数"对话框中,单击"或选择类别"的下拉箭头,选择"统计",在"选择函数"列表框中选择"FORECAST"函数,单击"确定"按钮,如图37.6所示。

图37.6 插入FORECAST函数

插入函数也可以单击"公式—(函数库)—其他函数—统计—FORECAST"实现。

步骤7:在弹出的"函数参数"对话框中,"X"为预测参数的自变量值,单击A15单元格,"Known_y's"为已知结果的值的区域,拖动工作表"B2:B14"区域,"Known_x's"为已知结果的自变量区域,拖动工作表"A2:A14"区域,如图37.7所示,单击"确定"按钮。

在B15单元格中得到预测结果237.7307692,如图37.7所示。

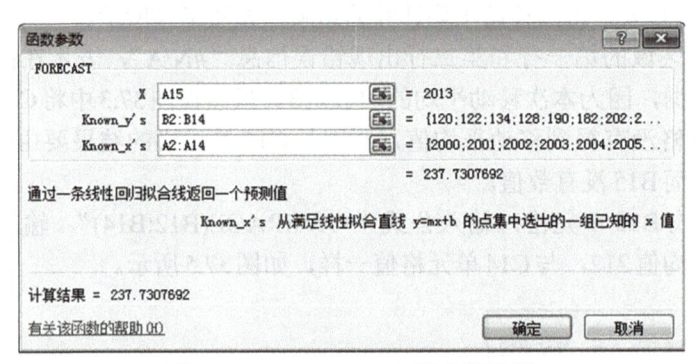

图37.7 FORECAST函数参数设置

步骤8:单击B15单元格,按Ctrl+1快捷键,设置单元格格式,选择"数值",小数位数为0。

> **提 高**
>
> 1. FORECAST()函数的格式是:FORECAST(X值,已知因变量区域,已知自变量区域)。
>
> 2. FORECAST()函数通过已知自变量与因变量拟合出一条直线:$Y=aX+b$,再将函数中的X值代入公式计算出预测值。

步骤9:单击B15单元格,按Ctrl+1快捷键,设置单元格格式,选择"数值",小数位数为0。

任务 7　会计与财务管理

任务说明

Excel 软件在会计与财务中的应用越来越广泛，让烦琐的会计工作变得快捷、高效。本任务提供了基本的会计工作的基本文字格式模板，用户只要输入公式就可以完成基础会计工作。在管理会计中，Excel 可以用于投资效益分析。

任务结构

子任务38　制作记账凭证
子任务39　制作科目汇总表
子任务40　制作工资条
子任务41　存款方案比较
子任务42　计算等额还款额
子任务43　计算项目投资的净现值与内部收益率

子任务 38　制作记账凭证

记账凭证又称记账凭单，是会计人员根据审核无误的原始凭证按照经济业务事项的内容加以分类，并据以确定会计分录后所填制的会计凭证。它是登记账簿的直接依据。

本子任务对应文件"38制作记账凭证"。

步骤 1： 单击工作表标签"科目表"，按 Ctrl+A 快捷键，选择全部内容，在名称框中输入名称"KMB"，将数据区域定义名称为"KMB"。再单击 A 列，在名称框中输入"KMDM"，将 A 列命名为"KMDM"。

步骤 2： 单击工作表标签"记账凭证"，工作表中记账凭证的文字和表格已制作完成，只需将凭证相关的内容要求设置好。

选择 C6:C11 区域，单击"数据—（数据工具）—数据验证—数据验证"，弹出"数据验证"对话框。在"设置"选项卡中，"允许"下拉列表中选择"序列"，"来源"框中输入"=KMDM"，如图38.1所示，单击"确定"按钮。

单击 C6 单元格的下拉箭头，任意选择一个代码，如选择"1001"。

步骤 3： 选择 D6 区域，输入"=IF(ISERROR(VLOOKUP(C6, KMB, 2, 0)),″″, VLOOKUP(C6,KMB,2,0))"，拖动 D6 单元格的填充柄，复制公式到 D11 单元格。

步骤 4： 单击 F12 单元格，输入公式"=SUM(F6:F11)"。

119

单击 H12 单元格，输入公式"=SUM(H6:H11)"。

步骤 5：选择 F6:F12 区域，按 Ctrl+1 快捷键，打开"设置单元格格式"对话框。选择"数字"选项卡，在"分类"中选择"会计专用"，小数位数设为 2 位，货币符号选择"无"，如图 38.2 所示。

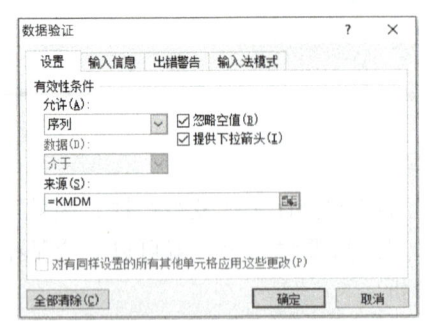

图 38.1 设置数据验证

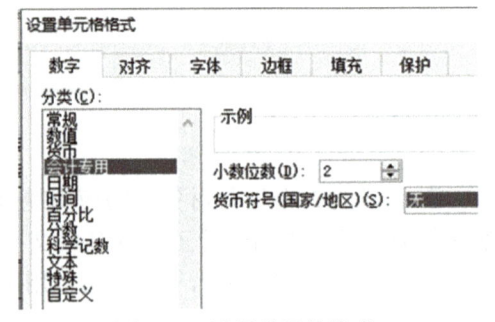

图 38.2 设置单元格格式

单击"确定"按钮，同样的方法设置 H6:H12 区域①。

步骤 6：选择 F6:F12 区域，按住 Ctrl 键同时选择 H6:H12 区域，单击"开始—（样式）—条件格式—新建规则"，弹出"新建格式规则"对话框。在"选择规则类型"中选择"使用公式确定要设置格式的单元格"，在"为符合此公式的值设置格式"框中输入公式"=$F$12<>$H$12"。单击"格式"按钮，弹出"设置单元格格式"对话框，选择"填充"选项卡，选择"背景色"为"红色"。单击"确定"按钮返回"编辑格式规则"对话框，如图 38.3 所示。

图 38.3 设置条件格式

> **注 意**
>
> 1. 在步骤 5 中，条件格式设置的公式中一定要用绝对引用。
> 2. 一般来讲，如果针对一个区域设置条件格式，而条件公式中又只有一个单元格，这个单元格一般采用绝对引用。

步骤 7：选择 G6:G11 区域，单击"数据—（数据工具）—数据验证—数据验证"，弹出"数据验证"对话框。在"设置"选项卡的"允许"下拉列表中选择"序列"，在"来源"框中输入"V, X"，如图 38.4 所示，在会计业务中，"V"表示已记账。

步骤 8：输入数据。单击 E2 单元格，输入当前日期；单击 I2 单元格，输入"1"；单击 I3 单元格，输入"1"；单击 B6 单元格，输入"产品销售"；单击 C6 单元格，输入"1002"；D6 自动出现总账科目名称"银行存款"；单击 F6 单元格，输入"514800"；F

---

① 同时选中这两个区域进行设置也是可以的。

列、H 列变成红色，因为借贷不平衡。

单击 C7 单元格，输入"6001"；单击 E7 单元格，输入"面包"；单击 H7 单元格，输入"3000000"。

单击 E8 单元格[①]，输入"蛋糕"；单击 H8 输入"140000"。

单击 C9 单元格，输入"2221"；单击 E9 单元格，输入"应交增值税（销）"；单击 H9 单元格，输入"74800"；借贷平衡，F 列、H 列的红色消失。

单击 K8 单元格，输入 3。

选择 B1:K13 区域，单击"页面布局—（页面设置）—打印区域—设置打印区域"，这样就可以打印该凭证内容了。任意输入凭证最后一行的人员名单，完成凭证输入，如图 38.5 所示。

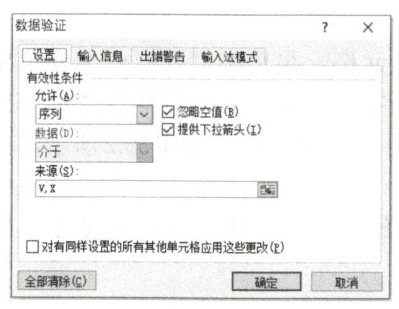

图 38.4　设置凭证符号的数据验证

图 38.5　记账凭证

子任务 39　制作科目汇总表

科目汇总表（亦称记账凭证汇总表、账户汇总表），是根据一定时期内所有的记账凭证定期加以汇总而重新编制的记账凭证，其目的是简化总分类账的登记手续[②]。

科目汇总表一般一个月汇总一次，具体情况视单位会计业务总量而定。在制作科目汇总表之前，需要将一个时期内会计凭证数据集中起来，然后进行汇总。

本子任务对应文件"39 制作科目汇总表"。

步骤 1： 单击工作表标签"凭证汇总表"。

表中已将一个记账周期内的所有记账凭证集中在一起。

> **注　意**
>
> 1. 将记账凭证汇总时，为了方便后续操作，标题行压缩成了一行。
> 2. 在 Excel 中，也可以将跨周期的凭证汇总到一个工作表中，这不影响科目汇总（需要增加筛选操作），但在汇总表中要增加日期列，本例中没有增加。

[①]　在会计中，C8 单元格可以不输入科目代码，表示与 C7 的科目代码一样；但是为了便于后面的科目汇总表，建议输入科目代码。

[②]　百度百科词条"科目汇总表"。

步骤2： 选择B4:J34区域，单击"数据—（排序和筛选）—排序"，弹出"排序"对话框。勾选"数据包含标题"，对"科目代码"进行升序排序[①]，如图39.1所示。

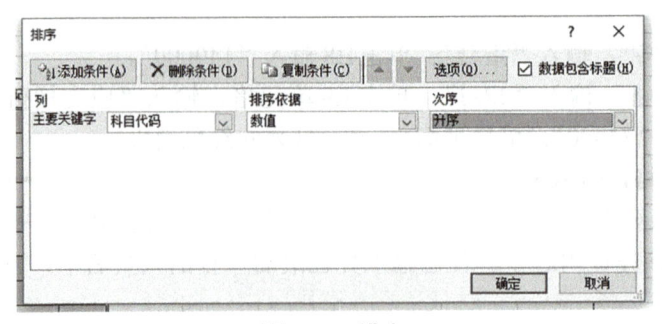

图39.1 排序

步骤3： 单击数据区域中的任意单元格，如C4单元格，再单击"数据—（分级显示）—分类汇总"，弹出"分类汇总"对话框。"分类字段"选择"科目代码"，"汇总方式"选择"求和"，"选定汇总项"勾选"借方金额"和"贷方金额"，如图39.2所示，单击"确定"按钮。

步骤4： 在出现的分类汇总中，单击 2 第2级视图，选择C列所有子汇总数据，如图39.3所示。

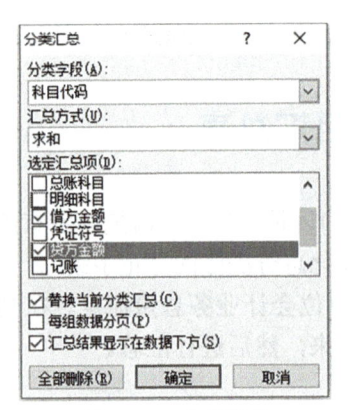

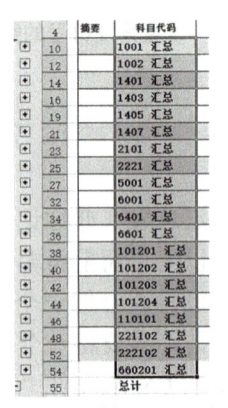

图39.2 分类汇总 　　　　　　图39.3 选择子汇总数据

单击"开始—（编辑）—查找和选择—定位条件"，弹出"定位条件"对话框。点选"可见单元格"，如图39.4所示，单击"确定"按钮。

在C列选中的数据区域右击，选择"复制"命令，或者直接按Ctrl+C快捷键；单击工作表标签"科目汇总表"，单击B6单元格，按Ctrl+V快捷键。

步骤5： 单击"开始—（编辑）—查找和选择—替换"，弹出"查找和替换"对话框。"查找内容"设为"汇总"，"替换为"设为空格，如图39.5所示，单击"全部替换"按钮，替换完成，单击"确定"按钮。

步骤6： 单击C6单元格，输入公式"=VLOOKUP(B6, KMB, 2, 0)"，双击C6单元格填充柄，完成总账科目的输入。

[①] 排序的具体操作参见"子任务31"。

步骤 7：单击工作表标签"凭证汇总表"，重复步骤 4，将"借方金额"和"贷方金额"的可见单元格复制到"科目汇总表"中的 E6 和 F6 单元格，如图 39.6 所示。

步骤 8：对科目汇总表进行修饰。选择 B5:F25 区域，单击 ⊞，增加边框；选择 E6:F25 区域，按 Ctrl+1 快捷键，在"数字"选项卡中，选择"会计专用"，小数位数设为 2，货币符号设为"无"。单击"确定"按钮，结果如图 39.7 所示。

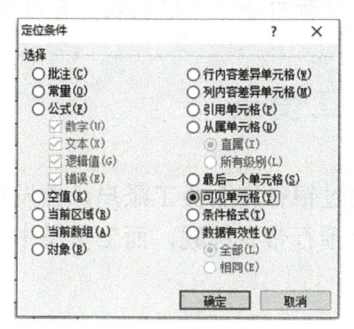

图 39.4　定位可见单元格

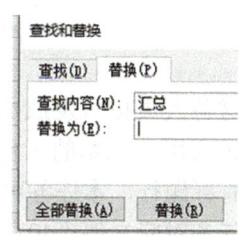

图 39.5　替换

科目代码	总账科目	明细科目	借方金额	贷方金额
1001	库存现金		1000	1672
1002	银行存款		514800	0
1401	材料采购		0	2430
1403	原材料		0	3900
1405	库存商品		0	62100
1407	商品进销差价		0	39000
2101	交易性金融负债		0	200
2221	应缴税费		0	74800
5001	生产成本		1000	0
6001	主营业务收入		0	598550
6401	主营业务成本		95430	0
6601	销售费用		72	0
101201	外埠存款		0	300000
101202	银行本票存款		164092.5	0
101203	银行汇票存款		0	1094.5
101204	信用卡存款		0	200
110101	本金		0	140800
221102		职工福利	300000	0
222102		未交增值税	140800	26953.5
660201		办公用品	34505.5	0

图 39.6　科目汇总表

	A	B	C	D	E	F
1		科　目　汇　总　表				
2			日期：	2022/1/5		
3						
4						
5		科目代码	总账科目	明细科目	借方金额	贷方金额
6		1001	库存现金		1,000.00	1,672.00
7		1002	银行存款		514,800.00	-
8		1401	材料采购		-	2,430.00
9		1403	原材料		-	3,900.00
10		1405	库存商品		-	62,100.00
11		1407	商品进销差价		-	39,000.00
12		2101	交易性金融负债		-	200.00
13		2221	应缴税费		-	74,800.00
14		5001	生产成本		1,000.00	-
15		6001	主营业务收入		-	598,550.00
16		6401	主营业务成本		95,430.00	-
17		6601	销售费用		72.00	-
18		101201	外埠存款		-	300,000.00
19		101202	银行本票存款		164,092.50	-
20		101203	银行汇票存款		-	1,094.50
21		101204	信用卡存款		-	200.00
22		110101	本金		-	140,800.00
23		221102		职工福利	300,000.00	-
24		222102		未交增值税	140,800.00	26,953.50
25		660201		办公用品	34,505.50	-

图 39.7　最终的科目汇总表

> **提 高**
>
> 1. 科目汇总表可以通过其他方法构建，通常的方法是利用"表格"和"数据透视表"来建，后面将会学到。
> 2. 会计科目和会计制度不断变化，读者应根据最新的会计要求制表，与时俱进。

子任务 40　制作工资条

企业财务人员按月发放员工工资，一般工资通过银行转至员工账户，并发放一张工资条作为核对用。原始的工资数据是一张总表，仅顶行带有标题，而工资条中每一行数据都要带有标题行，本任务可以实现此功能。

本子任务对应文件"40制作工资条"。

步骤1： 单击工作表标签"工资条"，再单击K1单元格，输入"辅助列"；单击K2单元格，输入1；单击K3单元格，输入2；选择K2:K3区域，双击填充柄，产生数值序列。

步骤2： 复制K2:K25区域，单击K26单元格，粘贴。

步骤3： 单击A1单元格，按Ctrl+A快捷键；单击"数据—（排序和筛选）—排序"，弹出"排序"对话框。勾选"数据包含标题"，主要关键字选择"辅助列"，排序依据选择"数值"，次序选择"升序"，如图40.1所示，单击"确定"按钮。

步骤4： 选择A1:J1区域，按Ctrl+C快捷键；再直接按Ctrl+A快捷键，选择所有区域，单击"开始—（编辑）—查找和选择—定位条件"，弹出"定位条件"对话框，点选"空值"，如图40.2所示，单击"确定"按钮。

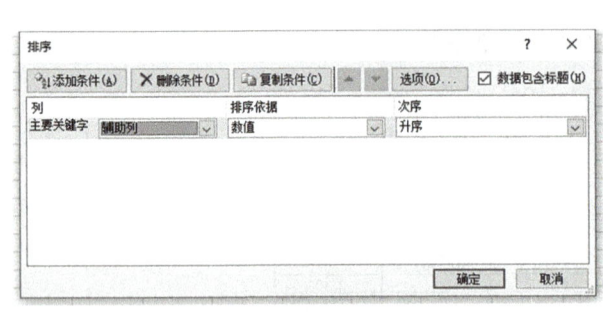

图40.1　排序设置　　　　　　图40.2　定位空值

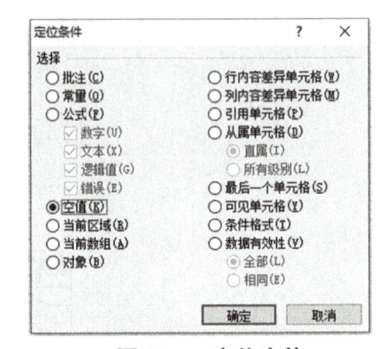

直接按Ctrl+V快捷键，将复制的内容，即工资条的标题，按行粘贴到空白区域，如图40.3所示。

	A	B	C	D	E	F
1	职工号	姓名	部门	基本工资	奖金	津贴
2	100101	王聪	办公室	1535.36	955.00	550.00
3	职工号	姓名	部门	基本工资	奖金	津贴
4	100102	余志成	客服部	1412.50	955.00	550.00
5	职工号	姓名	部门	基本工资	奖金	津贴
6	100103	孔卉	办公室	1913.67	1064.87	550.00

图40.3　工资条

步骤5：单击K列，右击，选择"删除"命令，删除辅助列；单击行号49，右击，选择"删除"命令，删除多余行；按Ctrl+A快捷键，单击田，为所有数据增加边框，单击▤，将所有数据居中显示。

步骤6：为了方便裁剪工资条，在每个工资条间增加一个空行。

单击K1单元格，输入1；单击K2单元格，输入2；选择K1:K2区域，双击填充柄，产生数据序列。

步骤7：单击K49单元格，输入2.5；单击K50单元格，输入4.5；选择K49:K50区域，拖动填充柄到K72单元格。

步骤8：单击K1单元格，再单击"数据—（排序和筛选）—升序 ↑↓"，在每个工资条的下面增加了一行空白行，如图40.3所示。

	A	B	C	D	E	F
1	职工号	姓名	部门	基本工资	奖金	津贴
2	100101	王聪	办公室	1535.36	955.00	550.00
3						
4	职工号	姓名	部门	基本工资	奖金	津贴
5	100102	余志成	客服部	1412.50	955.00	550.00
6						
7	职工号	姓名	部门	基本工资	奖金	津贴
8	100103	孔卉	办公室	1913.67	1064.87	550.00
9						

图40.3 增加了空行的工资条

步骤9：单击K列，右击，选择"删除"命令，删除辅助列。

> **提 高**
>
> 1. 不同的企业要求，工资条的样式也不一样，制作工资条的方法有很多。
> 2. 可以通过公式产生工资条。在工资区域下方的A列，直接输入公式："=OFFSET($A$1, CHOOSE(MOD(ROW(A1)−1, 3)+1, 0, (ROW(A1)−1)/3+1, 65535), COLUMN()−1)&""""，并拖动填充柄到最后一列和最后一行，自动产生工资条。

子任务41 存款方案比较

方案说明1：企业现有存款100万元，准备存入银行，存期为10年。可选的存款方案有4种，分别为：（1）3个月，年利率为2.85%；（2）1年，年利率为3.25%；（3）2年，年利率为3.75%；（4）5年，年利率为4.75%。如果都采用复利计算，分析10年后哪种方案的本息和最大。

方案分析：对于方案（1），年利率为2.85%，3个月利率为2.85%/4，3个月后可以连本带息再次存入；对于方案（3），年利率为3.75%，必须存足2年，2年后才能连本带息再次存入，计算复利；方案（4）同方案（3）。

本子任务对应文件"41存款方案比较"。

步骤1：单击工作表标签"存款方案1"。

步骤2：单击C6单元格，输入公式"=B1*(1+C2/4)^40"，得到结果：132.84万元。
步骤3：单击C7单元格，输入公式"=B1*(1+C3)^10"，得到结果：137.69万元。
步骤4：单击C8单元格，输入公式"=B1*(1+C4*2)^5"，得到结果：143.56万元。
步骤5：单击C9单元格，输入公式"=B1*(1+C5*5)^2"，得到结果：153.14万元。

最终结果如图41.1所示。

因此，应选择5年期存款方案。

方案说明2：有两种存款方案：（1）每年年初固定地存10万元到银行，连续存10年；年利率为3.25%；（2）每半年存5万元到银行，连续存10年；半年期的年利率为3.05%。

方案分析：从第1年起存入银行10万元，1年后连本带息重新存入，并加上新追加的10万元，这样到第11年，得到最终的本息之和；半年期的方案与之类似。

步骤6：单击工作表标签"存款方案2"。

步骤7：单击B5单元格，再单击"公式—（函数）—财务—FV函数"，如图41.2所示。弹出FV"函数参数"对话框。

存款金额（万元）		100
定期整存整取年利率	三个月	2.85%
	一年	3.25%
	二年	3.75%
	五年	4.75%
十年后终值	三个月	132.8418962
	一年	137.6894304
	二年	143.5629326
	五年	153.140625

图41.1　存款方案比图

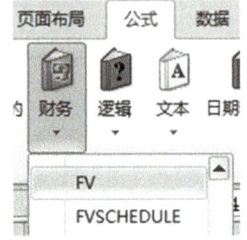

图41.2　选择FV函数

步骤8：单击"Rate"框，再单击B3单元格；单击"Nper"框，再单击B4单元格；单击"Pmt"框，再单击B2单元格；单击"Type"框，输入1；单击"确定"按钮；B5单元格得到最终结果119.74万元（图中负号表示财务记录，下同），如图41.3所示。

步骤9：单击"Rate"框，再单击D3单元格，并修改为"D3/2"；单击"Nper"框，再单击D4单元格，并修改为"D4*2"；单击"Pmt"框，再单击D2单元格；单击"Type"框，输入1；单击"确定"按钮；D5单元格得到最终结果117.67万元，如图41.4所示。

	A	B
1	方案一	
2	年金（万元）	10
3	一年利率	3.25%
4	期限（年）	10
5	终值	¥-119.74

图41.3　年金方案一结果

	C	D
1	方案二	
2	半年金（万元）	5
3	年利率	3.05%
4	期限（年）	10
5	终值	¥-117.67

图41.4　年金方案二结果

> **注意**
>
> 1. 在计算半年期投资方案时，利率为年利率的一半；而投资期则是年数的两倍。
> 2. 函数中投资类型为1时，表示期初投资，而0表示期末投资。

提 高

1. FV()函数是求年金终值函数，格式“=FV（利率，总投资期，每期金额，已投入现值，投资类型）；返回投资期后，所有投资的终值。

2. FV()函数返回值是负数，表示未支取。

子任务42　计算等额还款额

按揭贷款是现在较为常见的一种融资方式。在汽车按揭贷款的过程中，用户首付一部分车款，余款向银行贷款；在未来的一段时期内，按月等额向银行还款。对于不同的车型、不同的贷款额、不同的还款期限，制订方案。

本子任务对应文件“42计算等额还款额”。

步骤1： 单击工作表标签“还款方案”。

步骤2： 单击E3单元格，再单击“公式—（函数库）—财务—PMT”，弹出PMT“函数参数”对话框。单击“Rate”框，再单击C9单元格，然后修改成“C9/12”；单击“Nper”框，输入12；单击“Pv”框，再单击D3单元格，如图42.1所示，单击“确定”按钮，得到每月还款额为6885.31元。

步骤3： 双击E3单元格，在单元格和编辑栏中出现公式，供用户修改，如图42.2所示。

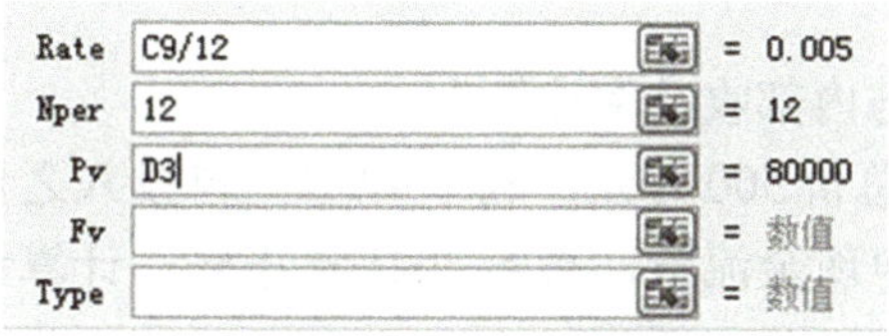

图42.1　PMT参数

首付	贷款	1年还清	2年还
30000	80000	=PMT(C9/12,12,D3)	
50000	100000		
60000	120000		
90000	110000		
120000	130000		
6%			

图42.2　编辑公式

单击公式中的C9，按F4键，相对引用地址C9变成绝对引用$C$9 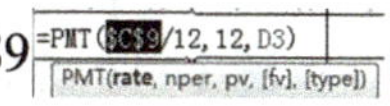

；按回车键；拖动E3单元格的填充柄到E5单元格，得到全部结果，如图42.3所示。

车价	首付	贷款	1年还清	2年还清
110000	30000	80000	¥-6,885.31	¥-3,551.06
150000	50000	100000	¥-8,606.64	¥-4,438.82
180000	60000	120000	¥-10,327.97	¥-5,326.59
200000	90000	110000	¥-9,467.31	¥-4,882.71
250000	120000	130000	¥-11,188.64	¥-5,770.47

图42.3　全部等额还款

步骤4： 单击F3单元格，输入公式“=PMT($C$10/12, 42, D3)”，按回车键。双击F3单元格的填充柄，得到计算结果，如图42.3所示。

技 巧

1. 在公式或函数中使用到单元格地址时，可以单击目标单元格或拖动目标区域，将直接反映在公式或函数中。

2. 在公式和函数中使用到单元格地址时，反复按F4键，可以在相对地址、绝对地址、混合地址之间切换。

提 高

1. PMT()函数是基于固定利率及等额分期付款方式，返回贷款的每期付款额；函数的格式是PMT（利率，还款期数，贷款本金，未来余值，类型）；未来余值指最后一期还款后得到的现金余额，默认为0；类型为1表示期初还款，为0表示期末还款。

2. PMT()函数有的参数可以省略，也可以用逗号间隔以示函数完整，如“=PMT($C$10/12, 42, D7)”和“=PMT($C$10/12, 42, D7, ,)”是一样的。

子任务43　计算项目投资的净现值与内部收益率

企业进行项目投资，特别是固定资产投资论证时，假设项目投资（固定资产购置）后，在期末产生现金流；同时，固定资产也在产生折旧。在一个设定的期限内，项目或固定资产投资是否能产生效益可以决定项目是否值得投资，投资决策可以通过净现值与内部收益率来论证。

本子任务对应文件“43项目投资的净现值与内部收益率计算”。

项目说明，现在公司准备投资一台设置，总价500万元，利率4.9%，自投入之日起（2019年1月1日），每半年有一次现金不等的净现金流量，直至2021年年底，计算该固定资产投资的净现值。

步骤1： 单击工作表标签“净现值计算”。

步骤2： 单击C10单元格，输入净现值公式“=XNPV(B2, C3:C9, B3:B9)”，按回车键后得到结果为53.18，如图43.1所示。

C10　=XNPV(B2, C3:C9, B3:B9)

	A	B	C
1	设备总值（万元）	500	
2	年利率	4.90%	
3	购置日期	2019/1/1	-500
4	预计现金流日期及金额	2019/6/30	80
5		2019/12/31	120
6		2020/6/30	120
7		2020/12/31	100
8		2021/6/30	100
9		2021/12/31	80
10	净现值		¥53.18

图43.1　通过XNPV计算净现值

> **提 高**
>
> 1. 净现值的数学计算公式为 $\mathrm{XNPV} = \sum_{j=1}^{N} \frac{P_j}{(1+\mathrm{rate})^{\frac{(d_j-d_1)}{365}}}$，其中 d_j 为第 j 个或最后一个支付日期，d_1 为初始投资（也称为第 0 个支付）的日期，P_j 为第 j 个或最后一个支付金额。
>
> 2. XNPV()函数的格式是：XNPV（利率，系列值，系列日期），系列值是与系列日期相对应的一系列现金流。首期支付是可选的，并与投资开始时的成本或支付有关；如果第一个值是成本或支付，则它必须是负值；所有后续支付都基于 365 天/年贴现；系列值必须至少要包含一个正数和一个负数。

步骤 3：单击 D2 单元格，输入"辅助列"；单击 D3 单元格，输入"-500"。

步骤 4：单击 D4 单元格，输入公式 "=C4/(1+$B$2)^((B4-$B$3)/365)"，输入完成后按回车键；拖动 D4 单元格的填充柄到 D9 单元格。单击 D10 单元格，输入公式 "=SUM(D3:D9)"，得到结果为 53.18，如图 43.2 所示。

图 43.2 手动计算净现值

> **提 高**
>
> 1. 步骤 4 中的公式的意义是（以第 4 行 2019 年 6 月 30 日为例）：当前产生 80 万元的现金流，按年利率 4.9% 折算到投资之日（2019 年 1 月 1 日）的价值，结果是 78.13。
>
> 2. 同理将各期的现金流都折算到投资之日（2019 年 1 月 1 日）的价值，来比较这项投资是否值得。
>
> 3. 净现值大于零则表示项目可行，且净现值越大，方案越优，投资效益越好。

步骤 5：单击工作表标签"内部收益率计算"。

> **注 意**
>
> 1. 内部收益率是指净现金流为 0 时的利率。
>
> 2. 内部收益率也表示项目操作过程中抗风险能力，比如内部收益率 10%，表示该项目操作过程中每年能承受最大风险为 10%。如果项目操作中需要贷款，则内部收益率可

表示最大能承受的利率，若在项目经济测算中已包含贷款利息，则表示未来项目操作过程中贷款利息的最大上浮值。

步骤6： 单击C10单元格，输入公式"=XIRR(C3:C9,B3:B9)"，结束输入按回车键，得到结果为11.47%，如图43.3所示。

	A	B	C
1	设备总值（万元）	500	
2	年利率	4.90%	
3	购置日期	2019/1/1	-500
4		2019/6/30	80
5		2019/12/31	120
6	预计现金流日期及金额	2020/6/30	120
7		2020/12/31	100
8		2021/6/30	100
9		2021/12/31	80
10	内部收益率		11.47%

图43.3 内部收益率

提 高

1. 内部收益率的数学计算公式为 $XIRR = \sum_{j=1}^{N} \frac{P_j}{(1+rate)^{\frac{(d_j-d_1)}{365}}}$，其中 d_j 为第 j 个或最后一个支付日期，d_1 为初始投资（也称为第0个支付）的日期，P_j 为第 j 个或最后一个支付金额。

2. XIRR()函数的格式是：XIRR（系列值，系列日期[，估计值]），系列值是与系列日期相对应的一系列现金流。首期支付是可选的，并与投资开始时的成本或支付有关；如果第一个值是成本或支付，则它必须是负值；所有后续支付都基于365天/年贴现；系列值必须至少要包含一个正数和一个负数；估计值如果省略，则假定为0.1（10%）。

3. Excel使用迭代法计算函数XIRR。通过改变收益率（从guess开始），不断修正计算结果，直至其精度小于0.000001%。如果函数XIRR运算100次，仍未找到结果，则返回错误值#NUM!。

任务 8　数据的图表分析

任务说明

本任务主要是通过 Excel 2016 提供的图表模板，根据不同类型的数据绘制不同的图表。图表具有直观、形象的优点，可以形象地反映数据的差异、构成比例或变化趋势。图形能够增强工作表或图表的视觉效果，创建出引人注目的报表。在任务中可以加入 Excel 2016 的函数公式、定义名称、窗体控件、VBA 等功能，还可以创建实时变化的动态图表。

任务结构

子任务 44　绘制销售数据迷你图
子任务 45　绘制工资数据柱形图
子任务 46　绘制销售数据饼图
子任务 47　绘制销售数据折线图
子任务 48　制作销售数据预测图
子任务 49　制作市场占有率面积图
子任务 50　制作产品销售动态折线图
子任务 51　制作市场占有率圆环图
子任务 52　制作工程进度甘特图

子任务 44　绘制销售数据迷你图

迷你图是 Excel 2010 版新增的一个功能。与普通工作表上的图表不同，迷你图不是对象，它实际上是单元格背景中的一个微型图表，因此迷你图可以与数据同时放在一个单元格中。Excel 可以为多行（或多列）数据创建一组迷你图，一组迷你图具有相同的图表特征。

本子任务对应文件"44绘制销售数据迷你图"。

步骤1：单击工作表标签"迷你图"。

步骤2：选择 H2:H3 区域，单击"插入—（迷你图）—柱形图"，弹出"创建迷你图"对话框，如图44.1所示。单击"数据范围"框，在工作表中选择 B2:G3 区域；单击"确定"按钮，出现柱形迷你图，如图44.2所示。

步骤3：选择 B4:G4 区域。

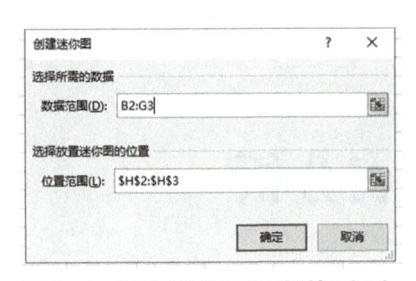

图44.1 "创建迷你图"对话框(1)

图44.2 柱形迷你图

步骤4：单击"插入—(迷你图)—折线图"，弹出"创建迷你图"对话框，如图44.3所示。单击"数据范围"框，在工作表中拖动鼠标选择B2:G3区域；单击"确定"按钮，出现迷你图，如图44.4所示。

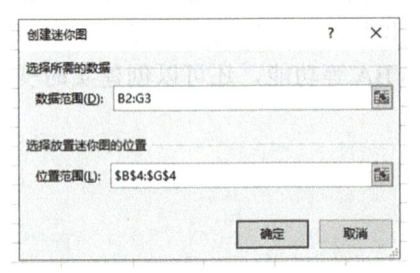

图44.3 "创建迷你图"对话框(2)

图44.4 插入折线迷你图

步骤5：选中B4:E4区域；单击"设计—(显示)"，勾选"高点"和"低点"，迷你图中会加上高低值点，如图44.5所示。

图44.5 加高低值点的迷你图

步骤6：改变迷你图类型。单击E4单元格，再单击"设计—(分组)—取消组合"，这时，取消了迷你图的组合。

步骤7：单击"设计—(类型)—柱形图"，单元格中的迷你图从折线图变为柱形图，如图44.6所示。

图44.6 改变迷你图的组合

步骤8：选中H2:H3区域，单击"设计—(类型)—折线图"。

步骤 9： 单击 D3 单元格，按 Delete 键，删除数据，迷你图因为缺少数据而产生空距，如图 44.7 所示。

图 44.7　缺少数据的迷你图

步骤 10： 单击 F4 单元格，再单击"设计—（迷你图）—编辑数据—隐藏和清空单元格"，弹出"隐藏和空单元格设置"对话框，如图 44.8 所示。

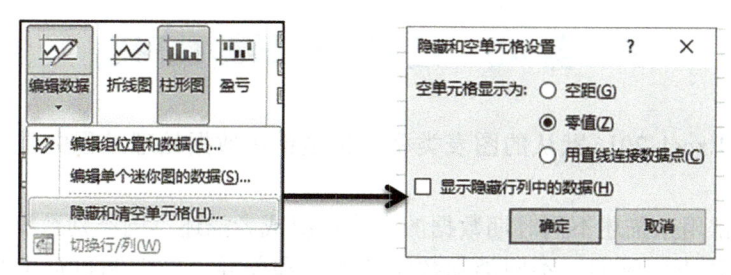

图 44.8　设置空单元格显示零值

在"隐藏和空单元格设置"对话框中，"空单元格显示为"设为"零值"，单击"确定"按钮；在绘图时，对于迷你图中缺少数据的项，用零值代替，如图 44.9 所示。

图 44.9　将空值绘制成零值的迷你图

步骤 11： 选择 B4:G4 区域，单击"（迷你图工具）—设计—（分组）—清除—清除所选的迷你图组"，所绘制的迷你图被清除，这一步也可以用删除整行来实现。

步骤 12： 单击 B4 单元格，输入公式"=B3−B2"，计算销售实绩与销售计划的差额，得到结果为−50；将 B4 单元格中的公式复制到 C4 到 G4 区域，得到结果，如图 44.10 所示。

图 44.10　计算差额

步骤 13： 选择 B5:G5 区域，单击"插入—（迷你图）—盈亏"，弹出"创建迷你图"

对话框，其中的"数据范围"设为B4:G4区域，如图44.11所示。单击"确定"按钮，绘制出盈亏迷你图，如图44.12所示。

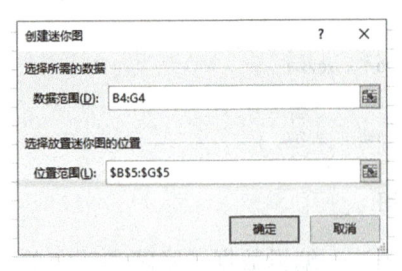

图44.11 创建迷你图

图44.12 盈亏迷你图

子任务45 绘制工资数据柱形图

柱形图是Excel 2016默认的图表类型，也是销售数据处理过程中常用的一种图表类型。

柱形图通常用来描述不同时期数据的变化情况或者描述不同类别数据之间的差异，也可以同时描述不同时期、不同类别数据的变化和差异。柱形图包括十几种子图表类型，如图45.1所示。

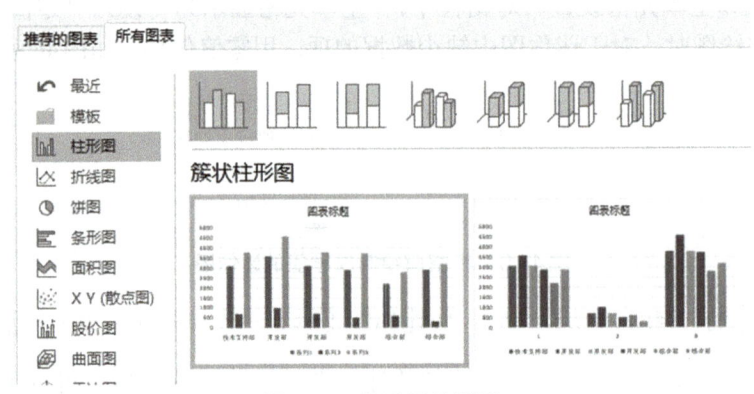

图45.1 柱形图的类型

本子任务对应文件"45工资数据柱形图"。

步骤1： 单击工作表标签"柱形图"。

步骤2： 单击B1单元格，拖动鼠标选择B1:F7区域，单击"插入—（图表）—二维柱形图—簇状柱形图"，如图45.2所示。

系统自动产生一个二维柱形图，如图45.3所示。

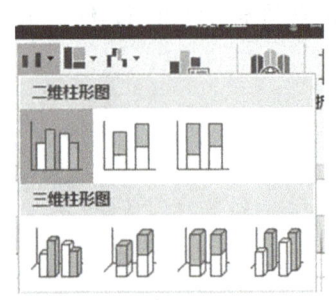

图45.2 插入簇状柱形图

> **注意**
>
> 1. 选定一个区域绘制柱形图时，Excel 2016默认以

行方式来处理数据，并按行方式来绘图。

2. Excel 2016在绘图时会分析数据区域的数据类型。如果某列（行）上存在文本型数据，就将此列（行）作为横坐标轴，其余列（行）上的数值作为纵坐标轴；如果行与列上都有文本型数据，则将文本作为横坐标轴，文本行数据作为图例。

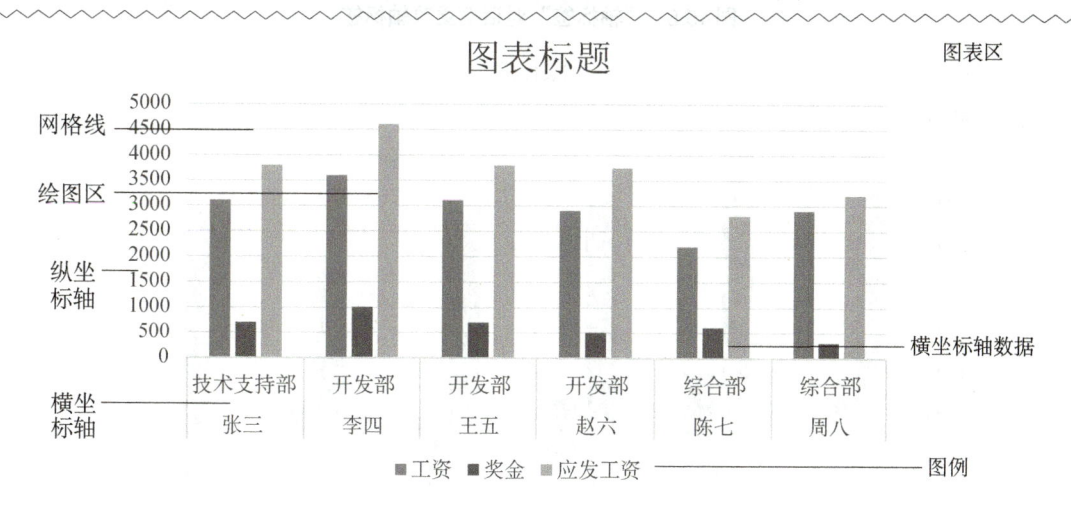

图45.3　柱形图的组成部分

步骤3： 更改横坐标轴数据。

右击图表区，选择"选择数据"命令，弹出"选择数据源"对话框，如图45.4所示。

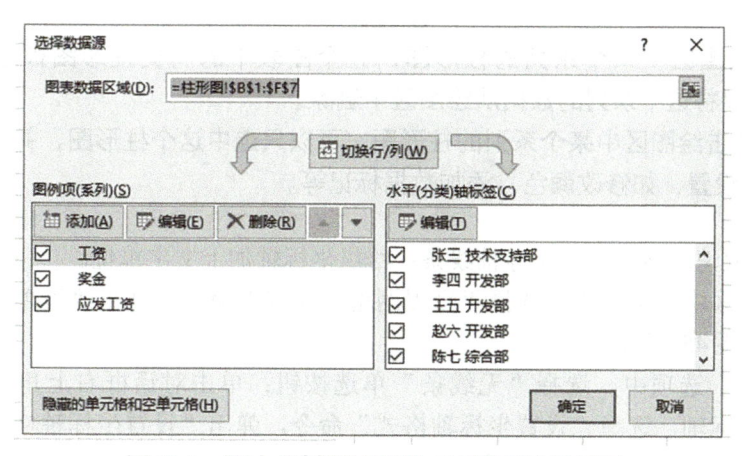

图45.4　通过"选择数据源"对话框更改数据源

在"选择数据源"对话框中单击"应发工资"，再单击"删除"按钮，则"应发工资"字段从图表中删除。

在"选择数据源"对话框中单击"水平（分类）轴标签"下面的"编辑"按钮，弹出"轴标签"对话框，如图45.5所示。

单击"轴标签区域"文本框右侧的区域选定按钮，选择工作表中的B2:B7区域。单击"确定"按钮，返回"选择数据源"对话框，再单击"确定"按钮。

这时，图表中仅保留工资、奖金两项，且横向坐标轴只显示姓名，如图45.6所示。

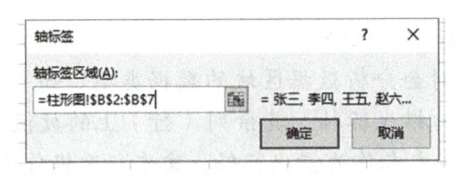

图 45.5 "轴标签"对话框更改轴标签

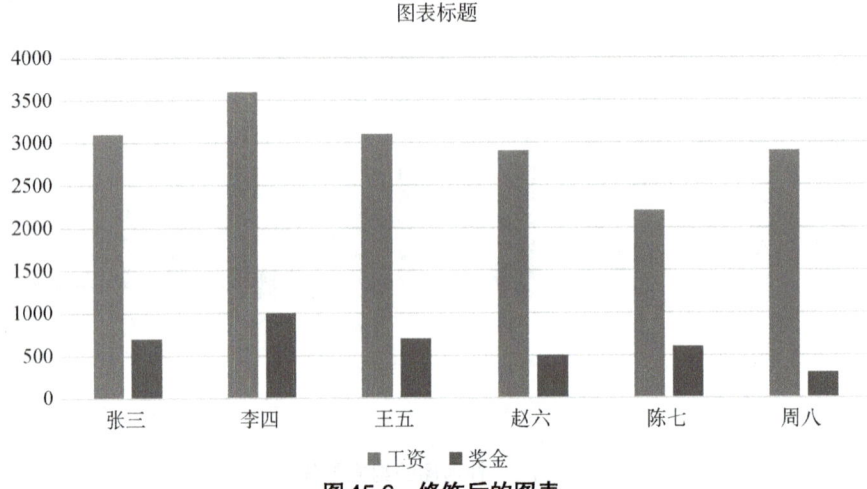

图 45.6 修饰后的图表

> **技巧**
>
> 1. 单击绘图区中某个系列的柱形图,整个图表中的同类柱形图被选中,直接按 Delete 键,可以将这个系列的数据从绘图区中删除。
>
> 2. 两次单击绘图区中某个系列的柱形图,可以只选中这个柱形图,并且可以只对这个柱形图进行设置,如修改颜色、添加数据标记等。

步骤 4: 取消网格线和纵坐标轴线条;给纵坐标轴加上文字单位。

右击绘图区中的网格线,选择"设置网格线格式"命令,弹出"设置主要网格线格式"面板,如图 45.7 所示。

在"线条"选项中,选择"无线条"单选按钮;单击对话框右上角的"关闭"按钮;右击纵坐标轴,选择"设置坐标轴格式"命令,弹出"设置坐标轴格式"面板。在"线条"选项中,选择"无线条"单选按钮,如图 45.8 所示。

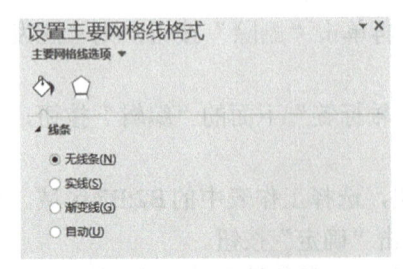

图 45.7 更改网格线

图 45.8 更改坐标轴格式

单击"坐标轴选项"选项图标，在下方"数字"选项中，将"类别"设为"自定义"，在"格式代码"框中输入"#,###"元""，单击"添加"按钮，如图45.9所示。

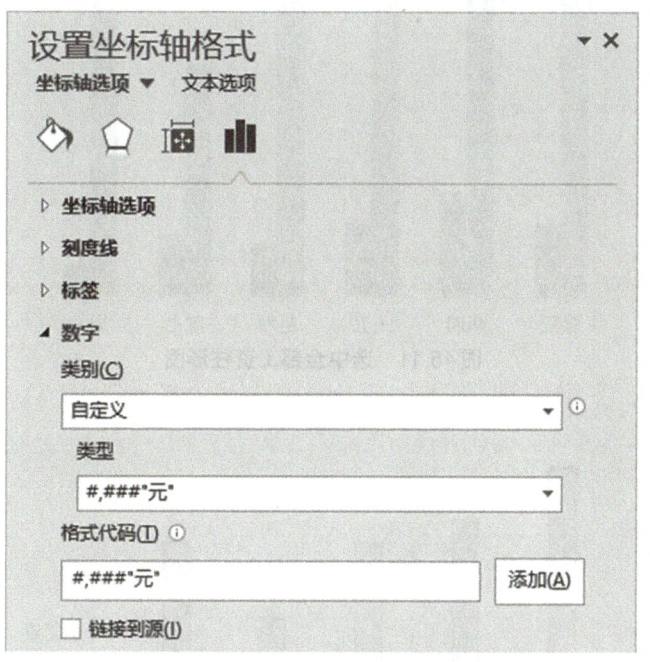

图45.9　更改坐标轴数字格式

单击面板右上角的"关闭"按钮，这时，图表没有了网格线，纵坐标轴线条也没有了，纵坐标轴的数值加上了单位"元"字，如图45.10所示。

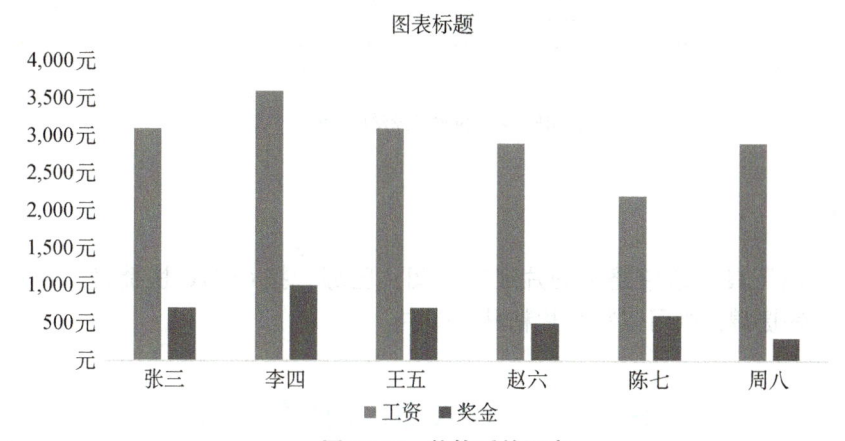

图45.10　修饰后的图表

步骤5： 单击"插入—（插图）—形状—矩形"，在工作表空白区域绘制一个矩形。单击"格式—（形状样式）—形状填充—橙色"，矩形区域被橙色填充。

右击绘制的矩形，选择"复制"命令，或直接按Ctrl+C快捷键，单击绘图区中的"工资"柱形条，所有的"工资"柱形条都被选中，如图45.11所示。

按Ctrl+V快捷键，这时刚复制的橙色被粘贴到所有"工资"柱形条上，如图45.12所示。

图45.11　选中全部工资柱形图

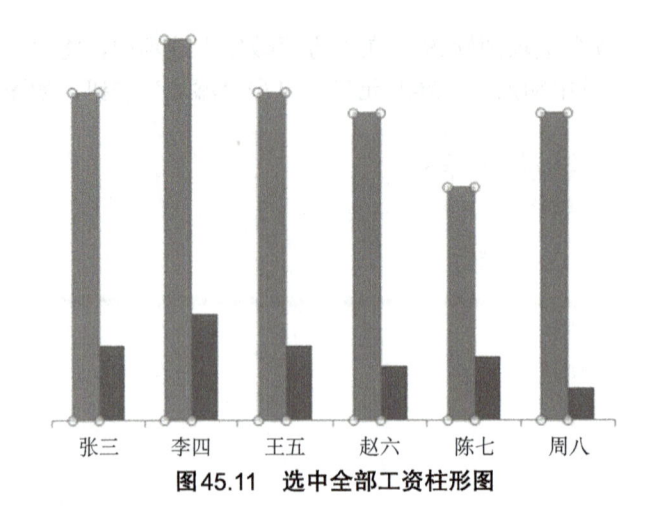

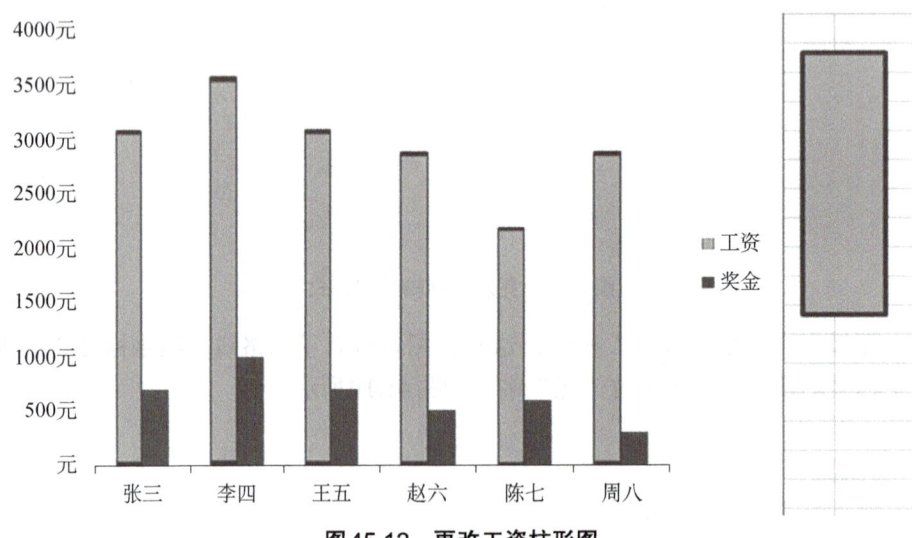

图45.12　更改工资柱形图

> **技 巧**
>
> 用图片编辑工具，选中整个图片或部分图片区域，按Ctrl+C快捷键，再选中柱形图，按Ctrl+V快捷键，则可以将图片粘贴到图中。

子任务46　绘制销售数据饼图

饼图通常只用一组数据系列作为数据源。它将一个圆分为若干个扇形，每个扇形代表数据系列中的一项数据值，扇形的大小用来表示相应数据项占该数据系列总和的比例值。

饼图一般用来表示个体占总体的比例或者某个整体包含的构成对象等信息。Excel 2016的饼图包含6种子图表类型。

本子任务对应文件"46绘制销售数据饼图"。

步骤1：单击工作表标签"销售数据饼图"。

步骤2：拖动鼠标选择 B2:B9 区域，按住 Ctrl 键不放，拖动鼠标选择 J2:J9 区域；前一个区域是数据标志，后一个区域是数据；单击"插入—（图表）—饼图—二维饼图"，如图46.1所示，系统自动插入一个饼图，如图46.2所示。

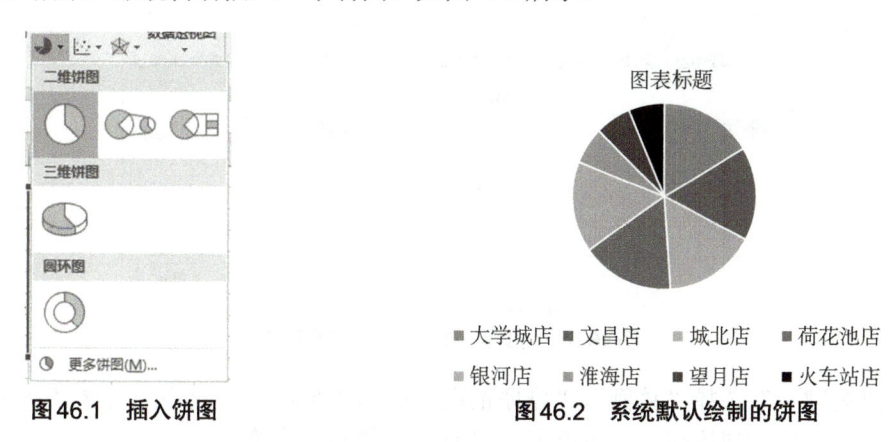

图46.1　插入饼图

图46.2　系统默认绘制的饼图

步骤3：选中饼图，功能区中出现"图表工具"上下文选项卡；单击"设计—（图表布局）—布局1"，如图46.3所示。

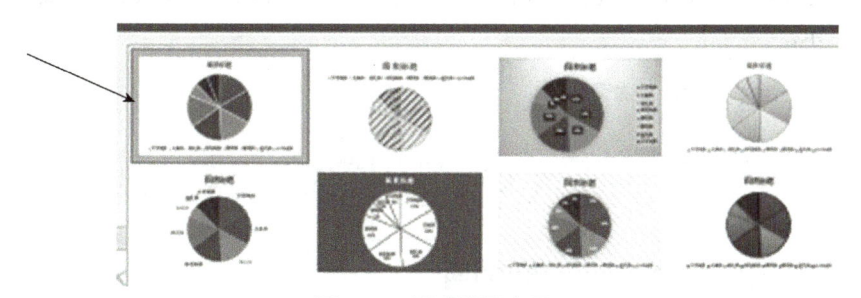

图46.3　更改饼图布局

所有图例和比例值都显示在饼图上，如图46.4所示。

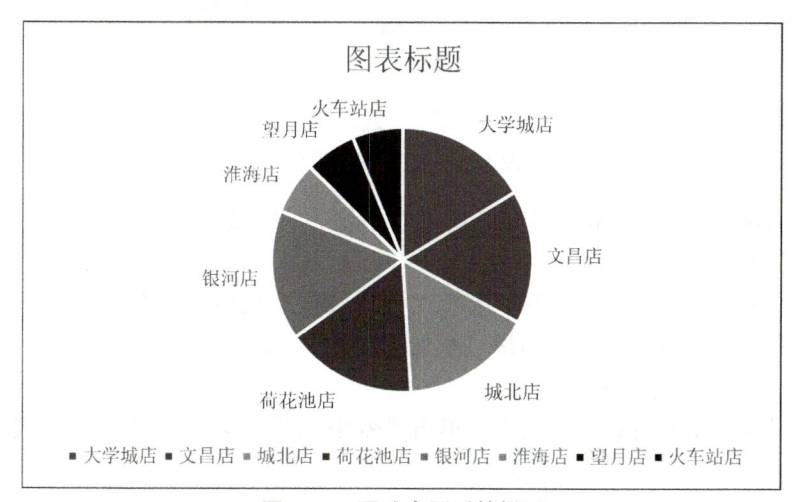

图46.4　更改布局后的饼图

139

选择"图表标题"文本框，修改内容，改成"分店营业额比例"。

步骤4：选择数据区域中的任意单元格，如C1；单击"数据—（排序和筛选）—排序"，弹出"排序"对话框，如图46.5所示。

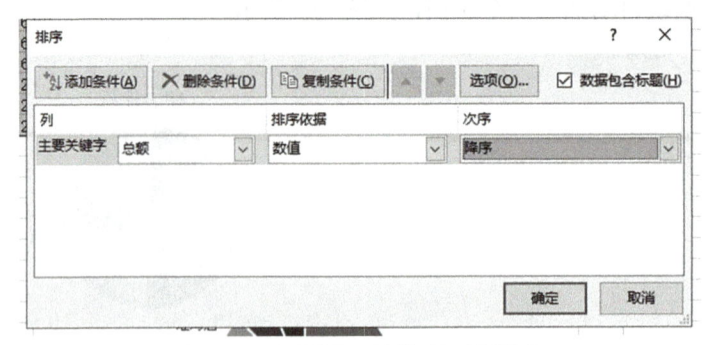

图46.5 "排序"对话框按总额排序

"主要关键字"选择"总额"，"排序依据"选择"数值"，"次序"选择"降序"；单击"确定"按钮，数据清单按总额的降序排序，饼图也随之变化。

步骤5：在图表区右击鼠标，选择"更改图表类型"命令，弹出"更改图表类型"对话框。在左侧的类型框中选择"饼图"，在右侧的子类型框中，选择"复合饼图"，如图46.6所示。

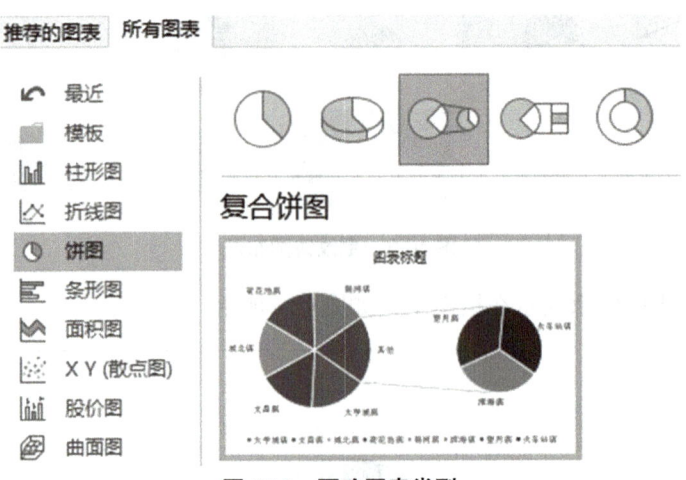

图46.6 更改图表类型

单击"确定"按钮，Excel自动绘出复合饼图，并将最后三个数据放到第二个饼图中，如图46.7所示。

步骤6：右击绘图区中的饼图，选择"设置数据系列格式"命令，弹出"设置数据系列格式"面板。在该面板中，选择"系列选项"选项，在"系列选项"中，将"分类间距"设为30%，如图46.8所示。

在"设置数据系列格式"面板中，单击"效果"选项，在"三维格式"选项中做如下设置。

分店营业额比例

■大学城店 ■文昌店 ■城北店 ■荷花池店 ■银河店 ■淮海店 ■望月店 ■火车站店

图46.7 复合饼图

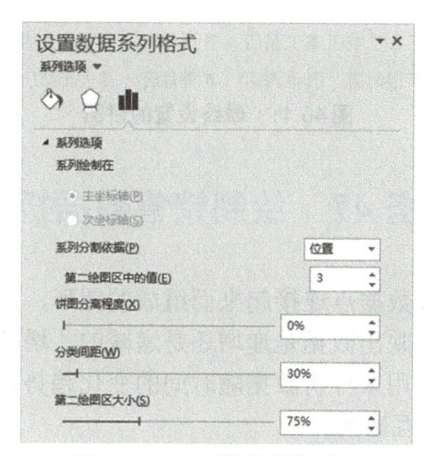

图46.8 更改饼图分类间距

在"顶部棱台"下拉列表中选择"松散嵌入",如图46.9所示。
在"材料"下拉列表中选择"半透明—粉",如图46.10所示。

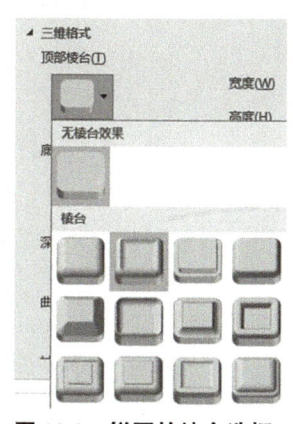

图46.9 饼图的棱台选择

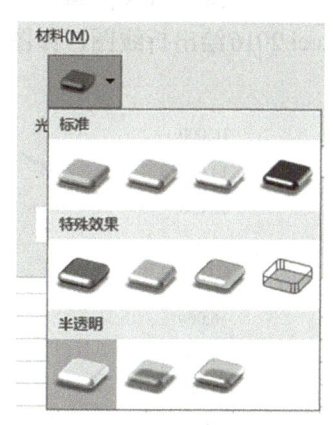

图46.10 透明效果选择

在"光源"下拉列表中选择"暖调—日出",即 。

141

"角度"设为"30°",即 角度(A) 30° 。

单击面板右上角的"关闭"按钮,最终效果如图46.11所示。

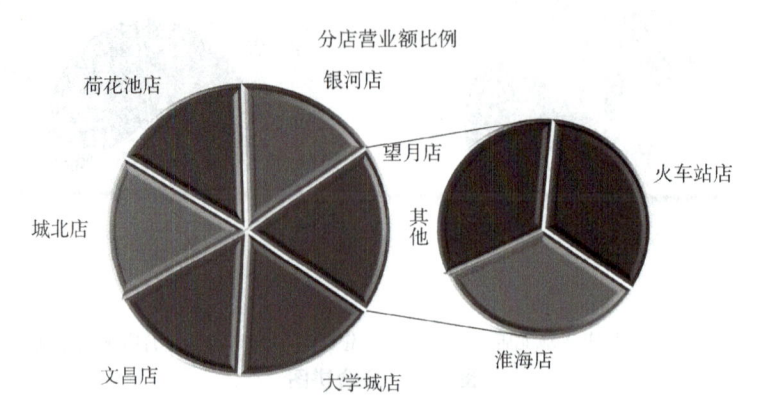

图46.11 最终设置的饼图

子任务47 绘制销售数据折线图

折线图是用直线段将各数据点连接起来而组成的图形,以折线方式显示数据的变化趋势。折线图可以清晰地反映出数据是递增还是递减的、增减的幅度、增减的规律、峰值等特征。因此,折线图常用来分析数据随时间的变化趋势,也可以用来分析多组数据随时间变化的相互作用和相互影响。

Excel 2016折线图包含7种子图表类型。

本子任务对应文件"47销售数据折线图"。

步骤1:单击工作表标签"销售数据的折线图"。

步骤2:选择A2:C8区域;单击"插入—(图表)—折线图—二维折线图—折线图",Excel 2016绘出折线图,如图47.1所示。

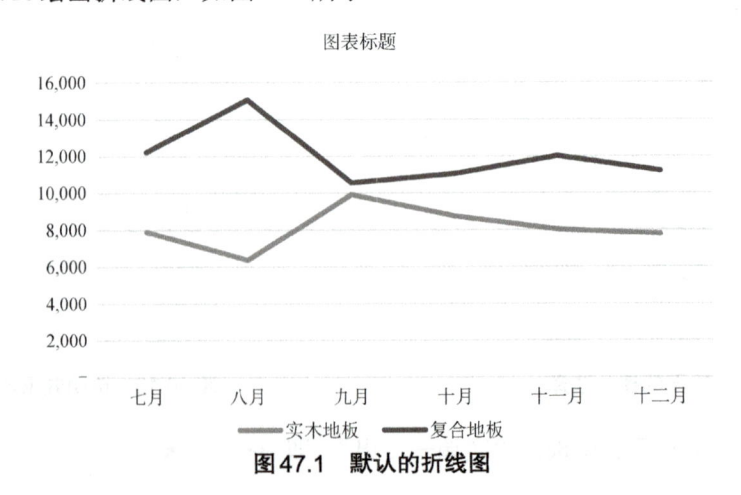

图47.1 默认的折线图

步骤3：实木地板的销售数据相对于复合地板的销售数据小，因此需要做出调整。单击鼠标，选中实木地板的数据线，如图47.2所示。

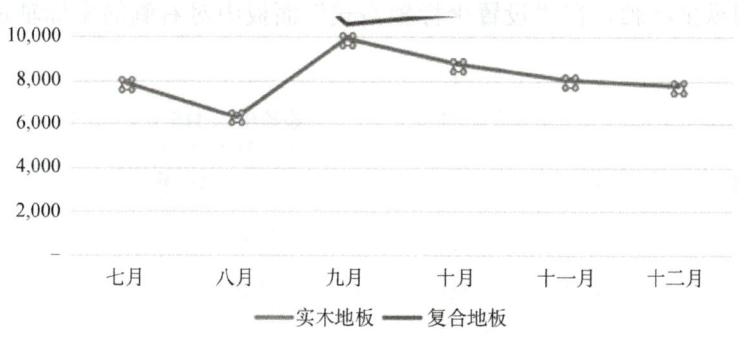

图47.2 选中实木地板数据线

在线上右击鼠标，选择"设置数据系列格式"命令，显示"设置数据系列格式"面板，如图47.3所示。单击"系列选项"选项图标 ，在"系列选项"中选择"次坐标轴"单选按钮，单击右上角"关闭"按钮。这时图表会在右侧会增加一条纵坐标轴显示一系列新刻度，用来标记实木地板的数据，如图47.4所示。

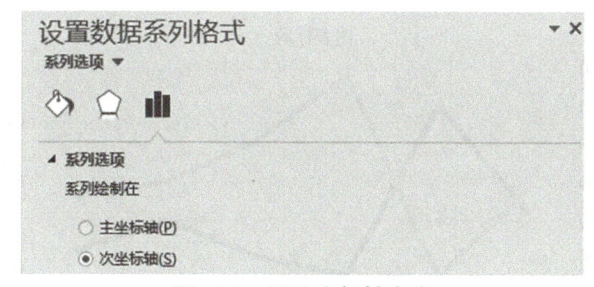

图47.3 更改坐标轴主次

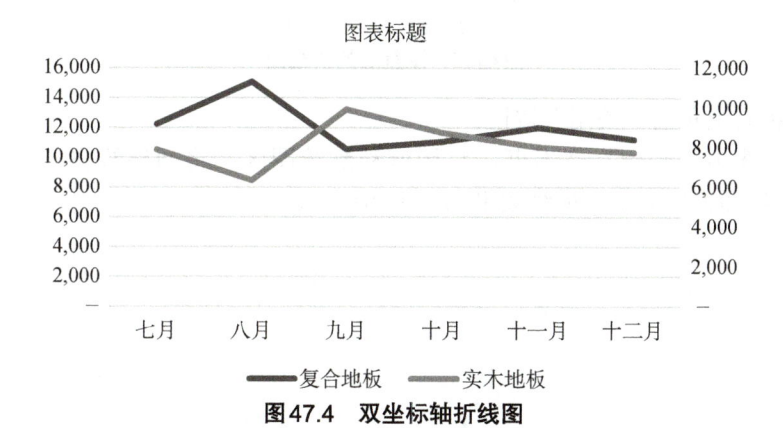

图47.4 双坐标轴折线图

步骤4：观察图47.4，实木地板的销售数据最低值是6350，复合地板的销售数据最低值是10560，而默认的横坐标轴与纵坐标轴交于0，可以更改横坐标轴与纵坐标轴的交叉点，使折线图的阅读性更好。

将光标移到左侧的纵坐标轴，单击鼠标右键，选择"设置坐标轴格式"命令，显示

"设置坐标轴格式"面板，单击"系列选项"选项图标，如图47.5所示。展开"坐标轴选项"，在"边界"中，将"最小值"设置为10000，将"最大值"设置为16000。此时，单击右侧纵坐标轴，在"设置坐标轴格式"面板中对右侧的坐标轴进行设置，如图47.6所示。

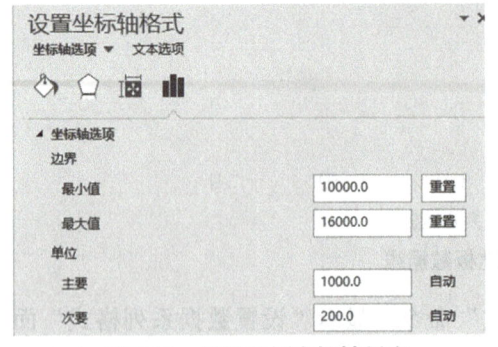

图47.5 设置左侧坐标轴刻度 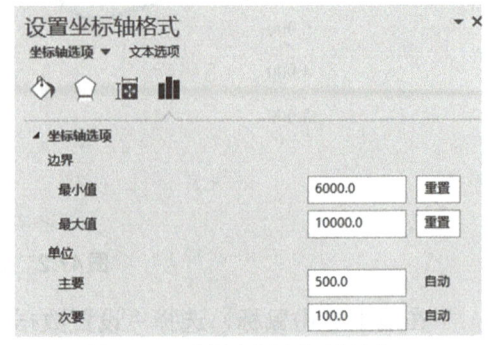　　　　　图47.6 设置右侧坐标轴刻度

在"系列选项"的"坐标轴选项"中，将"边界"的"最小值"设置为6000，将"最大值"设置为10000，最终结果如图47.7所示。

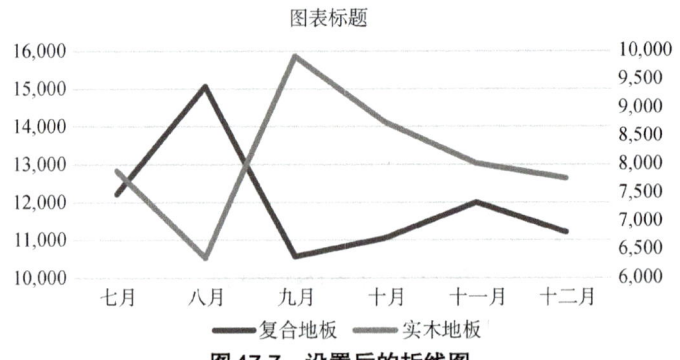

图47.7 设置后的折线图

单击面板右上角的"关闭"按钮。

步骤5：选中"图例"文本框，将图例移到绘图区；将网格线去掉（参见子任务39），并调整绘图窗口大小，最终效果如图47.8所示。

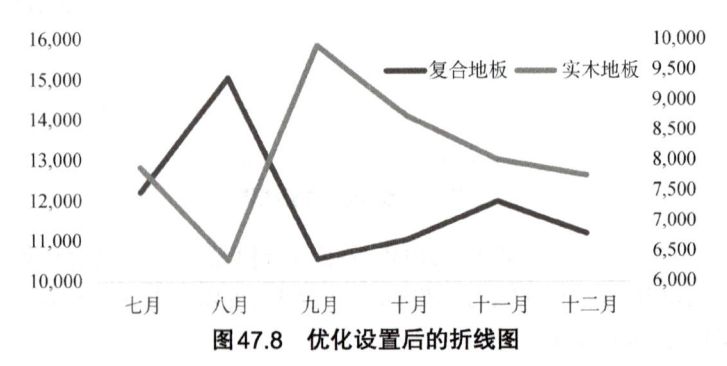

图47.8 优化设置后的折线图

技 巧

1. 折线图中如果有两列数据，且数据相差较大时，双纵坐标轴（不同刻度），是常用的绘图方式。

2. 在使用双坐标轴时，由于两条折线对应两套刻度，有时较难分辨哪一根折线对应哪一个轴刻度，因此常在坐标轴旁进行说明；有时也用不同的绘图方式进行区分，如线柱图。

步骤6：给最大值与最小值加上数据值点标记。

单击绘图区中实木地板线，再次单击第三个数据点（九月份数据），此时，仅这个数据点被选中，如图47.9所示。

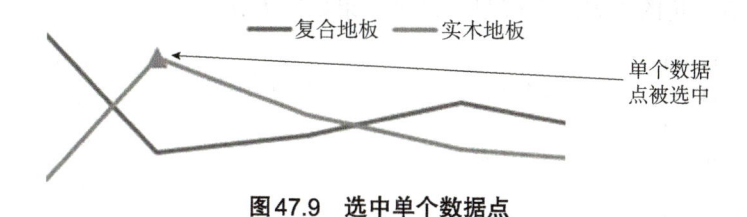

图47.9 选中单个数据点

在该数据点上单击鼠标右键，选择"设置数据点格式"命令，显示"设置数据点格式"面板。

单击面板中的"填充与线条"选项图标，再单击"标记"，在下方的"数据标记选项"中选择"内置"单选按钮，将"类型"设置为实心三角，"大小"设为10，如图47.10所示。

单击面板右上角的"关闭"按钮。

步骤7：单击绘图区中的复合地板数据线，再次单击第三个数据点（九月份数据），此时，仅这个数据点被选中，如图47.11所示。

在该数据点上单击鼠标右键，选择"设置数据点格式"命令，显示"设置数据点格式"面板。

单击面板中的"填充与线条"选项图标，再选择"标记"单选按钮，在下方的"数据标记选项"中选择"内置"单选按钮，将"类型"设置为X，"大小"设为10，如图47.12所示。

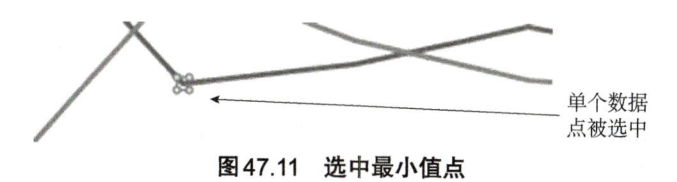

图47.10 设置数据标记

图47.11 选中最小值点

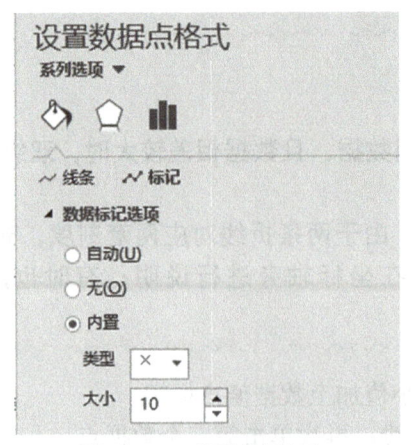

图47.12 设置数据标记

单击面板右上角的"关闭"按钮，最终效果如图47.13所示。

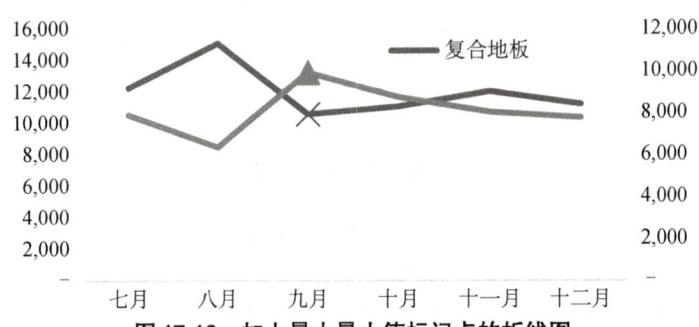

图47.13 加上最大最小值标记点的折线图

步骤8：改变其中一类数据的图表类型。

选中实木地板数据线，则所有数据点被选中，在线上单击鼠标右键，选择"更改系列图表类型"命令，如图47.14所示。出现"更改图表类型"对话框，选择左侧的"组合"，再选择右侧的"簇状柱形图—折线图"，将"实木地板"设置为"簇状柱形图"，将"复合地板"设置为"折线图"，如图47.15所示。

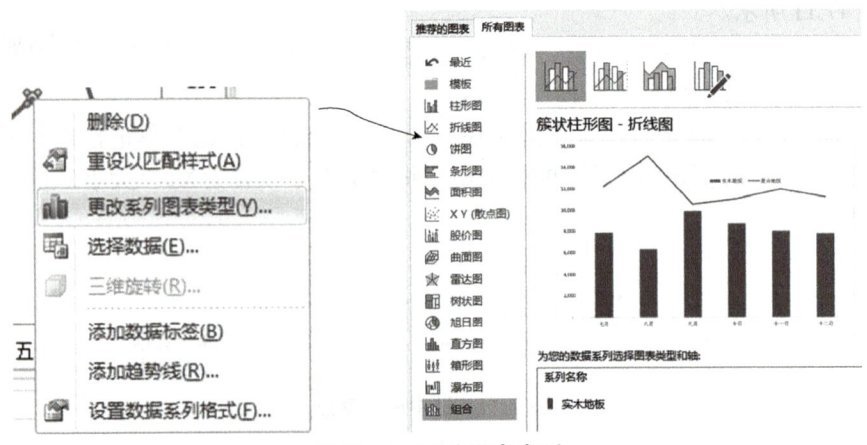

图47.14 更改图表类型

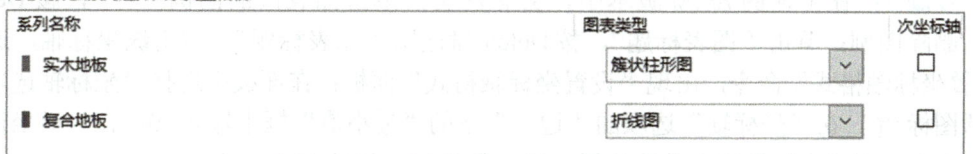

图47.15 设置组合图表

单击"确定"按钮,完成设置,最终效果如图47.16所示。

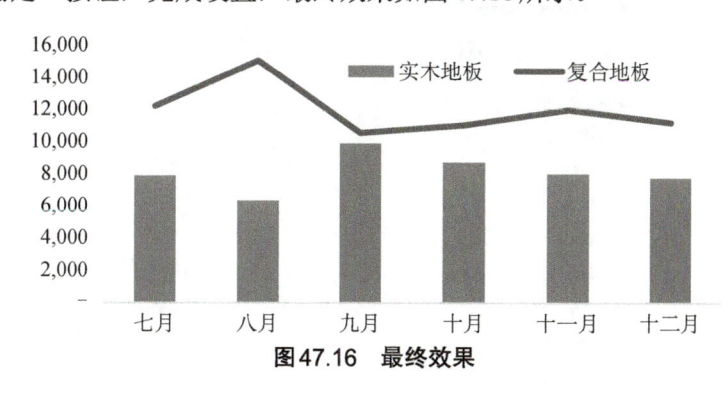

图47.16 最终效果

子任务48 制作销售数据预测图

Excel图表可以附加趋势线,通过现有数据,绘制趋势线拟合并加以预测。Excel的趋势线有6种。

线性趋势线:增长或降低速率比较稳定;
对数趋势线:增长或降低幅度一开始比较快,后逐渐趋于平缓;
多项式趋势线:增长或降低的波动较多;
乘幂趋势线:增长或降低的速度持续增加且增加幅度比较恒定;
指数趋势线:增长或降低的速度持续增加且增加幅度越来越大;
移动平均线:增长或降低的速度波动不大,且没有季节因子影响。
本子任务对应文件"48制作销售预测图"。

步骤1:单击工作表标签"销售预测图"。

步骤2:拖动鼠标选择A2:H3区域,单击"插入—(图表)—折线图—二维折线图—带数据标记的折线图",如图48.1所示,生成带数据标记的折线图,如图48.2所示。

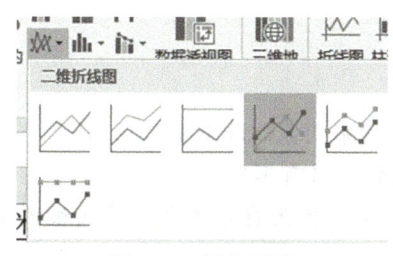

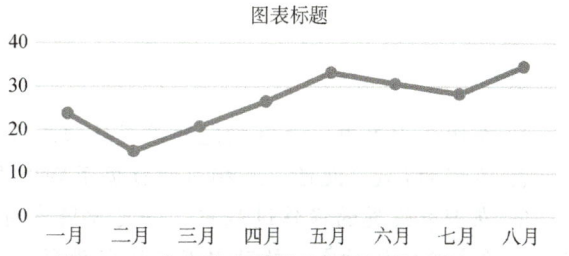

图48.1 插入图表　　图48.2 产生默认的带数据标记的折线图

147

步骤 3： 在早期的 Excel 版本中，会有图例，单击图表区的图例 ──系列1 ，按 Delete 键，删除图例；单击"图表标题"，按 Delete 键删除"图表标题"；右击纵坐标轴，选择"设置坐标轴格式"命令，出现"设置坐标轴格式"面板；在面板中选择"坐标轴选项"选项图标 ，在"坐标轴"选项的"边界"下的"最小值"框中输入10；在"横坐标轴交叉"中选择"坐标轴值"单选按钮，输入数值25，如图48.3所示。

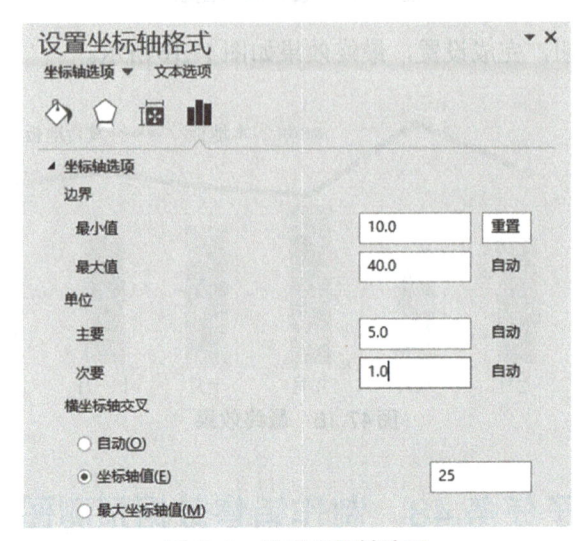

图48.3 设置坐标轴选项

设置完毕后，单击面板右上角的"关闭"按钮，图表随之变化，如图48.4所示。

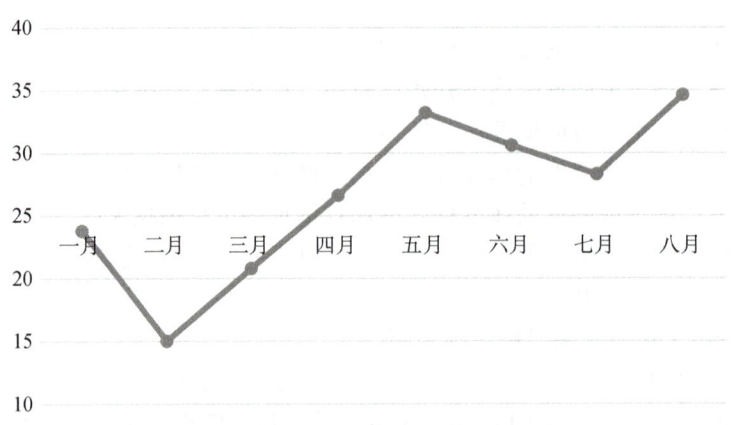

图48.4 更改坐标轴和最小刻度

> **注 意**
>
> 1. 在图表设置中，没有指定的设置选项或设置值，均采用系统指定的默认值。
> 2. 不同的Excel设置，或相同的数据用WPS软件操作，略有不同。
> 3. 在图表设置的操作过程中，一定要留意当前的对象。因为在不关闭设置面板的情况下，单击绘图的对象，就可以直接进行设置。

步骤4：选中图中的网格线，直接按Delete键，删除网格线。

步骤5：移动光标到横坐标轴标签上单击鼠标右键，选择"设置坐标轴格式"命令，显示"设置坐标轴格式"面板。

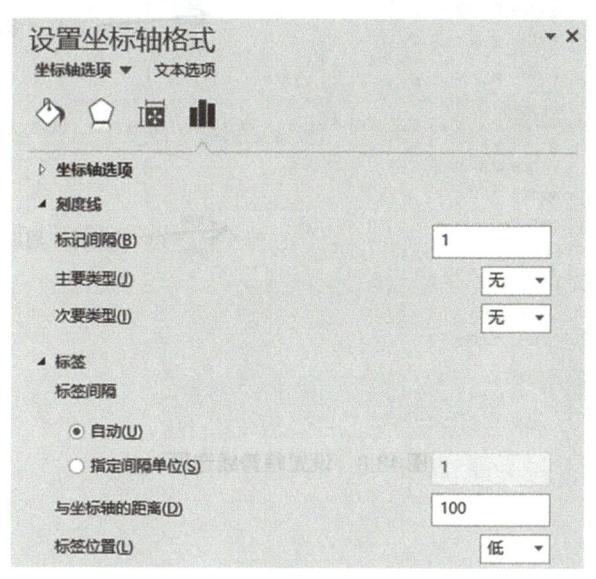

单击"坐标轴选项"选项图标 ，再单击"刻度线"，扩展具体设置内容，在"主要类型"下拉列表框中选择"无"选项；在"次要类型"下拉列表框中选择"无"选项；单击"标签"，扩展具体设置内容，将"标签位置"设为"低"，如图48.5所示。

图48.5　更改坐标轴刻度线设置

单击"填充与线条"选项图标 ，再单击"线条"，扩展具体设置内容，选中"无线条"单选按钮，如图48.6所示。单击面板右上角的"关闭"按钮完成设置，结果如图48.7所示。

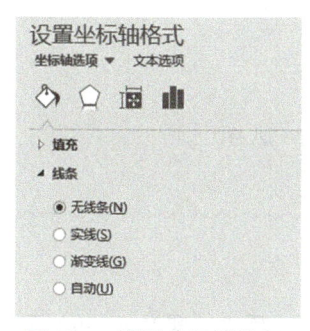

图48.6　设置坐标轴线条

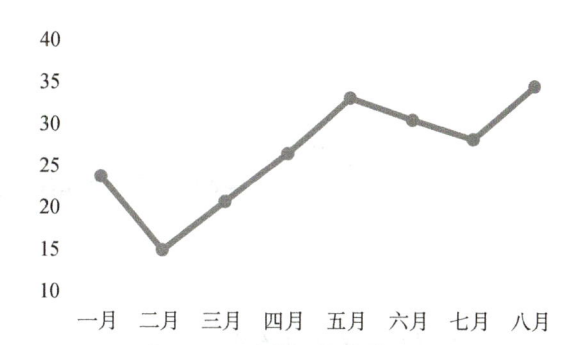

图48.7　去掉网格线的图

步骤6：选中绘图区中的线条，单击鼠标右键，选择"添加趋势线"命令，显示"设置趋势线格式"面板；单击"趋势线选项"选项图标 ，将"趋势线选项"设为"多项式"，在"趋势预测"选项中，选择"向前"1个周期，如图48.8所示。

在绘图区就会添加二项式预测线，并预测下一个周期的数据，如图48.9所示，单击面板右上角的"关闭"按钮，完成设置。

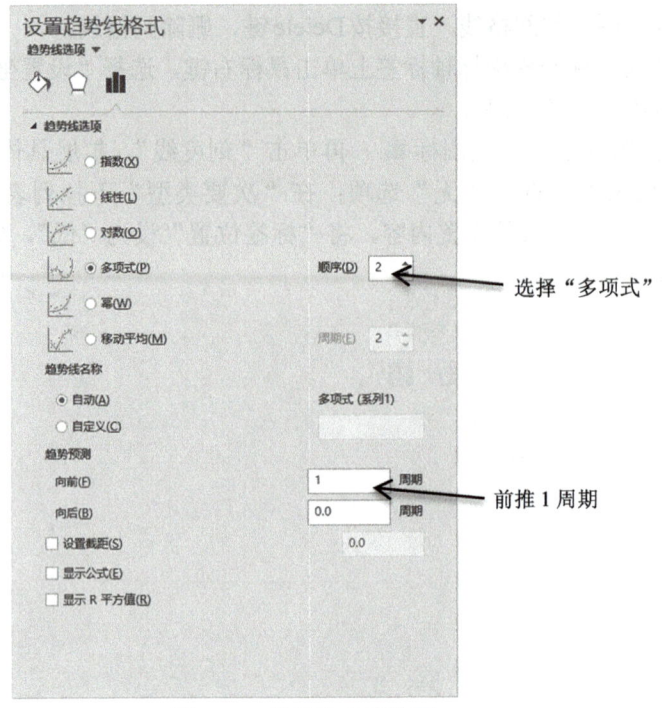

图48.8 设置趋势线选项

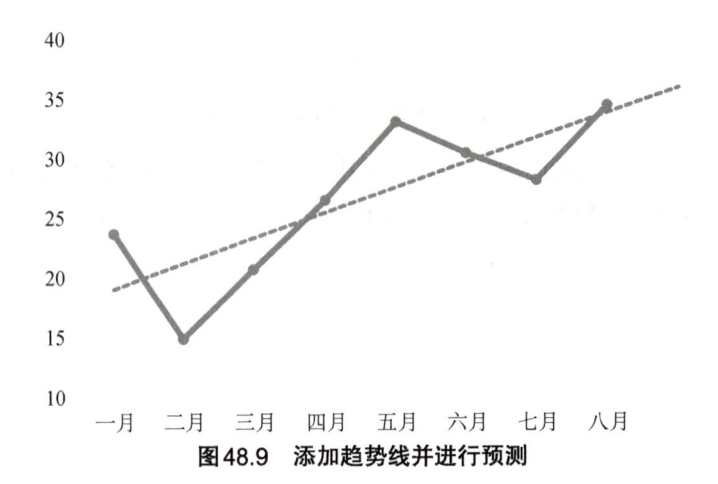

图48.9 添加趋势线并进行预测

> **提 高**
>
> 1. 进行数据预测的方法有很多，本例通过"多项式"（为二项式，即 $Y=aX+b$）预测，通过已有数据估计出 a 与 b 的值，再进行预测，这种预测方法也就是"线性"预测。
> 2. 用不同的预测模型，得到的结果差距较大。

步骤7： 在"设置趋势线格式"面板中，设置"趋势线选项"为"多项式"，将"顺序"改为3，如图48.10所示。

步骤8： 单击面板右上角的"关闭"按钮，预测线改为一条曲线，如图48.11所示。

图48.10 更改多项式选项　　　　　图48.11 三项式预测线

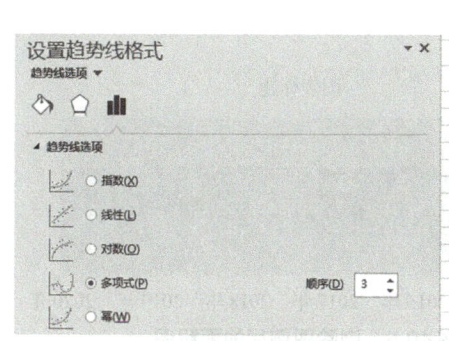

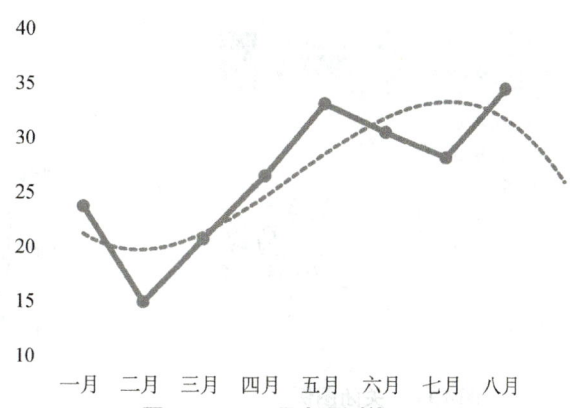

对比两种预测方法，二项式的预测结果为35左右，而三项式预测结果为25左右。

子任务49　制作市场占有率面积图

面积图又称区域图，强调数值随时间而变化的程度，也可用于引起对总值趋势的注意。堆积面积图还可以显示部分与整体的关系。

本子任务对应文件"49市场占有率面积图"。

步骤1：单击工作表标签"市场占有率图表"。

步骤2：选中A2:G5单元格区域，单击"插入—（图表）—所有图表 "，如图49.1所示。弹出"插入图表"对话框；选择"所有图表"选项卡；在对话框左侧，选择"面积图"，在右侧选择"百分比堆积面积图"，如图49.2所示；单击"确定"按钮，插入图表，如图49.3所示。

图49.1 插入图表

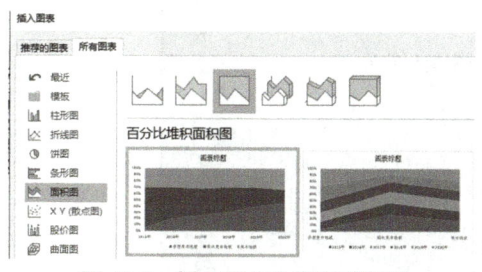

图49.2 插入百分比堆积面积图　　　　图49.3 堆积面积图

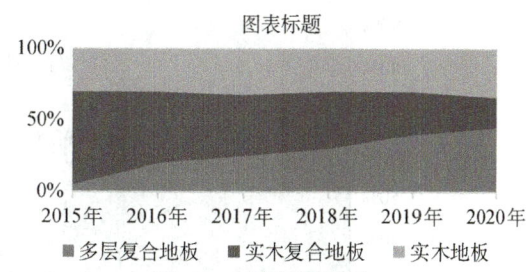

步骤3：选中图表，单击"图表工具—设计—（图表布局）—添加图表元素—图例—无"，如图49.4所示，产生的面积图如图49.5所示。

步骤4：单击"图表工具—设计—（图表样式）—样式8"，结果如图49.6所示。

步骤5：单击面积图中的"图表标题"，按Delete键，删除图表标题。单击"插入—（文本）—文本框—横排文本框"，在多层复合地板的系列位置上单击并拖动鼠标绘制文本框，在文本框中输入文本"多层复合地板占有率变化趋势"；采用同样的操作，给另两个系列位置分别加上"实木复合地板占有率变化趋势""实木地板占有率变化趋势"，如图49.7所示。

151

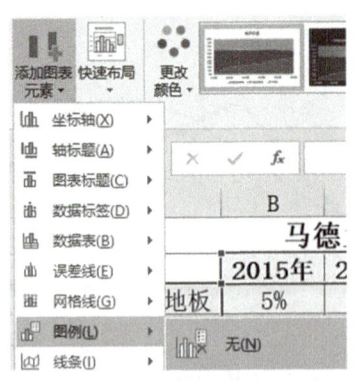

图49.4 关闭图例

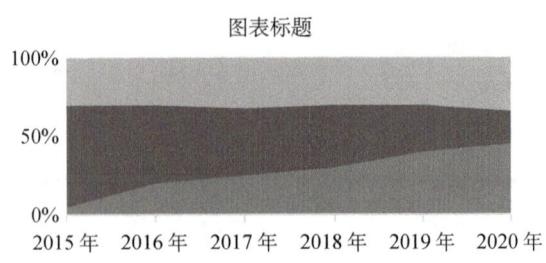

图49.5 删除图例后的面积图

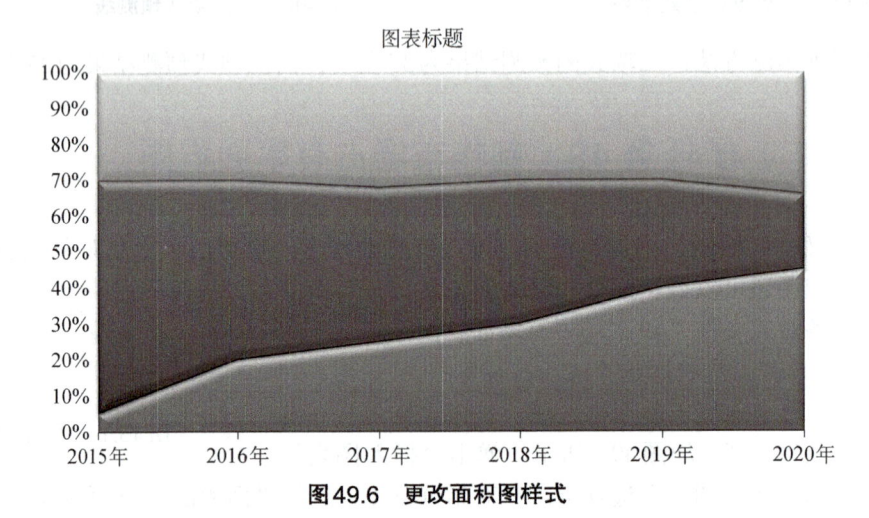

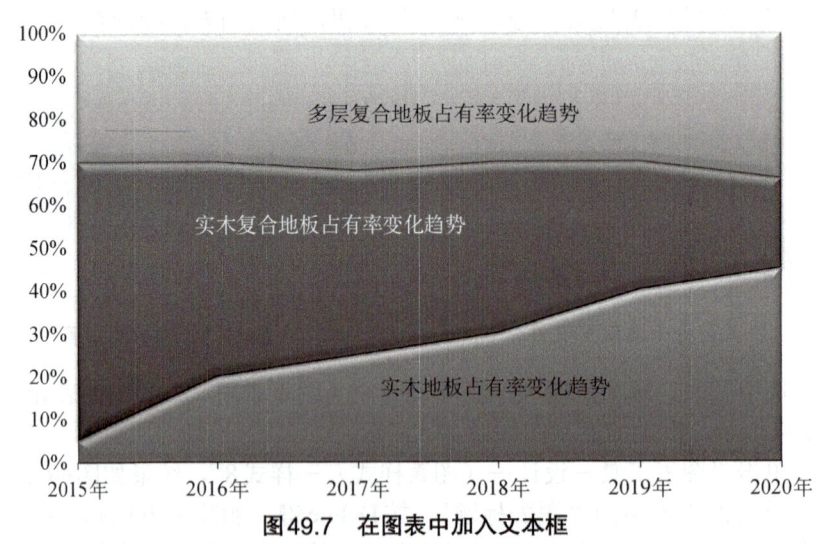

图49.6 更改面积图样式

图49.7 在图表中加入文本框

步骤6：选中第一个文本框，单击"（绘图工具）—格式—（形状样式）—强烈效果：橄榄色"；同样给另两个文本框设置样式"强烈效果：红色""强烈效果：蓝色"，效果如图49.8所示。

图49.8　更改效果

> **注 意**
>
> 1. 文本框复制，可以用Ctrl+C、Ctrl+V快捷键，也可以按Ctrl键拖动文本框实现。
> 2. 在改变文本框样式的操作中，一定要选中文本框，即单击文本框边框，而不是选择里面的文字，或者进入编辑文字状态。

子任务50　制作产品销售动态折线图

在子任务47的基础上，通过复选框，可以动态绘制产品销售折线图。

本子任务对应文件"50制作产品销售动态折线图"。

步骤1： 单击工作表标签"制作产品销售动态折线图"。选择A2:C8区域，单击"插入—（图表）—折线图—折线图"，得到默认的折线图，如图50.1所示。将图表移动到数据区域下方。

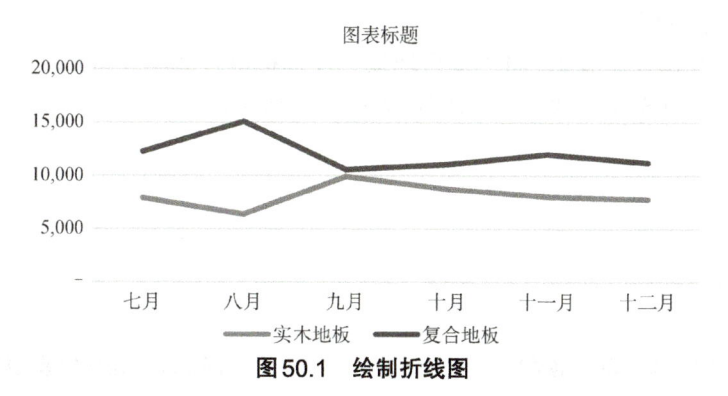

图50.1　绘制折线图

步骤2： 单击"开发工具—（控件）—插入—（表单控件）—复选框"，如图50.2所示。

> **注 意**
>
> 1. 在默认安装情况下,"开发工具"没有在功能区中显示。
> 2. 单击"文件—选项",在弹出的"Excel 选项"对话框中,选择"自定义功能区",勾选"开发工具",参见"子任务 3"。

鼠标在 F2 单元格上拖动,放置复选框,单击复选框的文字部分,修改文字内容为"实木地板"。

采用同样的方法,在 F4 单元格位置再插入一个复选框,并改为"复合地板",效果如图 50.3 所示。

图 50.2 插入复选框　　　　　　　　　图 50.3 复选框

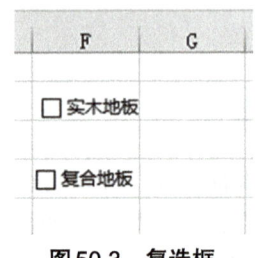

> **技 巧**
>
> 1. 如果复选框无法被选中,则可以先在复选框中右击,随后单击,就可以修改文字内容。
> 2. 同样,可以用上述方法移动复选框。

步骤 3:右击"实木地板"复选框,选择"设置控件格式"命令,弹出"设置控件格式"对话框。在"控制"选项卡中,将"单元格链接"设置为 D2 单元格,如图 50.4 所示,单击"确定"按钮。

步骤 4:重复操作步骤 3,将"复合地板"复选框链接到单元格 E2;当勾选时,对应单元格中会出现"TRUE"或"FALSE",如图 50.5 所示。

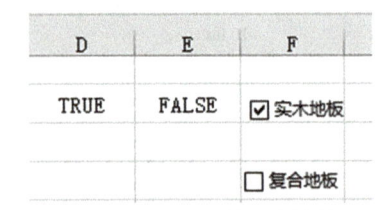

图 50.4 设置单元格链接　　　　　　　图 50.5 链接到单元格的效果

步骤 5:单击"公式—(定义的名称)—定义名称",弹出"编辑名称"对话框,输入名称"SM","引用位置"设置为"=IF($D$2, $B$3:$B$8, $D$3:$D$8)",如图 50.6 所示，单击"确定"按钮完成定义。

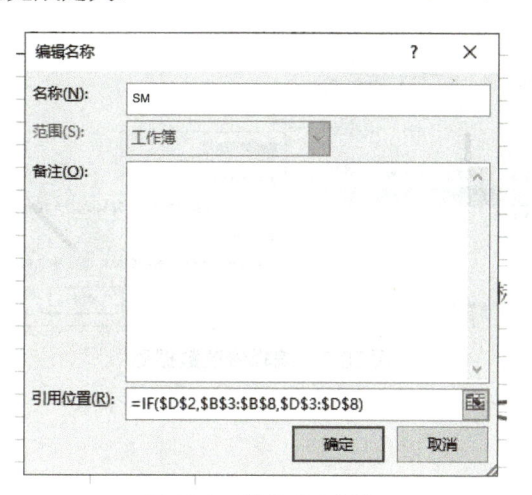

图 50.6 定义 SM 名称

> **注 意**
>
> 1. 在定义名称的实际操作过程中，单击单元格会自动加上工作表名；为了便于印刷，本例去掉了 IF 函数中的工作表名引用。
> 2. 步骤 5 中，所有引用应保持绝对引用，否则后续绘图会出错。

步骤 6：同步骤 5，定义名称"FH"，"引用位置"设为"=IF($E$2, $C$3:$C$8, $E$3:$E$8)"，单击"确定"按钮完成定义。

> **提 高**
>
> 1. 单击"公式—（定义的名称）—名称管理器"，可以查看、修改定义的名称，也可以修改名称定义的数据范围。
> 2. 上述的定义公式"=IF($E$2, $C$3:$C$8, $E$3:$E$8)"可以这样理解：如果 E2 单元格内容为真（TRUE），FH 名称对应的区域为 C3:C8，这个区域是有数据的；如果 E2 单元格内容为假（FALSE），FH 名称对应的区域为 E3:E8，这个区域没有数据。

步骤 7：右击折线图内的任意位置，选择"选择数据"命令，弹出"选择数据源"对话框。在"图例项（系列）"列表中单击"实木地板"，再单击"编辑"按钮，弹出"编辑数据系列"对话框，如图 50.7 所示；修改"系列值"为"=制作产品销售动态折线图.xlsx!SM"，单击"确定"按钮；此时，不要关闭"选择数据源"对话框。

步骤 8：在"选择数据源"对话框中继续操作，单击"图例项（系列）"列表中的"复合地板"，再单击"编辑"按钮，修改"复合地板"的数据"系列值"为"=制作产品销售动态折线图.xlsx!FH"；单击"确定"按钮，完成设置。

返回"选择数据源"对话框，再单击"确定"按钮，通过复选框，可以控制图表中不同的产品数据线。

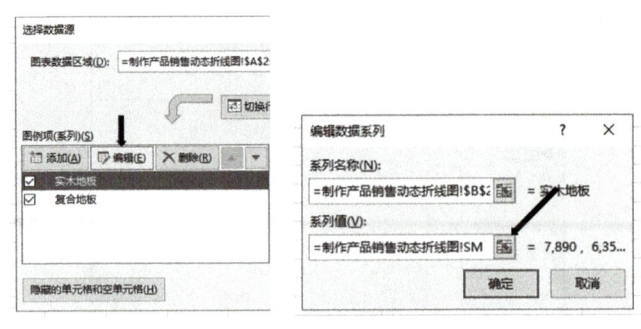

图 50.7　编辑修改数据源

> **提　高**
>
> 1. 在数据系列值中，不可以直接使用定义的名称。
> 2. 在图表的系列中如果要使用定义的名称，格式必须是"工作簿全名"+"！"+"名称"，如"=制作产品销售动态折线图.xlsx!SM"（注：图 50.7 中工作簿全名省略了扩展名）。

步骤 9：单击复选框，可以动态显示折线图。勾选两个复选框，右击折线图中的"实木地板"数据，选择"设置数据系列格式"命令，显示"设置数据系列格式"面板。单击"系列选项"选项图标，在"系列选项"中，选择"次坐标轴"单选按钮，如图 50.8 所示；单击面板右上角的"关闭"按钮。

步骤 10：选择"图例"，按 Delete 键删除图例。
选择"图表标题"，修改内容为"地板销售图"；选择图中的网格线，按 Delete 键删除。

图 50.8　设置数据系列格式

步骤 11：用鼠标右击绘图区左侧的纵坐标轴，选择"设置坐标轴格式"命令，显示"设置坐标轴格式"面板。单击"坐标轴选项"选项图标，在"坐标轴选项"中，"边界"的"最小值"设为 8000，"最大值"设为 15500，如图 50.9 所示；完成设置，不要关闭对话框。

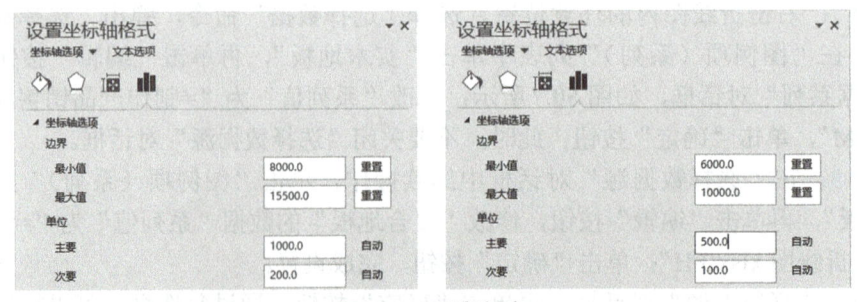

图 50.9　固定刻度

单击右侧纵坐标轴，面板的设置对象自动转为右侧纵坐标轴；用同样的方法，设置绘图区右侧的纵坐标轴，"边界"的"最小值"设为6000，"最大值"设为10000，如图50.9所示。

步骤12：将复选框移动到图表区中，最终效果如图50.10所示。

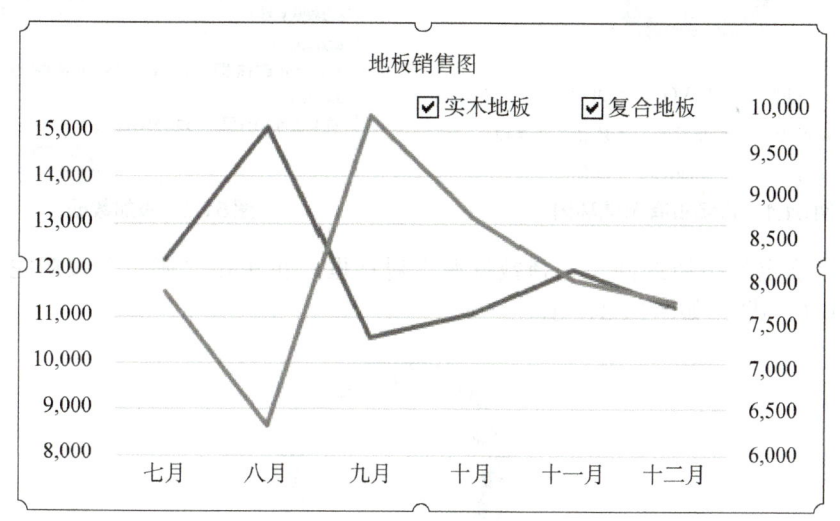

图50.10　动态折线图

> **技　巧**
>
> 1. 固定两个纵坐标轴的刻度，是为了避免勾选和取消勾选时图表的自动切换。
> 2. 可以通过调整纵坐标轴刻度，调节折线图的位置。
> 3. 在步骤12中，如果复选框移动到图表中后"消失"，可以在图表上右击，选择"置于底层"命令

子任务51　制作市场占有率圆环图

圆环图类似于饼图，可以显示每个数据占总数的比例大小，可以包含多个数据系列。圆环图（有时简称环图）可以与饼图组合构成饼环图，显示具有包含关系的数据。

本子任务对应文件"51制作市场占有率圆环图"。

步骤1：单击工作表标签"市场占有率圆环图"。

步骤2：选择C2:D16区域，单击"插入—（图表）—饼图或圆环图—圆环图"，绘制出圆环图，如图51.1所示。

步骤3：在圆环图中右击鼠标，选择"选择数据"命令，弹出"选择数据源"对话框。

在对话框中单击"图例项（系列）"下的"添加"按钮，弹出"编辑数据系列"对话框。

在"系列名称"中选取A3:A16区域；在"系列值"中先删除默认值1，再选取B3:B16区域，如图51.2所示。

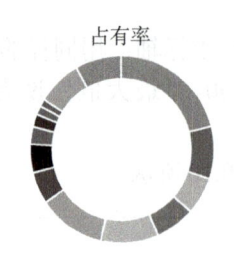

图51.1　市场占有率圆环图

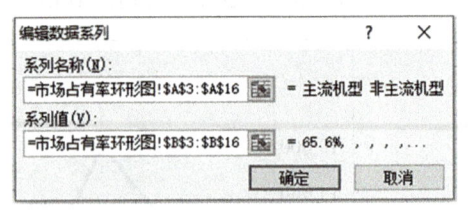

图51.2　添加数据

单击"确定"按钮返回"选择数据源"对话框，再单击"确定"按钮完成添加操作，得到双圆环图，如图51.3所示。

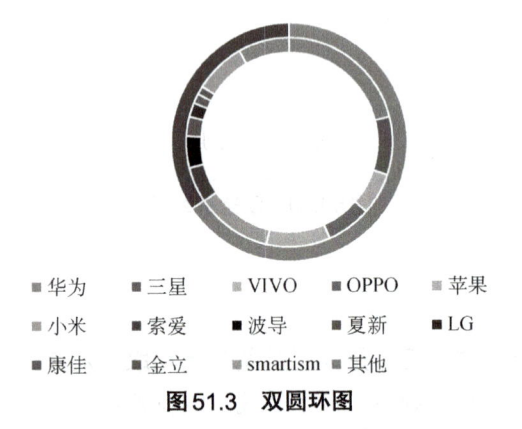

图51.3　双圆环图

步骤4：单击图表中的外环部分，则选中所有外环的数据系列，在外环图上右击，选择"更改图表类型"命令，弹出"更改图表类型"对话框。

在"更改图表类型"对话框中，单击"所有图表"选项卡，单击左下方的"组合"，在右侧将"系列名称"中的"主流机型 非主流机型"改为"饼图"，如图51.4所示；单击"确定"按钮，完成更改，如图51.5所示。

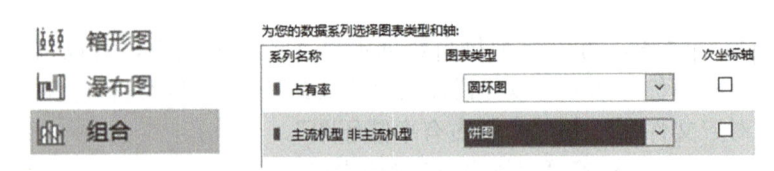

图51.4　更改图表类型

> **技巧**
>
> 1. 任意一个环都可以改为饼图。
> 2. 饼图和圆环图之间可以通过设置切换，一般先将饼图切换为圆环图，再将另一个圆环图切换为饼图。

任务8 | 数据的图表分析

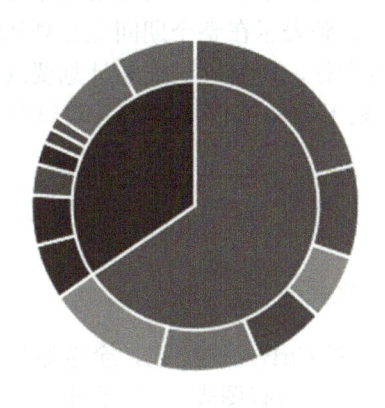

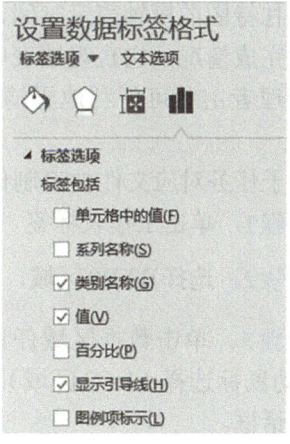

步骤5： 删除图例，调整绘图区大小（参见子任务46）。在外层圆环图上右击，选择"添加数据标签—添加数据标签"命令；在任意一个标签上右击鼠标，选择"设置数据标签格式"命令，显示"设置数据标签格式"面板。在"标签选项"中，勾选"类别名称"复选框 ☑类别名称(G)，如图51.6所示，单击面板右上角的"关闭"按钮，结果如图51.7所示。

图51.5 饼环图　　　　　　　　图51.6 设置标签格式

步骤6： 单击"插入—（文本）—文本框—横排文本框"，在绘图区添加文本框，给内部饼图注明分类，更改文本框内容的字体、字号，如图51.8所示。

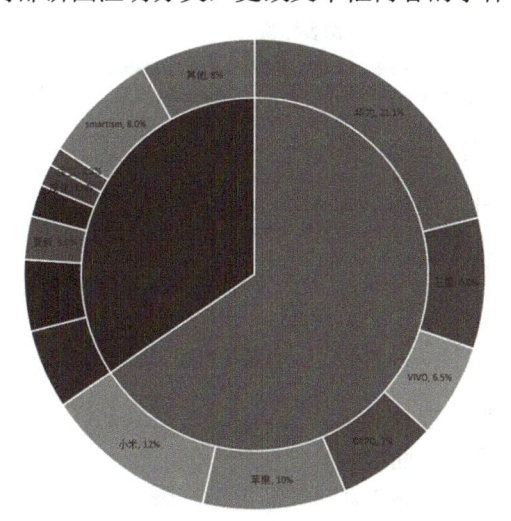

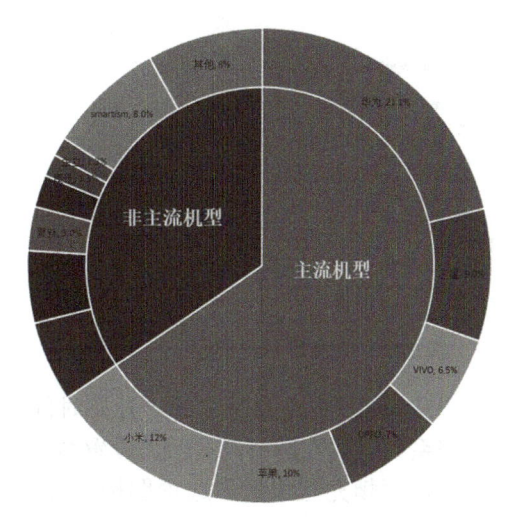

图51.7 饼环图　　　　　　　　图51.8 添加文本框的饼环图

> **技巧**
> 1. 可以为内部饼图添加数据，也可以添加数据标签。
> 2. 为了避免与圆环图的标签混淆，一般通过添加文本框的方法来制作数据标签。

子任务 52　制作工程进度甘特图

甘特图（Gantt Chart）又称为横道图、条形图（Bar Chart）和肯特图，以发明者亨利·甘特（Henrry L. Gantt）先生的名字命名。

甘特图通过条形图来显示项目进度，即以图示的方式表示出项目的活动顺序与持续时间。甘特图的横轴表示时间，纵轴表示项目内容，线条表示在整个期间上计划和实际的活动完成情况。它直观地表明任务计划在什么时候进行，及实际进展与计划要求的对比，管理者由此可便利地弄清一项任务（项目）还剩下哪些工作要做，并可评估工作进度。

本子任务对应文件"52制作工程进度甘特图"。

步骤1：单击工作表标签"甘特图"。

步骤2：选择B2:B9区域，将内容设置为"数字"格式。

步骤3：单击数据区域任意一个单元格，如A2，按Ctrl+A快捷键，全选数据区域（或拖动鼠标选择A1:C9区域）。单击"插入—（图表）—所有图表"，弹出"插入图表"对话框。

选中"所有图表"选项卡，单击窗口左侧的"条形图"，再单击窗口右侧的"堆积条形图"，如图52.1所示。软件绘制出二维堆积条形图，如图52.2所示；单击"确定"按钮，完成图表绘制。

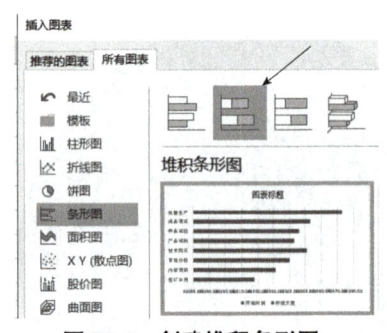

图52.1　创建堆积条形图　　　　图52.2　堆积条形图

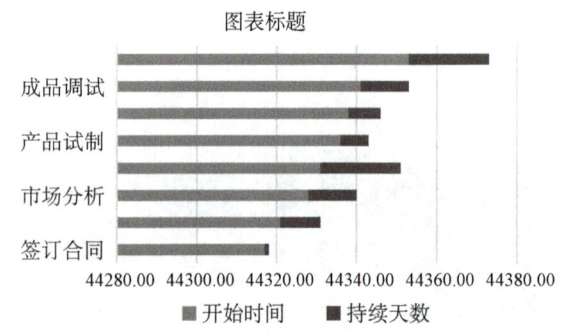

步骤4：右击绘图区中的"开始时间"系列，选择"设置数据系列格式"命令，显示"设置数据系列格式"面板。

单击"填充与线条"选项图标，再单击"填充"扩展具体选项，选择"无填充"单选按钮，如图52.3所示，单击面板右上角的"关闭"按钮完成设置，效果如图52.4所示。

步骤5：用鼠标右击横坐标轴，选择"设置坐标轴格式"命令，显示"设置坐标轴格式"面板。

在"设置坐标轴格式"对话框中，单击"坐标轴选项"选项图标，再单击"坐标轴选项"扩展具体设置内容，在"边界"的"最小值"框中

图52.3　设置无填充

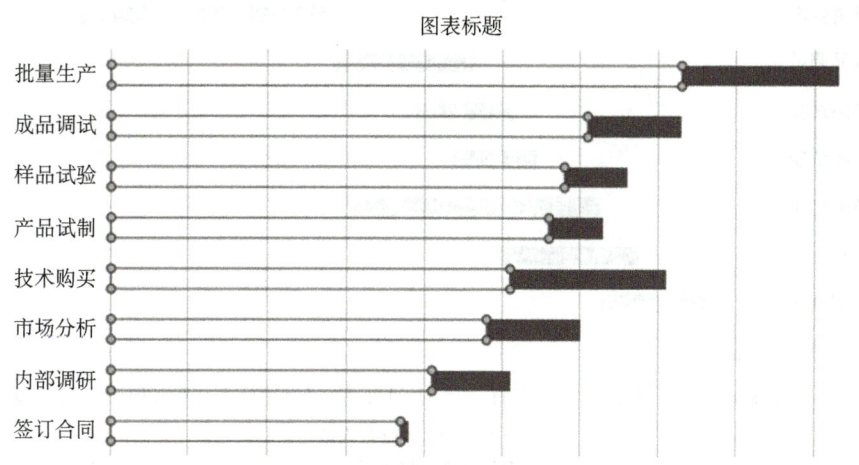

输入44317,"最大值"设为44377,如图52.5所示。

图表标题

44280.00 44290.00 44300.00 44310.00 44320.00 44330.00 44340.00 44350.00 44360.00 44370.00

■开始时间 ■持续天数

图 52.4　无填充效果

图 52.5　设置横坐标轴的最小值

单击"数字"扩展具体设置内容,在"类别"下拉列表框中选择"日期"选项,将"类型"设为"3月14日",即短日期格式,如图52.6所示。单击面板右上角的"关闭"按钮,返回图表,最后效果如图52.7所示。

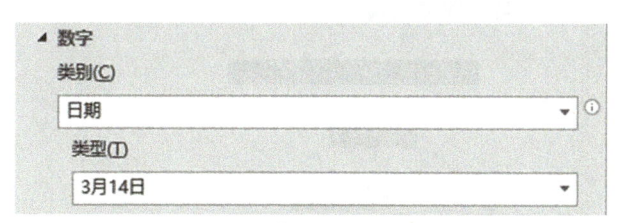

图 52.6　设置横坐标轴为短日期格式

步骤6:用鼠标双击纵坐标轴,打开"设置坐标轴格式"面板。单击"坐标轴选项"选项图标,展开"坐标轴选项"设置选项,在"横坐标轴交叉"中选择"最大分类"单选按钮,并勾选"逆序类别"复选框,如图52.8所示;单击面板右上角的"关闭"按钮,完成设置。

图 52.7 甘特图

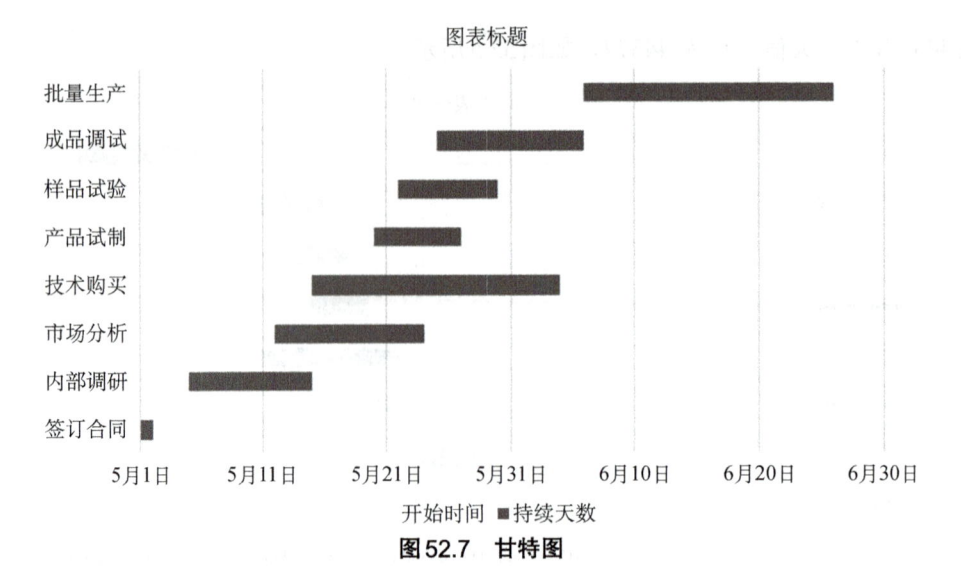

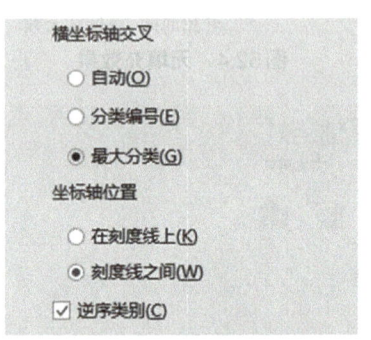

图 52.8 设置纵坐标轴

步骤 7：删除图例和图表标题，删除网格线，最终效果如图 52.9 所示。

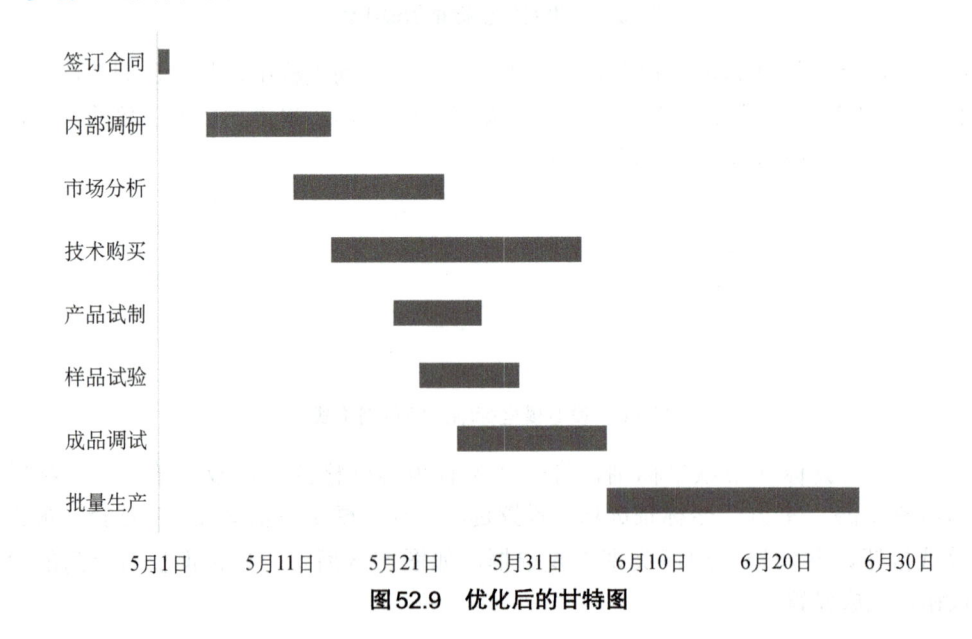

图 52.9 优化后的甘特图

> **提 高**
>
> 1. 高级的甘特图可以将当前日期放入图中，从而让用户直观地看出项目状态：已完成、进行中、未开始。
> 2. 在"高级甘特图"工作表中，有带时间调节的甘特图，有兴趣的读者可以研究。

任务 9　销售数据的透视分析

任务说明

数据透视表是用来从 Excel 2016 数据表、关系数据库中总结信息的分析工具,它是一种交互式报表,可以快速分类汇总、比较大量数据,可以随时选择其中页、行和列中的不同元素,以达到快速查看源数据的不同统计结果,还可以随意显示和打印数据。

本任务主要对网点数据进行数据透视分析,并对数据透视表进行优化,最终绘制数据透视图,并对数据透视图进行简单的设置;在任务中还将 Excel 2016 新增的迷你图插入数据透视表中。

任务结构

子任务 53　对网点数据进行数据透视分析
子任务 54　对数据透视表进行优化
子任务 55　在数据透视表中执行计算
子任务 56　通过名称创建动态数据透视表
子任务 57　通过表格功能创建动态数据透视表
子任务 58　创建产品销售数据透视图
子任务 59　创建带条件格式的数据透视表
子任务 60　创建带迷你图的数据透视表

子任务 53　对网点数据进行数据透视分析

数据透视表是一种对大量数据快速汇总和建立交叉列表的交互式动态表格,能帮助用户分析、组织数据;可以从大量看似无关的数据中寻找背后的联系,从而将复杂的数据转化为有价值的信息,以供研究和决策使用。

本子任务对应文件"53 对网点数据进行透视分析"。

步骤 1:单击工作表标签"数据透视表"。

步骤 2:单击工作表任意区域,如 A3;再单击"插入—(表格)—数据透视表—数据透视表",弹出"创建数据透视表"对话框,如图 53.1 所示。

任务 9 销售数据的透视分析

> **注 意**
>
> 1. 从图 53.1 可见，数据透视表的数据来源可以是表、区域、外部数据，数据透视表可以放在本工作表，也可以放在新工作表中。
> 2. 数据来源的"表/区域"可以使用区域名，从而实现创建动态数据透视表。

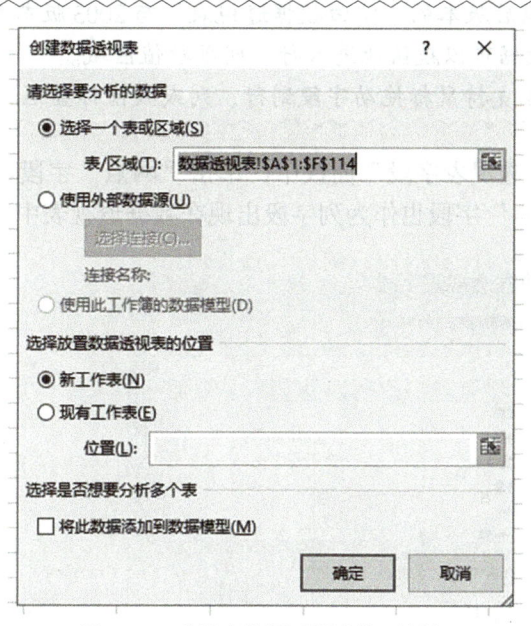

图 53.1 "创建数据透视表"对话框

步骤 3： 在"创建数据透视表"对话框中，Excel 默认选定整个数据区域；新建的数据透视表放在"新工作表"中；单击"确定"按钮，Excel 新建一个工作表，本任务中的工作表名为"Sheet1"，里面有一张空白的数据透视表和"数据透视表字段"面板，如图 53.2 所示。

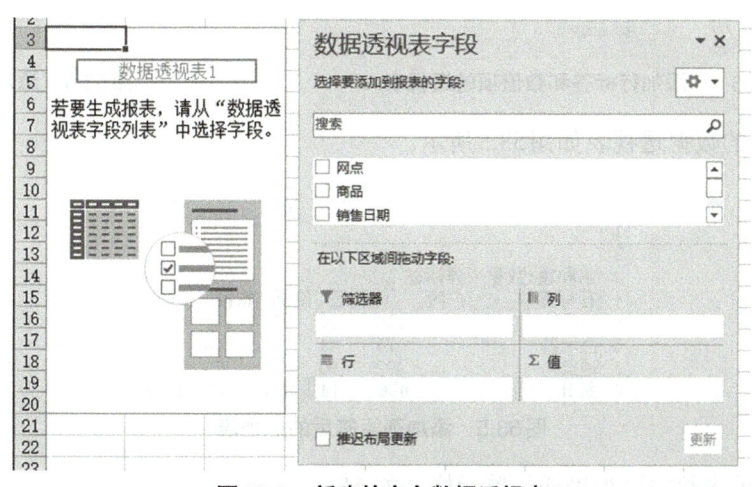

图 53.2 新建的空白数据透视表

步骤4：在"数据透视表字段"面板中分别勾选"商品"和"数量"两个字段；这两个字段出现在面板的"行"区域和"值"区域，同时这两个字段也出现在数据透视表中，如图53.3所示。

> **注 意**
>
> 1. Excel 2010及以后版本的"空白数据透视表"与2003版本有了较大变化，勾选字段复选框之后，相应数据可以默认地进入行、列或数值区域。
> 2. 空白数据透视表支持鼠标拖动字段到行、列或数值标签框。

步骤5：在"数据透视表字段"面板中，单击"网点"字段，并按住鼠标将其拖曳到"列"区域内，"网点"字段也作为列字段出现在数据透视表中，如图53.4所示。

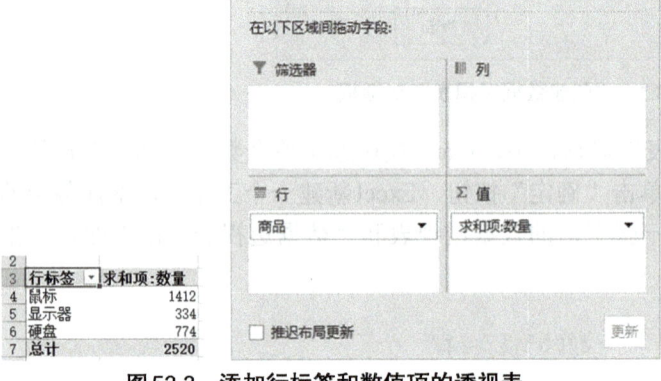

图53.3 添加行标签和数值项的透视表　　　图53.4 添加列标签

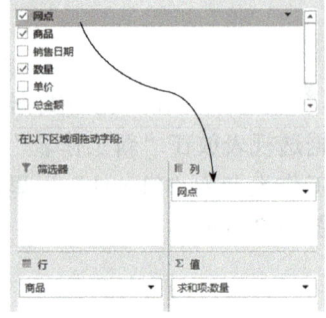

最终完成的数据透视表如图53.5所示。

图53.5 添加列标签后的透视表

步骤6：单击数据透视表任一单元格，如A8。

> **注 意**
>
> 1. 在制作数据透视表时，如果单击非数据透视表单元格，则"数据透视表字段"面板隐藏，再次单击数据透视表任意单元格，则显示"数据透视表字段"面板。
> 2. 单击"（数据透视表工具）—分析—（显示）—字段列表"，可以控制"数据透视表字段"面板的显示与隐藏。

在数据透视表字段列表中单击"销售日期"字段，并按住鼠标将其拖曳到"筛选器"区域内，"销售日期"字段作为筛选字段出现在数据透视表的首行，如图53.6所示。

这时的数据透视表带上了数据筛选项，可以按销售日期进行筛选，查看每一天的销售数据，数据透视表如图53.7所示。

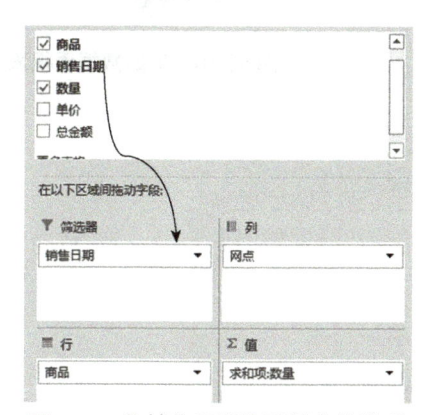

图53.6 将销售日期拖到报表筛选项

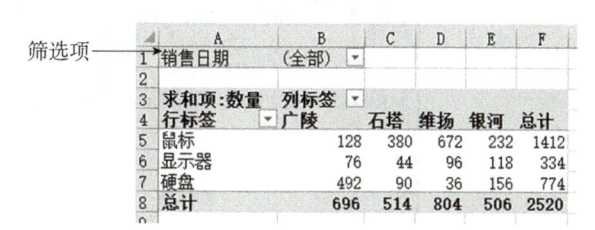

图53.7 加上销售日期筛选的透视表

步骤7： 单击"销售日期"字段的下拉按钮，出现日期选项，可以选择一个或多个日期，对数据进行筛选，如图53.8所示。

步骤8： 交换透视表的行标签与列标签。

单击数据透视表内的任意单元格，如B4单元格；显示"数据透视表字段"面板，如果没有显示面板，则单击"（数据透视表工具）—分析—（显示）—字段列表"。

单击"数据透视表字段"面板中"行"区域中的"商品"，拖曳"商品"字段到列表区域，放开鼠标键。

同样，单击"数据透视表字段"面板中"行"区域中的"网点"，拖曳"网点"字段到列表区域，放开鼠标，如图53.9所示。

数据透视表中仅剩下"销售日期"和"数量"，如图53.10所示。

图53.8 日期筛选项

步骤9： 再拖动"数据透视表字段"面板中的字段，将"网点"拖曳到"行"区域，将"商品"拖曳到"列"区域，这样就实现了行、列字段的互换，最终效果如图53.11

所示。

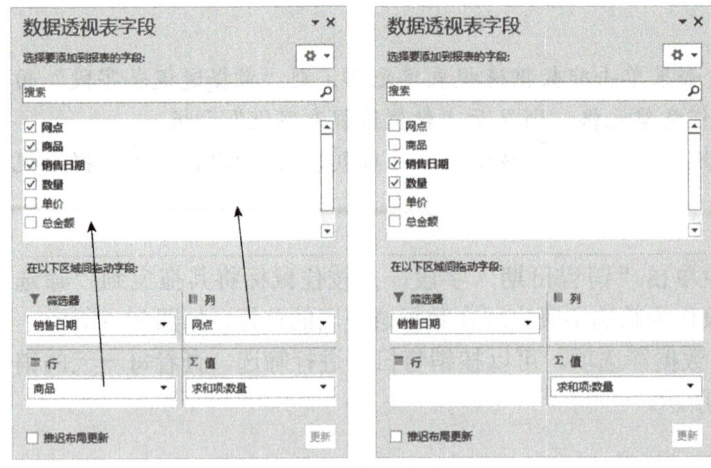

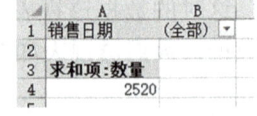

图53.9 拖曳字段

图53.10 新的数据透视表

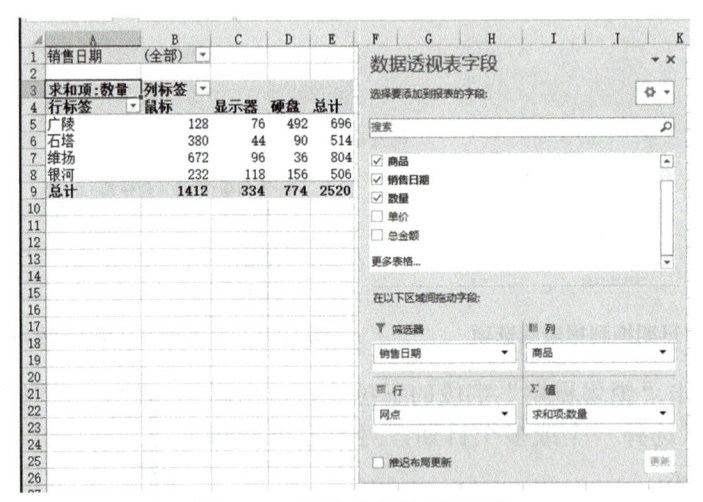

图53.11 互换后的数据透视表

> **提 高**
>
> 1. 数据透视表字段布局比较灵活，可以直接用鼠标拖曳的方法，在几个区域中拖曳，快速实现字段布局调整。
> 2. 可以在一个区域中布局多个字段，实现类似于"分类汇总"的效果。
> 3. "值"区域用于布局数值型字段，也用于布局文本字段；对于数值型数据，可以求和、求平均值、求方差等，对于文本字段，则仅能计数。

子任务54 对数据透视表进行优化

数据透视表可以优化，优化的内容包括标签的合并、数据的分组等。

本子任务对应文件"54对数据透视表优化"。

步骤1： 单击工作表标签"数据透视表"。

步骤2： 单击工作表内任意单元格，如B2单元格，再单击"插入—（表格）—数据透视表"。在弹出的"创建数据透视表"对话框中，不改变默认设置，单击"确定"按钮，系统自动新建一个空白的数据透视表。

步骤3： 不操作"数据透视表字段"对话框内容，单击数据透视表中的任意单元格，再单击"（数据透视表工具）—分析—（数据透视表）—选项—选项"，如图54.1所示，弹出"数据透视表选项"对话框，选中"显示"选项卡，如图54.2所示。

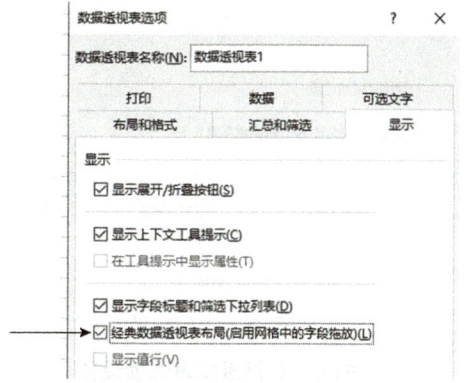

图54.1 数据透视表选项

图54.2 "数据透视表选项"对话框

勾选"经典数据透视表布局（启用网格中的字段拖放）"，单击"确定"按钮，则会显示数据透视表空白表样式，如图54.3所示。

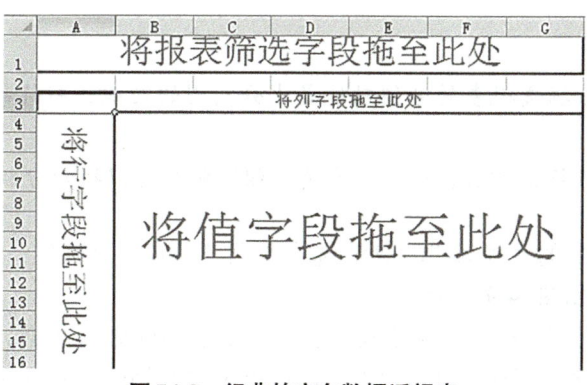

图54.3 经典的空白数据透视表

步骤4： 经典的数据透视表完全支持鼠标拖动字段。将光标移到"网点"，按住鼠标将其拖曳到"行字段"处，同样将"销售日期"拖曳到"行字段"处，将"商品"拖曳到"列字段"处，将"数量"拖曳到"值字段"处，如图54.4所示，结果如图54.5所示。

步骤5： 单击"（数据透视表工具）—分析—（数据透视表）—选项—选项"，弹出"数据透视表选项"对话框。在该对话框中选中"布局和格式"选项卡，勾选"合并且居中排列带标签的单元格"，如图54.6所示。单击"确定"按钮，网点数据跨行居中显示，如图54.7所示。

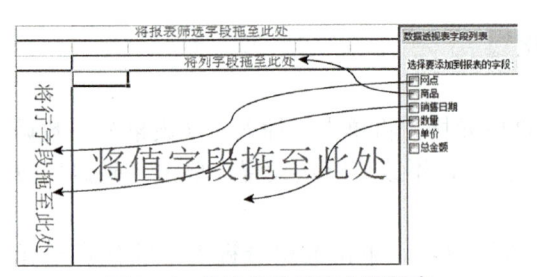

图54.4　拖动字段到空白透视表

图54.5　数据透视表（部分）

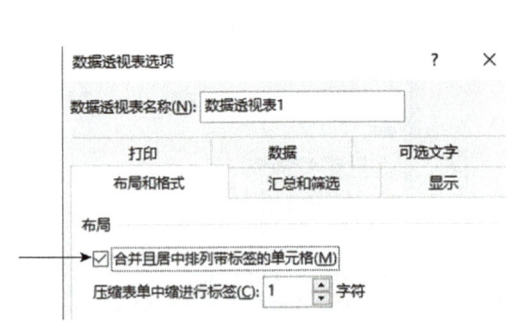

图54.6　数据透视表选项设置

图54.7　网点跨行居中显示

步骤6：单击B列"销售日期"数据，右击，选择"创建组"命令 ，弹出"组合"对话框，如图54.8所示。

> **注 意**
>
> 1. Excel 2016数据透视表的分组功能是十分实用的功能，将详细的数据分组，也是一种"数据透视表"。
> 2. 在已分组的数据上右击，选择"取消分组"命令可以撤销分组。

选中"步长"中的"季度"，取消选中"月"，单击"确定"按钮，销售日期按"季"来分组，结果如图54.9所示。

步骤7：在数据透视表中可以插入新字段，用于辅助分析数据。单击数据透视表的"值字段区域"的任意一个单元格，如C5，再单击"开始—（单元格）—插入—插入计算字段" ，弹出"插入计算字段"对话框。

在"插入计算字段"对话框中，在"名称"框中输入"税费"，在"公式"框中输入"=总金额*0.17"，单击"添加"按钮，如图54.10所示；新字段"税费"出现在字段列表中，单击"确定"按钮，税费项也出现在数据透视表中，如图54.11所示。

步骤8：单击数据透视表中任意单元格，再单击"（数据透视表工具）—分析—（显示）—字段列表 "，再依次单击 和 ，取消字段列表、加减号按钮和字段标题。

任务9 销售数据的透视分析

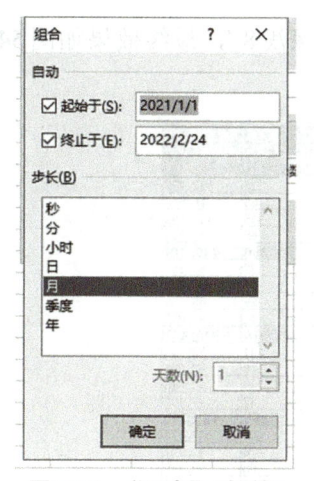

图54.8 "组合"对话框

图54.9 日期分组后的透视表（部分）

网点	销售日期	商品 鼠标	显示器	硬盘	总计
⊟ 广陵	第一季	32	26	192	250
	第二季	64	24	42	130
	第三季		9	157	166
	第四季	32	17	101	150
广陵 汇总		128	76	492	696
⊟ 石塔	第一季	149	13	30	192
	第二季	82	13		95
	第三季	54	13	60	127
	第四季	95	5		100
石塔 汇总		380	44	90	514

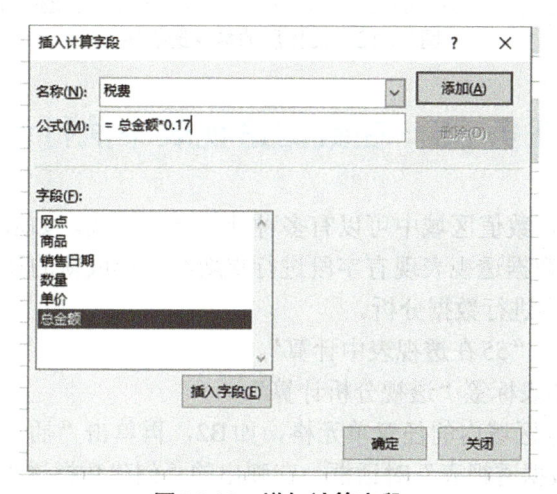

图54.10 增加计算字段

图54.11 增加税费后的透视表（部分）

网点	销售日期	商品 值 鼠标 求和项:数量	求和项:税费	显示器 求和项:数量	求和项:税费
⊟ 广陵	第一季	32	196	26	9521
	第二季	64	392	24	8788
	第三季		0	9	3296
	第四季	32	196	17	6225
广陵 汇总		128	783	76	27830
⊟ 石塔	第一季	149	912	13	4760
	第二季	82	502	13	4760
	第三季	54	330	13	4760
	第四季	95	581	5	1831
石塔 汇总		380	2326	44	16112

单击行号5，选中整行；再单击"开始—（编辑）—查找和选择—替换"。在打开的"查找和替换"对话框中，"查找内容"框中输入"求和项:"，"替换为"框中输入空格，单击"全部替换"按钮。

同样，选中A列，将"汇总"替换为空格。

步骤9： 选中整个透视表区域，单击"开始—（字体）—边框—所有框线"，再单击

171

"(数据透视表工具)—设计—(数据透视表样式)—中等深浅 8",最终效果如图 54.12 所示。

		鼠标		显示器		硬盘		数量汇总	税费汇总
		数量	税费	数量	税费	数量	税费		
广陵	第一季		¥0	7	¥2,563	108	¥10,428	115	¥12,992
	第二季	32	¥196	12	¥4,394	21	¥2,028	65	¥6,618
	第三季		¥0	7	¥2,563	108	¥10,428	115	¥12,992
	第四季	32	¥196	12	¥4,394	21	¥2,028	65	¥6,618
广陵		64	¥392	38	¥13,915	258	¥24,912	360	¥39,219
石塔	第一季	54	¥330	8	¥2,929	30	¥2,897	92	¥6,157
	第二季	41	¥251	8	¥2,929			49	¥3,180
	第三季	54	¥330	5	¥1,831	30	¥2,897	89	¥5,058
	第四季	41	¥251	5	¥1,831			46	¥2,082
石塔		190	¥1,163	26	¥9,521	60	¥5,794	276	¥16,477
维扬	第一季	133	¥814	8	¥2,929		¥0	141	¥3,743
	第二季	83	¥508	16	¥5,859	9	¥869	108	¥7,236
	第三季	112	¥685	8	¥2,929		¥0	120	¥3,615
	第四季	62	¥379	16	¥5,859	9	¥869	87	¥7,107
维扬		390	¥2,387	48	¥17,577	18	¥1,738	456	¥21,702
银河	第一季	58	¥355	31	¥11,352	39	¥3,766	128	¥15,472
	第二季			6	¥2,197			6	¥2,197
	第三季	58	¥355		¥0	32	¥3,090	90	¥3,445
	第四季			25	¥9,155	7	¥676	32	¥9,830
银河		116	¥710	62	¥22,703	78	¥7,532	256	¥30,945
总计		760	¥4,651	174	¥63,715	414	¥39,976	1348	¥108,342

图 54.12 优化后的数据透视表

子任务 55 在数据透视表中执行计算

在数据透视表中,数值区域中可以有多种计算显示方式,如求和、平均、最大、最小等;另外,通过对数据透视表现有字段进行重新组合形成新的计算字段和计算项,相当于在原有数据区域中进行数据分析。

本子任务对应文件"55 在透视表中计算"。

步骤 1:单击工作表标签"透视分析计算"。

步骤 2:单击数据区域内的任意单元格,如 B2,再单击"插入—(表格)—数据透视表",弹出"创建数据透视表"对话框。在弹出的"创建数据透视表"对话框中,单击"确定"按钮;在新的工作表中产生一个空白的数据透视表。

步骤 3:在"数据透视表字段"对话框中,将"员工姓名"拖到"行"区域中,将"生产数量"拖到"值"区域中,并且重复拖 4 次,如图 55.1 所示。系统产生的数据透视表如图 55.2 所示。

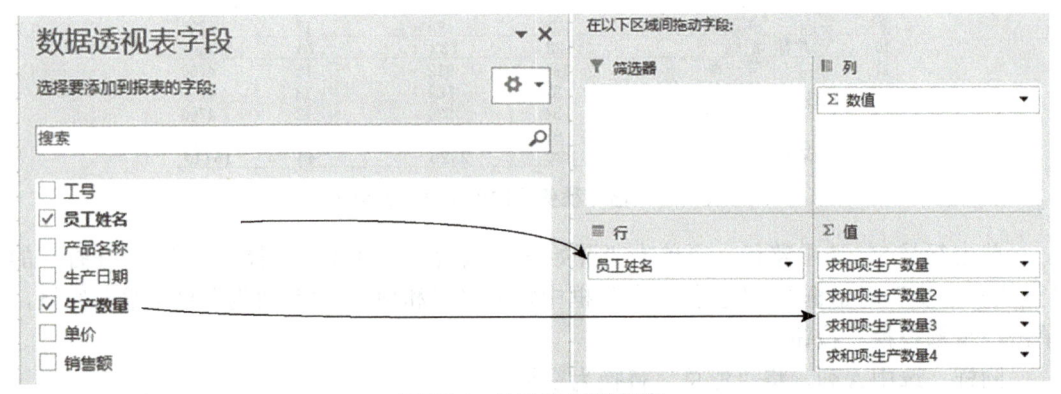

图 55.1 产生数据透视表

任务9　销售数据的透视分析

3	行标签	求和项:生产数量	求和项:生产数量2	求和项:生产数量3	求和项:生产数量4
4	陈枫	13392	13392	13392	13392
5	陈国轩	11158	11158	11158	11158
6	范建伟	11335	11335	11335	11335
7	葛高红	13900	13900	13900	13900
8	郭青山	17033	17033	17033	17033
9	刘婷	8961	8961	8961	8961

图 55.2　初始的数据透视表（部分）

步骤 4： 右击 C 列有数据的任意单元格，如 C4 单元格，选择"值汇总依据—平均值"命令。

右击 D 列有数据的任意单元格，如 D4 单元格，选择"值汇总依据—最大值"命令。

右击 E 列有数据的任意单元格，如 E4 单元格，选择"值汇总依据—最小值"命令。

设定完毕后，4 列数据分别进行求和、求平均值、求最大值、求最小值。

步骤 5： 单击 B3 单元格，将其改成"总产量"；单击 C3 单元格，将其改成"平均产量"；单击 D3 单元格，将其改成"最大产量"；单击 E3 单元格，将其改成"最小产量"，如图 55.3 所示。

3	行标签	总产量	平均产量	最大产量	最小产量
4	陈枫	13392	1217.454545	2893	118
5	陈国轩	11158	1115.8	2899	55
6	范建伟	11335	944.5833333	2968	133
7	葛高红	13900	1158.333333	2746	121
8	郭青山	17033	1548.454545	2737	118
9	刘婷	8961	814.6363636	2362	196
10	刘雯燕	14068	1406.8	2614	118

图 55.3　修改计算方式后的透视表（部分）

步骤 6： 单击数据透视表内的任意单元格，如 C3；按 Ctrl+A 快捷键，选中整个透视表；再按 Ctrl+C 快捷键，复制整个透视表；再单击 A25 单元格，按 Ctrl+V 快捷键，粘贴整个透视表。

步骤 7： 单击第二个数据透视表任意单元格，如 A26；在"数据透视表字段"对话框中，去掉"员工姓名"前面的"√"，勾选"产品名称"；数据透视表变成如图 55.4 所示形式。

25	行标签	总产量	平均产量	最大产量	最小产量
26	纯棉面料	5342	1068.4	2332	184
27	灯芯绒面料	27119	1595.235294	2968	178
28	风衣	24074	1416.117647	2920	127
29	拉链	18237	1013.166667	3001	55
30	牛仔布面料	12967	997.4615385	2587	118
31	钮扣	28720	1305.454545	2929	112
32	全棉丝光面料	9356	1871.2	2602	142
33	珊瑚绒面料	20009	1177	3001	61
34	填充蚕丝棉	8272	486.5882353	855	113
35	填充羽绒	20135	1184.411765	2899	211
36	羽绒服	24570	1282.631579	2614	34
37	总计	198601	1189.227545	3001	34

图 55.4　产品名称作为行标签的数据透视表

173

步骤8：单击A25单元格"行标签"右侧的下拉按钮，选择"标签筛选—结尾是"，如图55.5所示。

在弹出的"标签筛选（产品名称）"对话框中，输入"面料"，如图55.6所示。

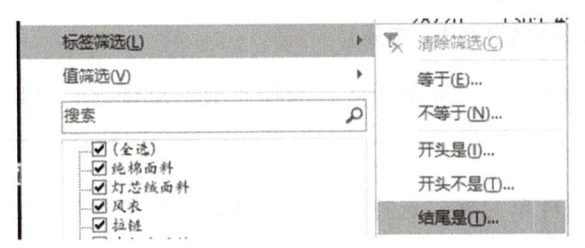

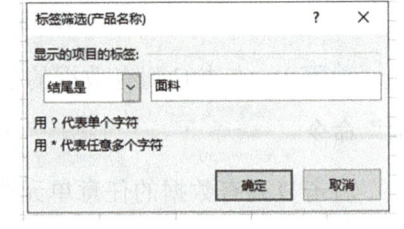

图55.5　标签筛选

图55.6　筛选结尾是面料的数据

单击"确定"按钮，筛选所有品名中包含"面料"的字段，得到的结果如图55.7所示。

行标签	总产量	平均产量	最大产量	最小产量
纯棉面料	5342	1068.4	2332	184
灯芯绒面料	27119	1595.235294	2968	178
牛仔布面料	12967	997.4615385	2587	118
全棉丝光面料	9356	1871.2	2602	142
珊瑚绒面料	20009	1177	3001	61
总计	74793	1312.157895	3001	61

图55.7　筛选后的透视表

步骤9：选中"行标签"下面的所有数据，即A26:A30区域，单击"（数据透视表工具）—分析—（分组）—组选择"；上述操作也可以在选中的区域中右击，选择"创建组"命令 ；这样可以将所选的内容创建成一个组，新建的组名默认值是"数据组1"，如图55.8所示。

图55.8　所选内容分组

步骤10：单击A26单元格，将"数据组1"改为"面料"，再单击"（数据透视表工具）—分析—（数据透视表）—选项—选项"，弹出"数据透视表选项"对话框。选中"布局和格式"选项卡，勾选"合并且居中排列带标签的单元格"。单击"（数据透视表工具）—设计—（布局）—报表布局—以表格形式显示" ，结果如图55.9所示。

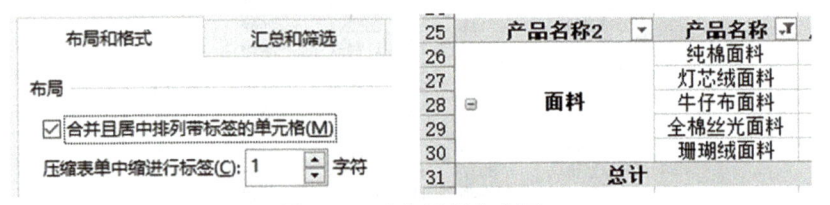

图55.9　改变透视表布局

步骤11：单击A25单元格，将"产名名称2"改为"产品类别"；单击B25单元格右侧的筛选按钮，选择"从产品名称中清除筛选"；单击 B25 单元格右侧的筛选按钮，选择"标签筛选—开头是"，弹出"标签筛选（产品名称）"对话框，输入"填充"，如图 55.10 所示。

单击"确定"按钮，完成筛选，结果如图 55.11 所示。

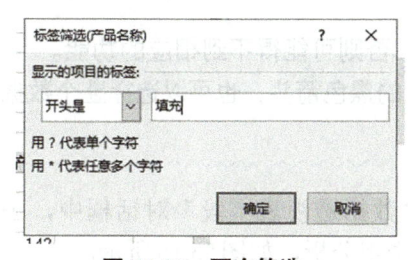

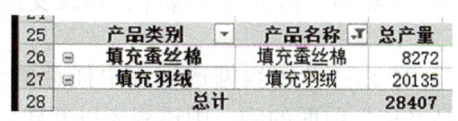

图 55.10　再次筛选　　　　　　　　图 55.11　填充料的筛选

步骤 12：选择 A26:A27 区域，在选中区域上右击，选择"创建组"命令，系统自动创建组"数据组 2"；选择 A26 单元格，修改为"填充料"，如图 55.12 所示。

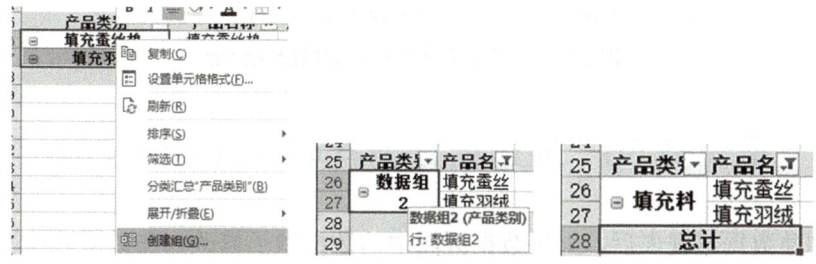

图 55.12　创新组并改名

步骤 13：单击 B25 单元格右侧的筛选按钮，选择"从产品名称中清除筛选"；单击 B31 单元格，按住 Ctrl 键，再次单击 B36 单元格，在选中的单元格上右击，选择"创建组"命令，系统自动将"风衣"和"羽绒服"组合在一起，并命名为"数据组 3"；将"数据组 3"改为"童装"，如图 55.13 所示。

图 55.13　创建组并改名

步骤 14：重复步骤 13，将"拉链"和"钮扣"组合，并命名为"配件"。最终的数据透视表如图 55.14 所示。

图 55.14　最终的数据透视表

> **技巧**
>
> 1. 数据透视表的分组操作有多种方法，可以从功能区操作，也可以通过右击菜单进行操作。
> 2. 用鼠标右击时，一定要在选中的区域上右击，否则可能得不到相应的功能。
> 3. 将光标放到名称区域时，光标形状会变成向下的黑色箭头，也可以选择整个数据。
> 4. 分组时一般先分组操作，再改变透视表布局。

步骤15： 单击数据透视表中任意单元格，在"数据透视表字段"对话框中，去掉"产品名称"前面的钩，则透视表以新建的分组进行透视分析，如图55.15所示。

产品类别	总产量	平均产量	最大产量	最小产量
面料	74793	1312.157895	3001	61
童装	48444	1345.666667	2920	34
配件	46957	1173.925	3001	55
填充料	28407	835.5	2899	113
总计	198601	1189.227545	3001	34

图55.15 以新建分组进行数据透视分析

子任务56 通过名称创建动态数据透视表

用户创建数据透视表后，如果数据区域中的数据做了修改，在数据透视表中刷新一下就可以更新数据透视表，但是，如果增加了新的数据，新增的数据也无法显示在数据透视表中。

为了解决数据透视表动态更新问题，在创建数据透视表时，引入了创建动态数据透视表方法。创建动态数据透视表最常用的方法是"定义名称法"和"创建表法"。

本子任务对应文件"56通过名称创建动态数据透视表"。

步骤1： 单击工作表标签"动态数据透视表"。

步骤2： 单击工作表任意单元格，如A1，再单击"公式—(定义的名称)—定义名称—定义名称"，弹出"新建名称"对话框。在"名称"框中输入"data"；在"引用位置"框中输入"=OFFSET(A1, 0, 0, COUNTA(a:a), COUNTA(1:1))"，单击"确定"按钮，如图56.1所示。

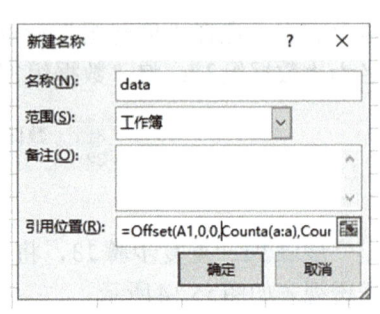

图56.1 创建区域

> **提高**
>
> 1. OFFSET()函数以指定的引用为参照系，通过给定偏移量得到新的引用，格式是"OFFSET（引用区域，行数，列数[，高度][，宽度]）"。
> 2. COUNTA()函数返回非空值的单元格个数，格式为"COUNTA（值1[…]）"。

步骤2：单击"插入—（表格）—数据透视表—数据透视表"，弹出"创建数据透视表"对话框。在该对话框的"表/区域"框中输入刚才建立的区域名称"data"，如图56.2所示。

单击"确定"按钮，在新的工作表中出现空白的数据透视表。

步骤3：在"数据透视表字段"对话框中，将"商品"字段拖曳到"列"区域中，将"网点"字段拖到"行"区域中，将"数量"拖到"值"区域中，如图56.3所示。

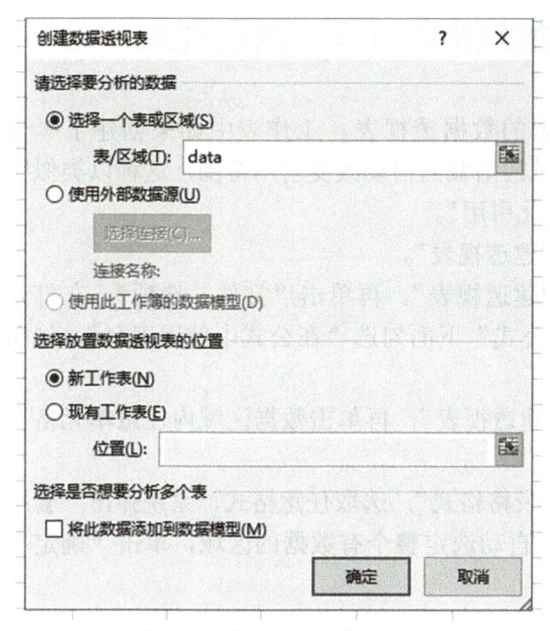

图56.2　创建数据透视表

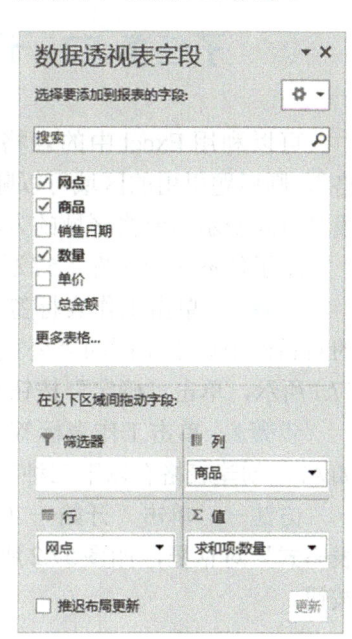

图56.3　创建数据透视表

创建的数据透视表如图56.4所示。

图56.4　数据透视表

步骤4：单击工作表标签"动态数据透视表"，再单击D3单元格，将数据25改为50。单击数据透视表标签"Sheet1"，再单击数据透视表中任意单元格，右击，选择"刷新"命令，数据透视表中的数据得到更新。

步骤5：单击工作表标签"动态数据透视表"，再单击A32单元格，添加一行数据："城东，主机，2022年1月1日，10，500，5000"。单击数据透视表标签"Sheet1"，再单击数据透视表中任意单元格，右击，选择"刷新"命令，数据透视表中增加了新增加的数据，如图56.5所示。

求和项:数量	列标签				
行标签	鼠标	显示器	硬盘	主机	总计
广陵	32	19	129		180
石塔	95	13	30		138
维扬	195	24	9		228
银河	58	31	39		128
城东				10	10
总计	380	87	207	10	684

←新增加的数据

图56.5　新增数据后的数据透视表

子任务57　通过表格功能创建动态数据透视表

可以利用Excel中的表格功能创建动态的数据透视表。工作表中如果创建了"表格"，则标题引用的区域可以随"表格"区域的增减而自动改变引用范围，这种以类似字段名方式表示单元格区域的方法称为"结构化引用"。

本子任务对应文件"57通过表格功能创建透视表"。

步骤1：单击工作表标签"通过表格创建透视表"。再单击"文件—选项"，在打开的对话框中单击左侧的"公式"，在"使用公式"下面勾选"在公式中使用表名"，如图57.1所示，单击"确定"按钮返回。

步骤2：单击工作表标签"通过表格创建透视表"，再单击数据区域内任意单元格，如A2；创建表格有以下三种方法。

方法一：单击"开始—（样式）—套用表格格式"，选取任意格式，系统弹出"套用表格式"对话框，如图57.2所示。对话框内自动选定整个有数据的区域，单击"确定"按钮。

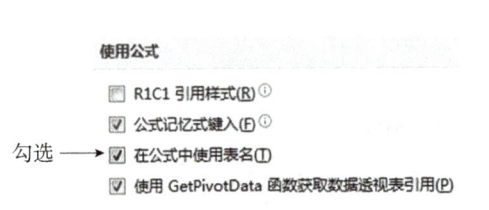

图57.1　设置公式中使用表名　　　　图57.2　"套用表格式"对话框

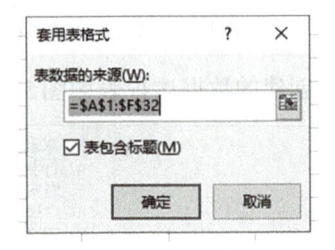

方法二：单击"插入—（表格）—表格"，同样弹出"套用表格式"对话框，单击"确定"按钮。

方法三：单击数据区域，按Ctrl+T快捷键，同样弹出"套用表格式"对话框，单击"确定"按钮。

如果要取消表格，单击表格内的任意单元格，再单击"设计—（工具）—转换为区域"。

单击数据区域任意单元格，再单击"（表格工具）—设计—（属性）—表名称"，将表名称改为"销售表"。

步骤3：单击"插入—（表格）—数据透视表—数据透视表"，弹出"创建数据透视表"对话框。在该对话框的"表/区域"名称中自动出现"销售表"，如图57.3所示，单击"确定"按钮，在新工作表中自动创建一个空白数据透视表。

步骤4：在新工作表的"数据透视表字段"对话框中，将"商品"字段拖到"列"区域中，将"网点"字段拖到"行"区域中，将"数量"拖到"值"区域中，产生数据透视表，如图57.4所示。

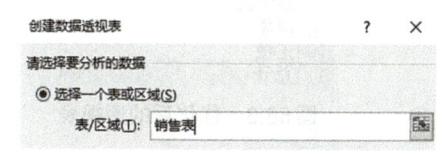

图57.3　通过表格创建透视表

图57.4　新创建的数据透视表

步骤5：单击工作表标签"通过表格创建透视表"，在数据区域的最后添加一行："城北，主机，2022年1月2日，10，1000，10000"。

步骤6：单击数据透视表标签"Sheet1"，在透视表区域中右击，选择"刷新"命令，数据透视表更新内容，如图57.5所示。

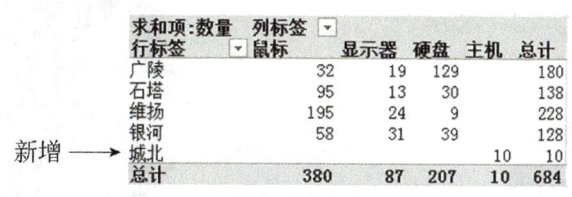

图57.5　刷新后的数据透视表

子任务58　创建产品销售数据透视图

数据透视表在创建时，可以随数据透视表创建数据透视图，可以直观地、动态地展现数据透视表的数据分析结果。Excel 2016中的数据透视图较之前版本有了较大改进，与普通图表完全融合，并增加了迷你图功能。

本子任务对应文件"58创建产品销售数据透视图"。

步骤1：单击工作表标签"数据透视图"，再单击数据区域任意单元格，如A1。

步骤2：单击"插入—（表格）—数据透视表—数据透视表"，在弹出的"创建数据透视表"对话框中单击"确定"按钮。

在"数据透视表字段"对话框中，将"品名"字段拖至"行"区域中，将"数量"字段拖至"值"区域中，如图58.1所示，产生的数据透视表如图58.2所示。

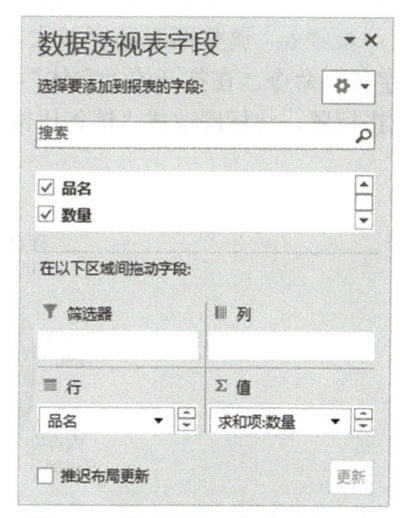

图58.1　新建数据透视表字段列表

步骤3：单击A3单元格，将A3单元格的"行标签"改成"商品名"。单击B3单元格，将B3单元格的"求和项：数量"改为"销量"，如图58.3所示。

179

图 58.2　数据透视表

图 58.3　优化后的透视表

步骤 4：单击数据透视表中的任意单元格，如 A4，再单击"（数据透视表工具）—分析—（工具）—数据透视图"，弹出"插入图表"对话框。在对话框的左侧选择"饼图"，在右侧选择第一个平面饼图，如图 58.3 所示。单击"确定"按钮，绘出饼图。

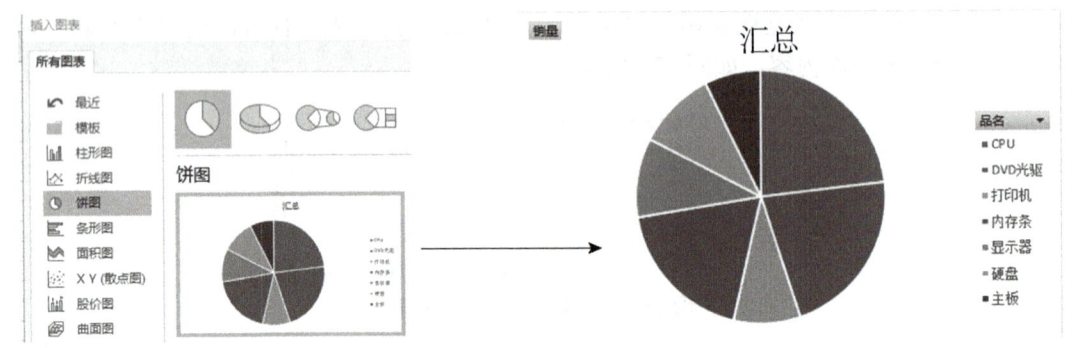

图 58.3　产生数据透视图

步骤 5：对数据透视图进行设置。选中绘制的数据透视图，单击"（数据透视图工具）—设计—（图表布局）—快速布局—布局1"，数据与百分比显示在图表中。

步骤 6：调整图表区窗口大小，放大透视图。单击图中的数据标签，右击，选择"字体"命令。在打开的"字体"对话框中，将字体颜色设为"白色"，字号改为12号；单击标题，将标题改成"销售比例"，最终效果如图 58.4 所示。

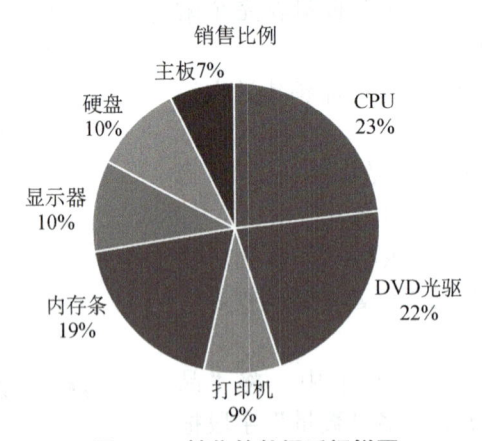

图 58.4　销售的数据透视饼图

步骤 7：选中 A3:B11 区域，右击，选择"复制"命令；单击 A20 单元格，右击，选择"粘贴"命令。单击 A20 单元格，如果"数据透视表字段"没有出现，则单击"（数据透视表工具)—分析—(显示)—字段列表"。

步骤8：去掉所有字段列表中字段前的"√"；将"品名"字段拖至"行"区域；将"进货价"和"销售价"拖至"值"区域，如图58.5所示。产生的数据透视表如图58.6所示。

图58.5　创建新的数据透视表

图58.6　新的数据透视表

步骤9：单击B20单元格，将"求和项：进货价"改为"成本价"；单击C20单元格，将"求和项：销售价"改为"零售价"，如图58.7所示。

步骤10：单击数据透视表中的任意单元格，如A20，再单击"(数据透视表工具)—分析—(工具)—数据透视图"，弹出"插入图表"对话框。在对话框的左侧选择"柱形图"，右侧选择"簇状柱形图"，单击"确定"按钮。产生的数据透视图如58.8所示。

图58.7　改进后的数据透视表

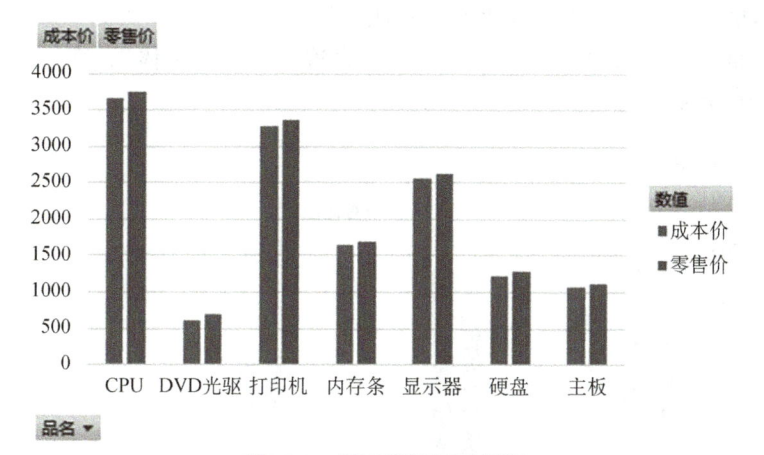

图58.8　新建的数据透视图

步骤11：优化数据透视图。右击网格线，选择"删除"命令；或者直接选中网格线，按Delete键删除；右击图例，选择"删除"命令；或者直接选中图例，按Delete键删除。

单击图中的"成本价"数据系列，此时所有"成本价"柱形图被选中，在"成本价"柱条上右击，选择"设置数据序列格式"命令，弹出"设置数据系列格式"对话框。单击"填充与线条"选项图标，再单击"填充"扩展具体设置内容。选择"渐变填充","预设渐变"选择"中等渐变—个性色1","类型"选择"路径",单击对话框右上角的"关闭"按钮,如图58.9所示。

同上操作,将"零售价"数据系列设为"渐变填充","预设渐变"选择"中等渐变—个性色2","类型"选择"路径",单击对话框右上角的"关闭"按钮。

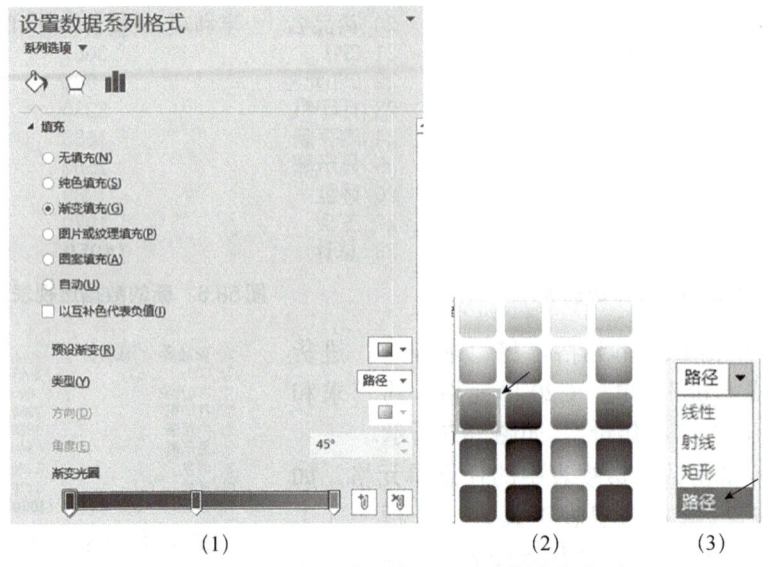

图58.9 设置成本价的填充、预设渐变和类型

步骤12:单击"插入—(文本)—文本框—横排文本框",在数据透视图中拖曳鼠标,生成文本框,在文本框中输入"价格对比图"。

单击文本框,再单击"开始—(字体)",设置字体为"黑体"、字号为"20",最终结果如图58.10所示。

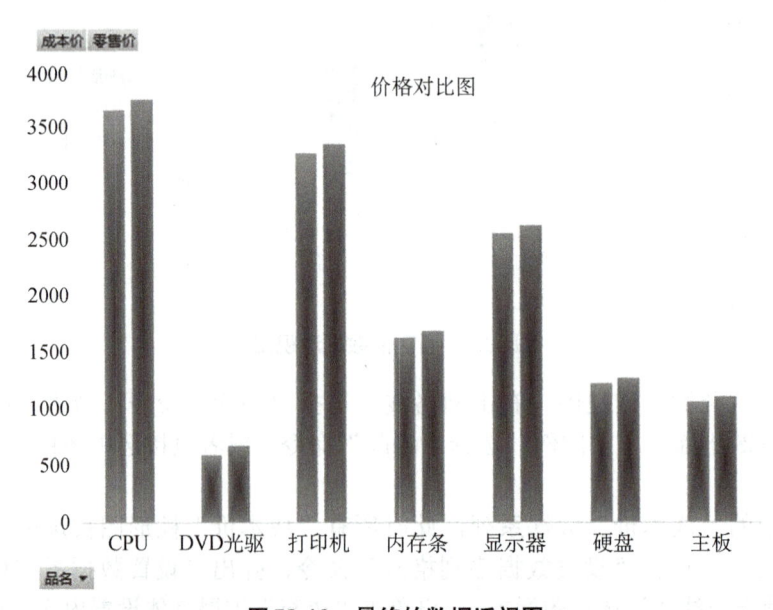

图58.10 最终的数据透视图

步骤13：单击数据透视图左下角"品名"筛选，取消勾选"全选"，仅勾选"CPU"和"内存条"，如图58.11 所示。

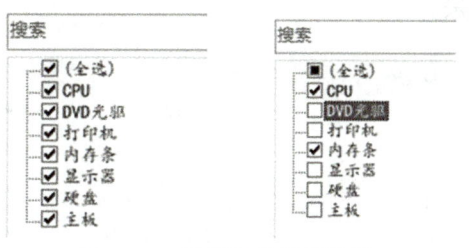

图58.11 选择部分数据绘图

单击"确定"按钮，数据透视图根据筛选而变化，如图58.12 所示。

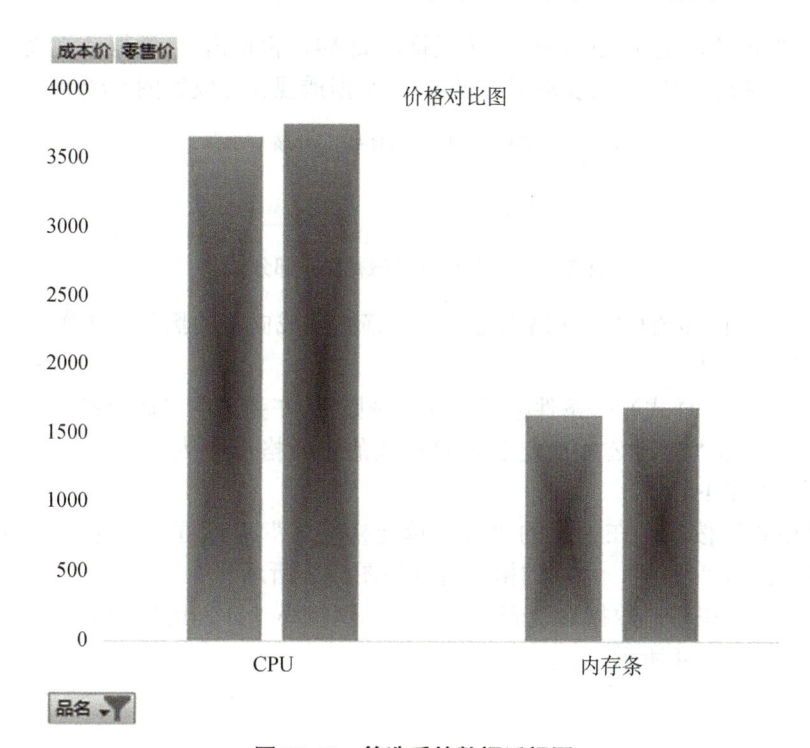

图58.12 筛选后的数据透视图

子任务 59　创建带条件格式的数据透视表

Excel自从2010版起，就引入了迷你图、进度条、色阶等功能，这些功能可以与数据透视表无缝对接，让数据透视表的可读性更强。

本子任务对应文件"59带条件格式的数据透视表"。

步骤1：单击工作表标签"带条件格式透视表"。

步骤2：单击"插入—（表格）—数据透视表"，在弹出的"创建数据透视表"对话框中单击"确定"按钮，在新工作表中插入空白数据透视表。

步骤3：在新工作表的"数据透视表字段"对话框中，将"月份"字段和"销售员"字段依次拖到"行"区域，将"计划销量"和"实际销量"两个字段依次拖到"值"区域，如图59.1所示。

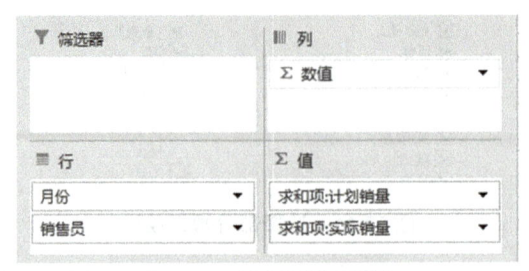

图59.1　创建数据透视表

步骤4：单击数据透视表中的任意单元格，如A4，再单击"（数据透视表工具）—设计—（布局）—报表布局—以表格形式显示"，数据透视表变成如图59.2所示形式。

3	月份	销售员	求和项:计划销量	求和项:实际销量
4	⊟1月份	陈枫	630	980
5		刘婷	830	740
6		徐厚盛	980	950
7		张顺天	840	890
8	1月份 汇总		3280	3560

图59.2　初始的数据透视表（部分）

步骤5：将光标移至B4单元格上方，鼠标箭头变成向下的黑色箭头⬇，此时单击鼠标，选中整个数据列。

单击"开始—（样式）—条件格式—新建规则"，在弹出的"新建格式规则"对话框中，规则类型选择"使用公式确定要设置格式的单元格"，"为符合此公式的值设置格式"输入公式"=D4<C4"。

单击"格式"按钮，在弹出的"设置单元格格式"对话框中，选择"填充"选项卡，选择背景色为"红色"，最终的格式规则如图59.3所示。

单击"确定"按钮，数据透视表中所有实际销量小于计划销量的销售员其单元格背景变成红色，如图59.4所示。

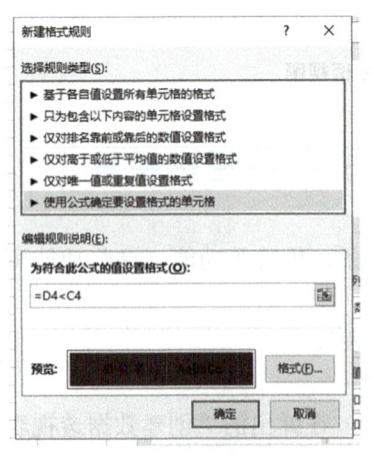

图59.3　设置单元格规则

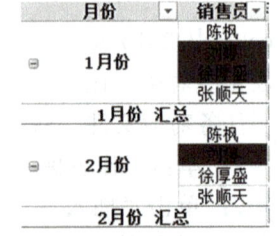

图59.4　给单元格应用规则（部分）

步骤 6：选择 C4:C7 区域，按住 Ctrl 键，依次选取 C9:C12、C14:C17、C19:C22、C24:C27、C29:C32，单击"开始—（样式）—条件格式—数据条—（实心填充）—绿色数据条"。

同样对 D 列的相应区域单元格设置绿色数据条，所选区域的单元格加上了绿色数据条，如图 59.5 所示。

图 59.5 给数据加上数据条（部分）

> **技巧**
>
> 1. 操作数据透视表中的条件格式进度条时，没有全选所有数据，因为求和项的数据一般较大，与分项数据对比，进度条就显得太短，起不到比对的直观效果。
> 2. 选取数据时可以先选取全部，再单击不需要的单元格。

子任务 60　创建带迷你图的数据透视表

Excel 的迷你图可以绘制在数据透视表中，数据透视表的迷你图相对数据透视图来说，更加小巧。它可以与数据透视表完全融合，如果再加上数据筛选，其直观性更加明显。

本子任务对应文件"60 带迷你图的数据透视表"。

步骤 1：单击工作表标签"迷你图透视表"。

步骤 2：单击"插入—（表格）—数据透视表"，在弹出的"创建数据透视表"对话框中单击"确定"按钮，在新工作表中创建了一个空白数据透视表。

在"数据透视表字段"对话框中，将"月份"字段拖到"列"区域，将"销售员"字段拖到"行"区域，将"实际销量"字段拖到"值"区域，如图 60.1 所示。

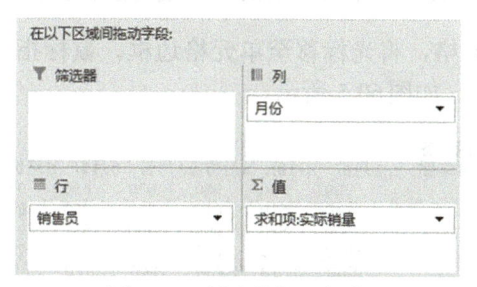

图 60.1 创建数据透视表

在工作表中产生的数据透视表如图60.2所示。

求和项:实际销量	列标签						
行标签	1月份	2月份	3月份	4月份	5月份	6月份	总计
陈枫	980	940	980	630	690	980	5200
刘婷	740	610	610	770	830	830	4390
徐厚盛	950	880	900	900	630	980	5240
张顺天	890	700	800	840	660	760	4650
总计	3560	3130	3290	3140	2810	3550	19480

图60.2 生成的数据透视表

步骤3：单击月份标题行任意单元格，如B4单元格，再单击"（数据透视表工具）—分析—（计算）—域、项目和集—计算项"，弹出"在'月份'中插入计算字段"对话框。

在"在'月份'中插入计算字段"对话框中，"名称"框中输入"迷你图"，在"公式"框中不输入任何内容，清空公式框中的"="，单击"添加"按钮，如图60.3所示。

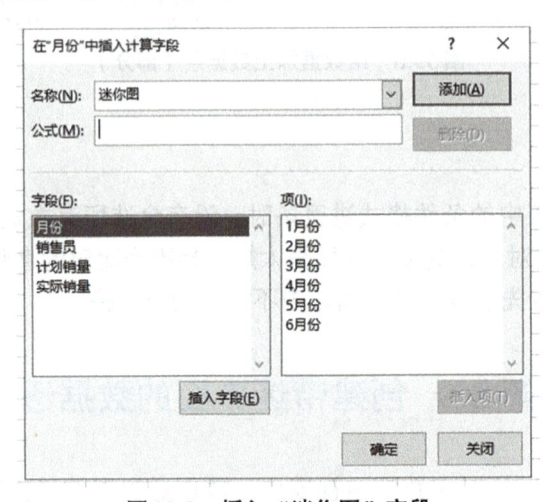

图60.3 插入"迷你图"字段

"迷你图"字段被插入到"项"区域，单击"确定"按钮返回，在月份后增加了一列，如图60.4所示。

求和项:	列标							
行标签	1月份	2月份	3月份	4月份	5月份	6月份	迷你图	总计
陈枫	980	940	980	630	690	980		5200
刘婷	740	610	610	770	830	830		4390
徐厚盛	950	880	900	900	630	980		5240
张顺天	890	700	800	840	660	760		4650
总计	3560	3130	3290	3140	2810	3550		19480

图60.4 增加"迷你图"字段的数据透视表

步骤4：选中H4单元格，将光标移至单元格边框，鼠标指针变成带方向的十字箭头时，拖动区域到B列左边，如图60.5所示。

求和项:	列标签							
行标签	迷你图	1月份	2月份	3月份	4月份	5月份	6月份	总计
陈枫		980	940	980	630	690	980	5200
刘婷		740	610	610	770	830	830	4390
徐厚盛		950	880	900	900	630	980	5240
张顺天		890	700	800	840	660	760	4650
总计		3560	3130	3290	3140	2810	3550	19480

图60.5 移动"迷你图"字段

选中 B5:B8 区域，单击"插入—（迷你图）—折线图"，弹出"创建迷你图"对话框。"数据范围"框中输入"C5:H8"，"位置范围"默认为"B5:B8"，如图 60.6 所示。

单击"确定"按钮，在数据透视表中插入了迷你图，如图 60.7 所示。

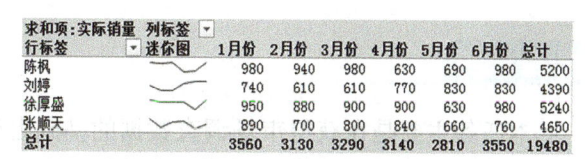

图 60.6　插入迷你图

图 60.7　插入迷你图的数据透视表

求和项:实际销量	列标签							
行标签	迷你图	1月份	2月份	3月份	4月份	5月份	6月份	总计
陈枫		980	940	980	630	690	980	5200
刘婷		740	610	610	770	830	830	4390
徐厚盛		950	880	900	900	630	980	5240
张顺天		890	700	800	840	660	760	4650
总计		3560	3130	3290	3140	2810	3550	19480

> **注 意**
>
> 1. 迷你图可以绘在数据透视表外的单元格区域内，不可以绘在数据透视表内，如果要绘在表内，必须通过插入字段的方法。
> 2. 插入的字段必须插入列标签的字段内。

任务 10　市场调查与预测分析

任务说明

本任务主要是在获得市场调查数据的基础上进行统计分析。本任务首先从数理统计的层面进行，然后通过模拟运算创建各种经营方案，便于对比各种方案，最后通过加载宏来解决生产问题。

任务结构

　　子任务61　对销售数据进行描述统计分析
　　子任务62　单变量模拟运算出口额
　　子任务63　双变量模拟运算出口额
　　子任务64　双变量模拟运算银行按揭方案
　　子任务65　创建模拟运算方案
　　子任务66　规划求解生产问题

统计分析，顾名思义即将信息统括起来进行计算的意思，常指对收集到的有关数据资料进行整理归类并进行解释的过程，是对数据进行定量处理的理论与技术。统计分析按不同的分类标志，可划分为不同的类别，常用的分类标准是功能标准，依此标准进行划分，统计分析可分为描述统计和推断统计。

1. 描述统计

描述统计是将研究中所得的数据加以整理、归类、简化或绘制成图表，以此描述和归纳数据的特征及变量之间的关系的一种最基本的统计方法。描述统计主要涉及数据的集中趋势、离散程度和相关强度，最常用的指标有众数、平均数、标准差、相关系数等。

2. 推断统计

推断统计指用概率形式来决断数据之间是否存在某种关系及用样本统计值来推测总体特征的一种重要的统计方法。推断统计包括总体参数估计和假设检验，最常用的方法有Z检验、T检验、卡方检验等。

子任务61　对销售数据进行描述统计分析

所谓描述统计分析，就是对一组数据的各种数学特征进行分析，以便于描述测量样本的各种特征及其所代表的总体的特征。描述统计分析的项目有很多，常用的如平均数、标准差、中位数、频数分布、正态或偏态程度等。

本子任务对应文件"61销售数据的描述统计分析"。

步骤1： 加载数据分析库。

单击"文件—选项"，打开"Excel选项"对话框。单击左侧的"加载项"，在右侧单击"转到"按钮，打开"加载宏"对话框，如图61.1所示。

勾选"分析工具库"和"规划求解加载项"两项，单击"确定"按钮。

步骤2： 单击工作表标签"描述统计分析"。

单击"数据—（分析）—数据分析"，打开"数据分析"对话框，选择"描述统计"，如图61.2所示。单击"确定"按钮，打开"描述统计"对话框。

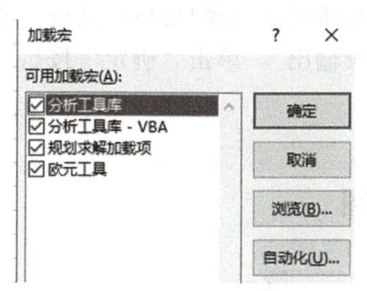

图61.1 加载分析工具库 图61.2 选择分析工具

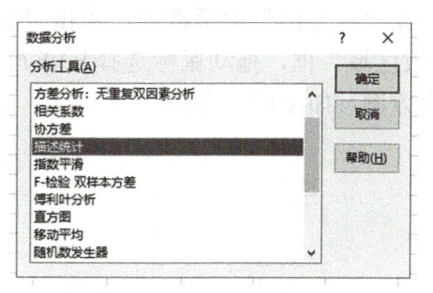

步骤3： 在打开的"描述统计"对话框中，"输入区域"框中输入B1:D55区域；"分组方式"点选"逐列"；勾选"标志位于第一行"选项；勾选"汇总统计"和"平均数置信度95%"选项，如图61.3所示。

单击"确定"按钮，在新的工作表中出现统计结果，如图61.4所示。

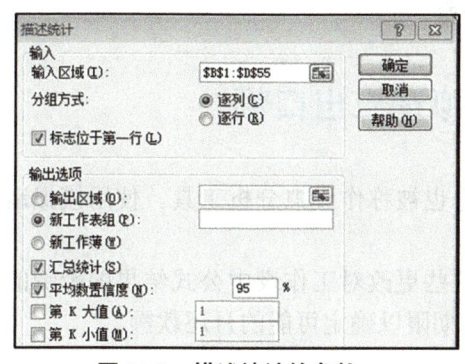

图61.3 描述统计的参数 图61.4 描述统计的结果

步骤4： 以轴承的厚度为例，进一步分析数据，并绘制分析直方图。

单击"描述统计分析"工作表标签，在E1单元格中输入"厚度组距"；在E2列单元格中分别输入：18.51，19.51，20.51，21.51，22.51，23.51，如图61.5所示。

组距数据用于分析轴承厚度的偏差情况。

步骤5： 单击"数据—（分析）—数据分析"，在弹出的"数据分析"对话框中选择"直方图"，单击"确定"按钮，弹出"直方图"对话框，如图61.6所示。

图61.5　添加组距

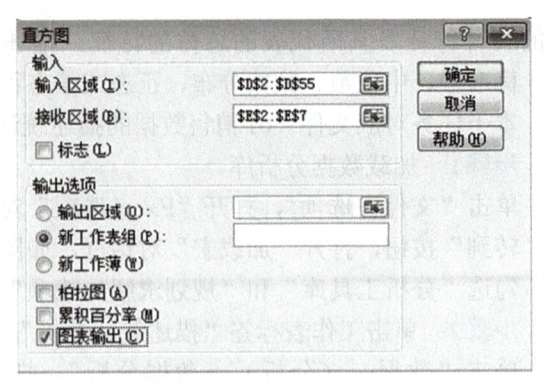

图61.6　绘制分析直方图

在"直方图"对话框中，单击"输入区域"框，拖动鼠标选择D2:D55区域，单击"接收区域"框，拖动鼠标选择E2:E7区域，勾选"图表输出"。单击"确定"按钮，出现直方图，如图61.7所示。

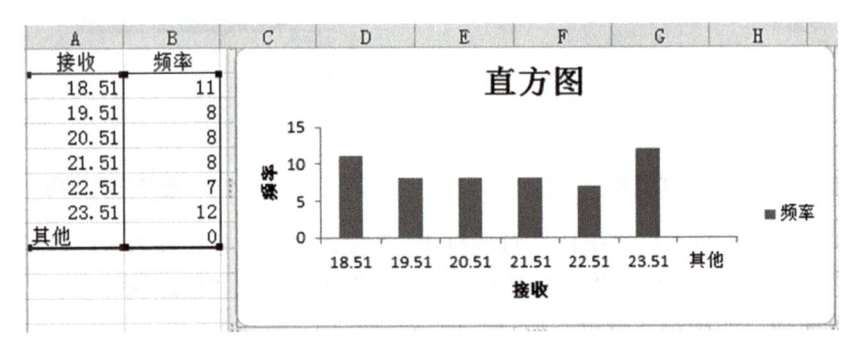

图61.7　分析直方图

直方图可以得出不同的厚度组距的轴承样本个数。

子任务62　单变量模拟运算出口额

模拟运算表是一组命令的组成部分，这些命令也被称作模拟分析工具。使用模拟运算表即意味着执行模拟分析。

模拟分析是指通过更改单元格中的值来查看这些更改对工作表中公式结果的影响的过程。例如，可以使用模拟运算表更改贷款利率和期限以确定可能的月还款额。

本子任务对应文件"62模拟运算出口额"。

步骤1：单击工作表标签"单变量模拟运算表"。

步骤2：单击B7单元格，输入公式"=B3*B4*B5"，输入完毕后按回车键。

单击B8单元格，输入公式"=B7*12"，输入完毕后按回车键。

步骤3：在D1与E1单元格中分别输入"汇率"和"月交易额"，在D3:D16区域产生以下数据：以6为初始数据，0.03为步长增加的等差数列。

步骤4：在E2单元格中输入"=B7"。

任务 10 ｜ 市场调查与预测分析

> **注 意**
> 1. E2 单元格中引用了 B7 单元格，B7 单元格中的公式为"=B3*B4*B5"，在 E1 单元格中引用这个公式为模拟运算做准备。
> 2. 模拟运算实际就是改变一个参数的函数运算，一个是因变量引用，一个是自变量引用。

步骤 5：单击 D2 单元格，拖动鼠标选定 D2:E16 区域。

单击"数据—（预测）—模拟分析—模拟运算表"，弹出"模拟运算表"对话框。

在弹出的"模拟运算表"对话框中，在"输入引用列的单元格"框中输入"B5"，如图 62.1 所示，单击"确定"按钮，得到模拟运算结果，如图 62.2 所示。

解释：D2:D16 是自变量，E2:E16 是因变量，自变量参照 B5 单元格，因变量的计算公式由 B7 单元格决定，最终计算出结果。单变量的模拟运算也可以由函数计算而来。

D	E
汇率	月交易额
	¥11,185.05
6	¥10,935.00
6.03	10989.675
6.06	11044.35
6.09	11099.025
6.12	11153.7
6.15	11208.375
6.18	11263.05
6.21	11317.725
6.24	11372.4
6.27	11427.075
6.3	¥11,481.75
6.33	¥11,536.43
6.36	¥11,591.10
6.39	¥11,645.78

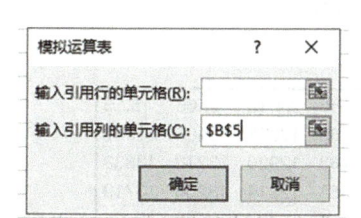

图 62.1 "模拟运算表"对话框

图 62.2 模拟运算结果

> **注 意**
> 1. 在创建完成的模拟运算表中，E3:E16 区域是模拟运算的结果，整个结果是一个数组区域，不能被单独修改或删除。
> 2. 当汇率变化时，交易额数据会随之变化。

子任务 63　双变量模拟运算出口额

在子任务 62 中，如果汇率与单价同时发生变化时，运算就变得复杂起来，利用双变量模拟运算可以很简便地计算出结果。

本子任务对应文件"63 双变量模拟运算出口额"。

步骤 1：单击工作表标签"双变量模拟运算"。

步骤2：单击B7单元格，输入公式"=B3*B4*B5"，输入完毕后按回车键。

单击B8单元格，输入公式"=B7*12"，输入完毕后按回车键。

步骤3：单击A10单元格，输入公式"=B7"。在B10:H10区域输入如下数据：从12.15开始，以0.5为步长递加；在A11:A18区域输入如下数据：从6.137开始，以0.05为步长递减，如图63.1所示。

¥11,185.05	12.15	12.65	13.15	13.65	14.15	14.65	15.15
6.137							
6.087							
6.037							
5.987							
5.937							
5.887							
5.837							
5.787							

图63.1　生成模拟运算的框架

步骤4：单击A10单元格，拖曳鼠标到H18单元格，选中A10:H18区域。

单击"数据—（预测）—模拟分析—模拟运算表"，弹出"模拟运算表"对话框。在"输入引用行的单元格"框中输入B3；在"输入引用列的单元格"框中输入B5，如图63.2所示。单击"确定"按钮，模拟运算结果如图63.3所示。

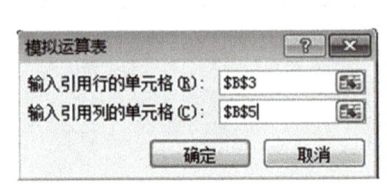

图63.2　双变量模拟运算参数表

¥11,185.05	12.15	12.65	13.15	13.65	14.15	14.65	15.15
6.137	11184.6825	11645	12105	12566	13026	13486	13946
6.087	11093.5575	11550	12007	12463	12920	13376	13833
6.037	11002.4325	11455	11908	12361	12814	13266	13719
5.987	10911.3075	11360	11809	12258	12707	13156	13605
5.937	10820.1825	11265	11711	12156	12601	13047	13492
5.887	10729.0575	11171	11612	12054	12495	12937	13378
5.837	10637.9325	11076	11513	11951	12389	12827	13265
5.787	10546.8075	10981	11415	11849	12283	12717	13151

图63.3　模拟运算结果

步骤5：单击模拟运算表中的A10单元格，将内容改为"=B8"，修改完毕后按回车键，则模拟运算表的内容改变为按年计算的模拟运算结果，如图63.4所示。

¥134,220.56	12.15	12.65	13.15	13.65	14.15	14.65	15.15
6.137	134216.19	139739	145262.79	150786.09	156309.39	161832.69	167355.99
6.087	133122.69	138601	144079.29	149557.59	155035.89	160514.19	165992.49
6.037	132029.19	137462	142895.79	148329.09	153762.39	159195.69	164628.99
5.987	130935.69	136324	141712.29	147100.59	152488.89	157877.19	163265.49
5.937	129842.19	135185	140528.79	145872.09	151215.39	156558.69	161901.99
5.887	128748.69	134047	139345.29	144643.59	149941.89	155240.19	160538.49
5.837	127655.19	132908	138161.79	143415.09	148668.39	153921.69	159174.99
5.787	126561.69	131770	136978.29	142186.59	147394.89	152603.19	157811.49

图63.4　修改公式改变运算结果

子任务 64　双变量模拟运算银行按揭方案

银行按揭指的是消费者按一定的利率从银行贷得一定数额的贷款，然后按月向银行分期支付本息，直至全部还清贷款和利息。

按揭贷款的还款方式有两种：等额还款法与等本还款法。目前选用等额还款方式比较多，因为它相对于等本还款方式有前期还款压力小的特点，缺点是在前面月份的还款额中，利息所占的比例相对较大，而本金所占的比例相对较小，如果提前还款，会因为支付了更多的利息而吃亏。

作为贷款人，必须知道每期需要支付多少本金和利息？每期偿还的金额是否在预期的承受能力内？在贷款期内，遇到国家调整贷款利率，如何重新测算每期需要支付多少本金和利息？相比原来还款压力增加多少？

本子任务对应文件"64银行按揭计算"。

步骤1： 单击工作表标签"按揭计算"。

步骤2： 单击B5单元格，输入公式"=PMT(B3/12, B4*12, B2, 0, 1)"；输入结束后按回车键，得到函数结果4293.51，如图64.1所示。

贷款分析表	
贷款本金	50000
贷款利率（年）	6.60%
贷款期限（年）	1
按月等额还款	¥-4,293.51

图64.1　银行按揭一年的还款计算

步骤3： 如果利率与贷款期限发生改变，模拟运算还款额。

单击A10单元格，输入公式"=B5"；在B10:H10区域输入数据，从1开始，以2为步长递加；在A11:A20区域输入数据，从6.60%开始，以0.20%为步长递增，如图64.2所示。

¥-4,293.51	1	3	5	7	9	11	13
6.60%							
6.80%							
7.00%							
7.20%							
7.40%							
7.60%							
7.80%							
8.00%							
8.20%							
8.40%							

图64.2　构建按揭计算表

> **提 高**
>
> 1. 等额还款函数是PMT()函数，格式为"PMT（利率，还款期数，贷款额，期末值，还款类型）"，其中还款类型为：0—期末还款，1—期初还款。
> 2. PMT()函数运算结果用红色负数表示，表示待付款项，数字格式可以修改。

步骤4： 单击A10单元格，拖动鼠标选择A10:H20区域。单击"数据—（预测）—模拟分析—模拟运算表"，弹出"模拟运算表"对话框。在"模拟运算表"对话框中，"输入引用行的单元格"选择B4单元格，"输入引用列的单元格"选择B3单元格，如图64.3所示。单击"确定"按钮，完成运算。

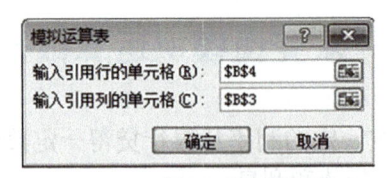

图64.3 模拟运算表参数

步骤5：在数据区域，产生模拟运算结果，如图64.4所示。

-4293.51	1.00	3.00	5.00	7.00	9.00	11.00	13.00
0.07	-4293.51	-1526.33	-975.29	-740.82	-611.87	-530.86	-475.65
0.07	-4297.38	-1530.61	-979.80	-745.53	-616.77	-535.94	-480.91
0.07	-4301.25	-1534.90	-984.32	-750.26	-621.69	-541.05	-486.20
0.07	-4305.12	-1539.20	-988.85	-755.00	-626.63	-546.18	-491.52
0.07	-4308.99	-1543.50	-993.40	-759.76	-631.60	-551.35	-496.88
0.08	-4312.86	-1547.81	-997.95	-764.54	-636.58	-556.54	-502.26
0.08	-4316.74	-1552.12	-1002.52	-769.34	-641.59	-561.75	-507.67
0.08	-4320.62	-1556.44	-1007.11	-774.15	-646.62	-566.99	-513.12
0.08	-4324.50	-1560.77	-1011.70	-778.98	-651.68	-572.26	-518.59
0.08	-4328.38	-1565.11	-1016.30	-783.83	-656.75	-577.55	-524.09

图64.4 利率与期限变化的按揭结果

子任务65 创建模拟运算方案

在分析运算模型中，分析一到两个关键因素的变化对结果的影响时，可以使用模拟运算解决，但是如果遇到更多变量时，采用方案管理更容易解决问题。

本子任务对应文件"65创建模拟运算方案"。

步骤1：单击工作表标签"方案"。

步骤2：选定A3:B5区域，单击"公式—（定义的名称）—根据所选内容创建"，弹出"以选定区域创建名称"对话框，如图65.1所示，勾选"最左列"选项，即以左边的单元格内容来命名右侧单元格，单击"确定"按钮。

步骤3：单击"数据—（预测）—模拟分析—方案管理器"，弹出"方案管理器"对话框，如图65.2所示。

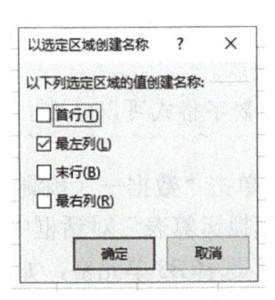

图65.1 "以选定区域创建名称"对话框

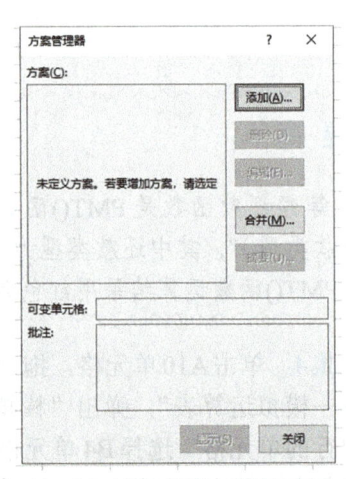

图65.2 "方案管理器"对话框创建方案

步骤4：单击"添加"按钮，弹出"编辑方案"对话框，如图65.3所示。在该对话框中，"方案名"即为本方案命名，输入"当前方案"。

"可变单元格"为方案中可以变化的参数的区域，单击扩展按钮，选择B3:B5区域，单击"确定"按钮，弹出"方案变量值"对话框，如图65.4所示。

在该对话框中显示三个变量的值，由于这是默认的值，不改动，单击"确定"按钮，返回"方案管理器"对话框；这时"方案管理器"对话框中已有一个刚才添加的方案，如图65.5所示。

图65.3 "编辑方案"对话框

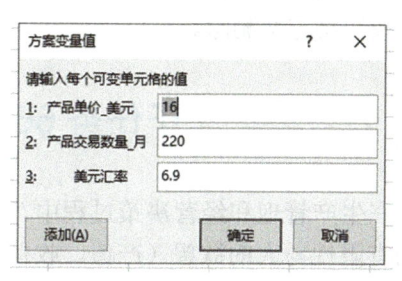

图65.4 "方案变量值"对话框输入当前方案变量值

步骤5：在"方案管理器"对话框中，单击"添加"按钮，增加一个方案；弹出"编辑方案"对话框，给新方案命名"最优方案"；"可变单元格"仍为B3:B5区域，单击"确定"按钮。

步骤6：在打开的"方案变量值"对话框中，"产品单价_美元"输入18；"产品交易数量_月"输入300；"美元汇率"输入6.7，如图65.6所示。

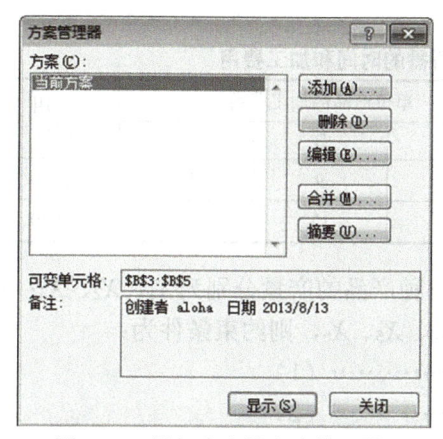

图65.5 添加方案的方案管理器

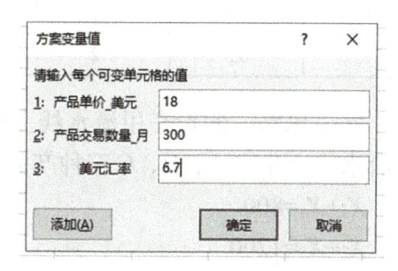

图65.6 输入最优方案变量值

单击"确定"按钮，此方案又出现在"方案管理器"对话框中。

步骤7：在"方案管理器"对话框中，选中任意一方案，再单击"显示"按钮，则会显示所设定参数运算的结果，如图 65.7 所示。

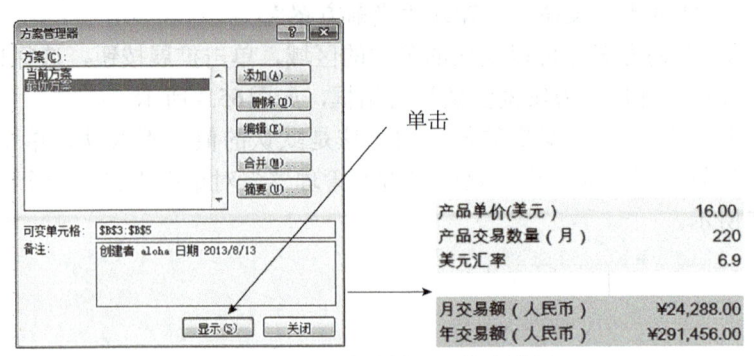

图 65.7　根据方案模拟运算出结果

对不满意的方案，可以单击该方案，再单击"编辑"按钮进行修改，或者单击"删除"按钮将方案删除。

子任务 66　规划求解生产问题

在生产管理和经营决策过程中，经常会遇到一些规划问题。规划分析主要是解决资源的有限性与人的欲望（产值、收益最大化）无限性之间的矛盾问题，即如何合理地利用有限的人力、物力、财力、时间等资源，得到最佳的经济效果，也就是说达到产量最大、利润最大、成本最小、耗时最少等目标。

某个生产问题：某工厂有甲、乙两条流水线，可生产 A、B、C 三种产品。假定这两条流水线最多可用于生产的时间分别为 1760 小时和 1800 小时，目前三种产品的生产任务量分别为 800 件、1200 件和 1000 件，且已知用两条不同流水线加工单位数量不同产品所需的时间和加工费用如表 66-1 所示。问怎样分配流水线的生产任务，才能既满足生产要求，又使生产费用最低？

表 66-1　两条流水线生产不同产品所需的时间和加工费用

流水线类型	单位产品所需生产时间			单位产品的加工费用			可用时间
	A	B	C	A	B	C	
甲	0.4	1.1	1.0	13	9	10	1760
乙	0.5	1.2	1.3	11	12	8	1800

解决思路：假设在甲流水线上生产 A、B、C 三种产品的产量分别为 X_1、X_2、X_3；在乙流水线上生产 A、B、C 三种产品的产量分别为 X_4、X_5、X_6，则约束条件为：

$X_1+X_4=800$ ……………………（1）

$X_2+X_5=1200$ ……………………（2）

$X_3+X_6=1800$ ……………………（3）

$0.4X_1+1.1X_2+X_3 \leqslant 1760$ ……………………（4）

$0.5X_4+1.2X_5+1.3X_6 \leqslant 1800$ ……………………（5）

X_1, X_2, X_3, X_4, X_5, $X_6 \geqslant 0$ ……………（6）

最优函数为：

MIN $Z=13X_1+9X_2+10X_3+11X_4+12X_5+8X_6$

本子任务对应文件"66规划求解生产问题"。

步骤1：单击工作表标签"规划求解"。

单击"文件—选项"，弹出"Excel选项"对话框；在该对话框中，单击左侧的"加载项"，再单击右侧的"转到"按钮，如图66.1所示。

弹出"加载宏"对话框，如图66.2所示。勾选"规划求解加载项"，单击"确定"按钮。

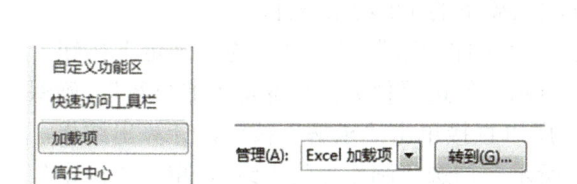

图66.1 打开加载项

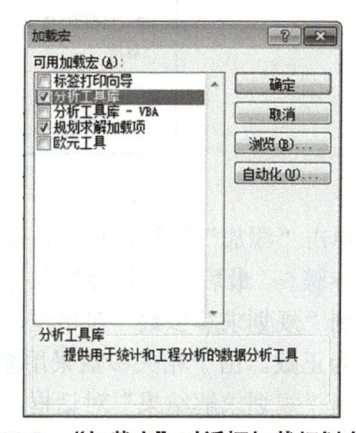

图66.2 "加载宏"对话框加载规划求解

步骤2：输入最优函数公式。单击B1单元格，输入公式"=13*B4+9*B5+10*B6+11*B7+12*B8+8*B9"，这个公式就是最优函数。

步骤3：输入约束条件公式。

单击A12单元格，输入公式"=B4+B7"；单击B12单元格，输入"="；单击C12单元格，输入800；这个区域对应约束条件（1）。

单击A13单元格，输入公式"=B5+B8"；单击B13单元格，输入"="；单击C13单元格，输入1200，这个区域对应约束条件（2）。

单击A14单元格，输入公式"=B6+B9"；单击B14单元格，输入"="；单击C14单元格，输入1800，这个区域对应约束条件（3）。

单击A15单元格，输入公式"=0.4*B4+1.1*B5+B6"；单击B15单元格，输入"<="；单击C15单元格，输入1760；这个区域对应约束条件（4）。

单击A16单元格，输入公式"=0.5*B7*1.2*B8+1.3*B9"；单击B16单元格，输入"<="；单击C16单元格，输入1800；这个区域对应约束条件（5）。

步骤4：单击"数据—（分析）—规划求解"，弹出"规划求解参数"对话框。

在"规划求解参数"对话框中，单击"设置目标"框，选择B1单元格；单击"通过更改可变单元格"框，选择B4:B9区域，如图66.3所示。

单击"规划求解参数"对话框中的"添加"按钮，弹出"添加约束"对话框；在"添加约束"对话框中，单击"单元格引用"框，选择A12单元格，关系运算选择"="，单击"约束"框，选择C12单元格。至此，第一个条件输入完毕，如图66.4所示。

图66.3 规划求解部分参数

图66.4 添加条件一

单击"添加"按钮，将条件保存，继续输入剩下的5个约束条件。

步骤5： 最后一个条件输入完毕后，单击"添加约束"对话框中的"确定"按钮，返回到"规划求解参数"对话框，如图66.5所示。勾选"使无约束变量为非负数"，确保参数为正数。由于相关参数采用系统默认，所以直接单击"求解"按钮，计算出结果，并弹出"规划求解结果"对话框，如图66.6所示。勾选"制作报告大纲"，单击"确定"按钮。

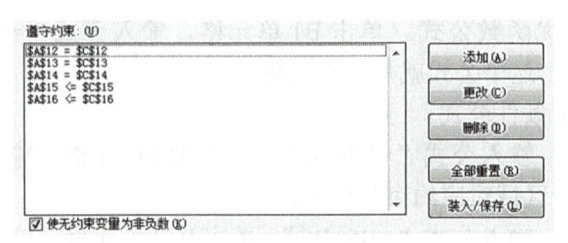

图66.5 所有的约束条件

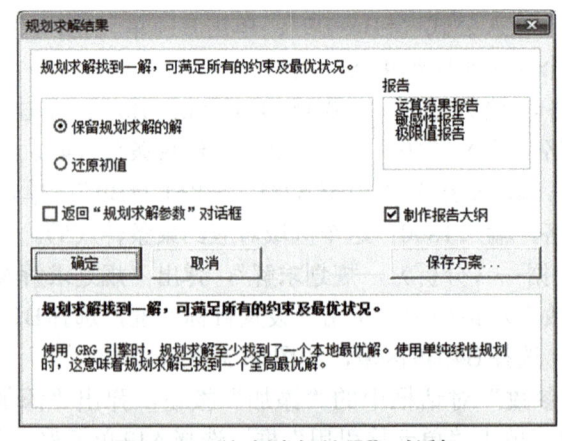

图66.6 "规划求解结果"对话框

步骤 6：规划求解的结果直接显示在"目标"单元格 B1 中,参数结果显示在"可变单元格"区域 B4:B9 中,如图 66.7 所示。

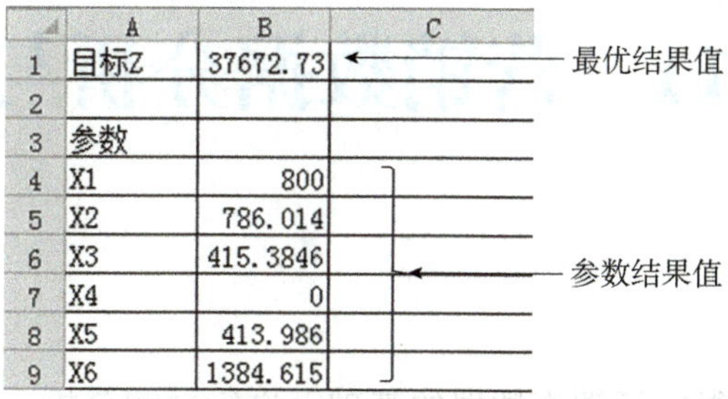

	A	B	C
1	目标Z	37672.73	← 最优结果值
2			
3	参数		
4	X1	800	
5	X2	786.014	← 参数结果值
6	X3	415.3846	
7	X4	0	
8	X5	413.986	
9	X6	1384.615	

图 66.7 规划求解的结果

任务 11　营销数据分析与应用

任务说明

本任务主要是在获得市场调查数据的基础上进行预测分析。任务首先从数理统计的层面进行，然后通过模拟运算创建各种营销方案，便于对比各种方案，促进商品销售。

任务结构

子任务67　分析人口结构对销售量的影响
子任务68　分析广告对销售额的影响
子任务69　根据销售额细分市场
子任务70　多因素细分市场
子任务71　根据市场调查图细分市场

子任务 67　分析人口结构对销售量的影响

收集到销售数据之后，营销分析师在给出以什么样的方式做广告的建议之前，需要了解什么类型的人群愿意购买该产品。例如，跑车就不宜在《老年周报》上做广告，因为老年人不太会关注跑车，老年人也不是跑车的重点销售目标人群，因此在《老年周报》上投放跑车广告效果会明显不如其他报纸或媒介。

本子任务对应文件"67 分析人口结构数据"。

步骤1：单击工作表标签"人口结构对销售量的影响"。

步骤2：单击列标签"C"，选中整个C列；在选中区域右击，选择"插入"命令；新插入的C列用来存放收货地址的省份。

步骤3：单击C1单元格，输入"省名"；单击C2单元格，输入函数"=LEFT(D2, FIND("省", D2))"。

> **提　高**
>
> 1. LEFT（单元格或字符串，长度）函数，作用是从左侧截取"单元格或字符串"，截取的长度是函数的第二个参数指定的"长度"。
> 2. FIND（字符，单元格或字符串），函数的作用是找到"字符"在"单元格或字符串"中的位置。

3. 步骤3中的函数，就是用FIND函数找到收货地址中第一个空格的位置，再将收货地址中从开始向右到第一个空格处所有的字符截取出来，即省名。

步骤4：单击C2单元格的填充柄，得到整个C列数据，如图67.1所示。

图67.1　原始数据

步骤5：单击工作表任意区域，如A1，再单击"插入—（表格）—数据透视表—数据透视表"，弹出"创建数据透视表"对话框，如图67.2所示。

步骤6：在"创建数据透视表"对话框中，Excel默认选定整个数据区域；新建的数据透视表放在"新工作表"中。

单击"确定"按钮，Excel新建一个工作表，里面有一张空白的数据透视表，如图67.3所示。

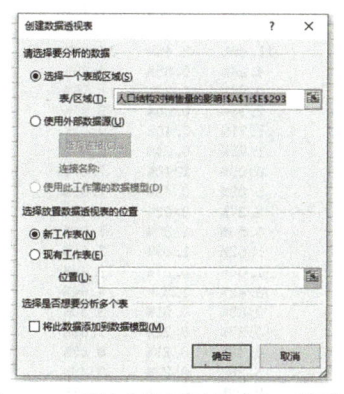

图67.2　"创建数据透视表"对话框

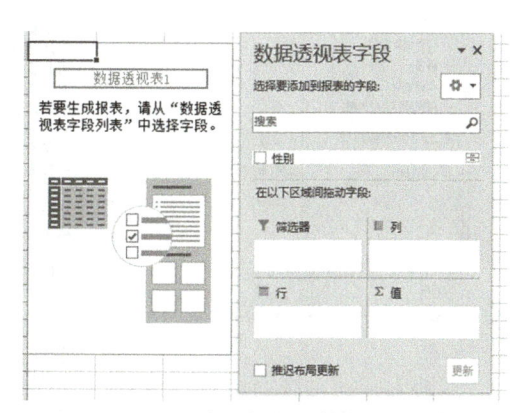

图67.3　未添加数据的数据透视表

步骤7：在"数据透视表字段列表"对话框中，将"性别"字段拖到"行"区域，将"买家实际支付金额"拖到"值"区域，数据透视表随即产生数据，如图67.4所示。

图67.4　带有数据的数据透视表

步骤8：单击"数据透视表字段"对话框的"值"区域中求和项的下拉箭头，选择"值字段设置"，弹出"值字段设置"对话框，如图67.5所示。

选中"值显示方式"选项卡，在"值显示方式"下拉列表中，选择"总计的百分比"，单击"确定"按钮，最终数据透视表数据按性别显示买家支付金额的百分比。

201

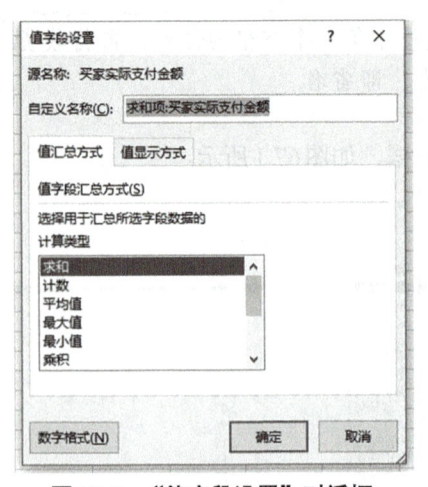

图67.5 "值字段设置"对话框

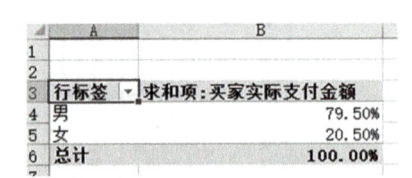

图67.6 按性别显示买家实际支付金额的百分比

步骤9：单击数据透视表中的任意单元格，在"数据透视表字段"对话框中，将"行"区域中的"性别"字段拖到"列"区域中，将字段列表中"省名"拖到"行"区域中，数据透视表自动变成二维表格，显示按性别和省名的统计结果，如图67.7所示。

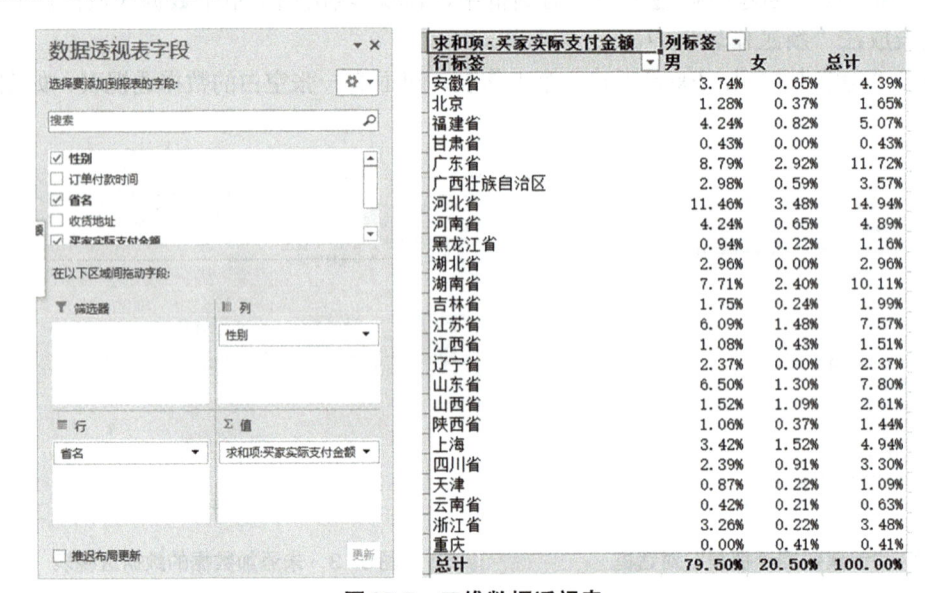

图67.7 二维数据透视表

子任务68 分析广告对销售额的影响

商品经济时代，市场充满竞争，若要抢占更多市场份额，必须通过广告来扩大影响力。当前市场促销手段主要有网络、电视、广播、报纸、灯箱等。

企业在某一时段，可能采用多个方式做广告，但是其中某一个广告方式是否能带来收益，需要通过数据分析来验证。

本子任务对应文件"68广告分析"。

任务 11　营销数据分析与应用

步骤 1：单击工作表标签"广告对销售额影响"。

单击 F3 单元格，拖动鼠标选择 F3:H7 区域，输入公式"=LINEST(B3:B10, C3:D10, 1, 1)"，输入完毕后，按 Ctrl+Shift+Enter 快捷键，结果如图 68.1 所示。

根据计算结果，得到广告与销售额的拟合方程：
$$Y=2.28X_1+1.27X_2+166.5657$$

F	G	H
1.274962	2.283844	166.5657
0.288418	0.281908	2.884132
0.929211	1.201704	#N/A
32.81629	5	#N/A
94.77954	7.220464	#N/A

图 68.1　数组运算结果

🌸 基　础

1. 函数格式：LINEST（已知 Y 值，[已知 X 值]，[常数是否为 0]，[是否返回附加回归统计值]）；函数拟合 $y=mx+b$ 或 $y=m_1x_1+m_2x_2+\cdots+b$。

2. 函数为数组函数，返回一个数组，其中第一行返回的是系数和常量 m_1、m_2、b，即 1.27、2.28、166.56；第二行返回的是 m_1、m_2、b 的标准误差值，即 0.2884、0.2819、2.8841；第三行返回的是判定系数（0.929211）和常量 Y 的标准误差值（1.201704）；第四行为 F 统计或 F 观察值（32.81629）和自由度（5）；第五行返回结果为回归平方和（SSREG，94.77954）和残差平方和（SSRESID，7.220464）。

步骤 2：显著性检验。

单击 F9 单元格，输入公式"=FINV(0.05, 8-1, 8-2)"，其中，a=0.05 为显著性水平，n=8 为样本数，k=2 为自变量数；单击 G9 单元格，输入公式"=IF(F6>F9,″显著″,″不显著″)"。结果如图 68.2 所示。

步骤 3：对回归系数进行显著性检验。

求出常数项 b 的 t 值；单击 F11 单元格，输入"t 值"，单击 F12 单元格，输入公式"=H3/H4"；

求出自变量 x_1 的系数 m_1 的 t 值；单击 F13 单元格，输入公式"=G3/G4"；

求出自变量 x_2 的系数 m_2 的 t 值；单击 F14 单元格，输入公式"=F3/F4"；

求出各 t 值相应的 p 值。单击 G11 单元格，输入"p 值"；单击 G12 单元格，输入公式"=TDIST(F12, 8-2, 2)"，输入完毕后，按回车键；拖动 G12 单元格的填充柄到 G14 单元格，结果如图 68.3 所示。

步骤 4：显著性判断。

单击 H12 单元格，输入公式"=IF(G12<0.05,″显著″,″不显著″)"，输入完毕后按回车键；拖动 H12 单元格填充柄到 H14 单元格，产生结果，如图 68.4 所示。

1.274962	2.283844	166.5657
0.288418	0.281908	2.884132
0.929211	1.201704	#N/A
32.81629	5	#N/A
94.77954	7.220464	#N/A
4.206658	显著	

图 68.2　显著性检验

t 值	p 值
57.75245	0.000000001811
8.101394	0.000189718089
4.420531	0.004468386341

图 68.3　回归系数显著性

t 值	p 值	
57.75245	0.000000001811	显著
8.101394	0.000189718089	显著
4.420531	0.004468386341	显著

图 68.4　显著性判断

根据结果，在总体拟合优度 0.95 的条件下，通过了 F 检验，回归方程总体显著；从回归系数的检验来看,电视广告和报纸广告的回归系数均显著,说明电视广告和报纸广告对销售收入都有显著影响。

步骤5:运用回归工具进行多元回归分析。

单击B16单元格,再单击"数据—(分析)—数据分析",弹出"数据分析"对话框,在对话框中选择"回归",如图68.5所示。

单击"确定"按钮,弹出"回归"对话框;在"回归"对话框中,单击"Y值输入区域"框,选择B2:B10区域;单击"X值输入区域"框,选择C2:D10区域;勾选"标志",勾选"置信度",在其右侧框中输入95;在"输出选项"选项组中单击"输出区域",选择B16:H28区域;"残差"部分,勾选"残差""残差图",如图68.6所示。

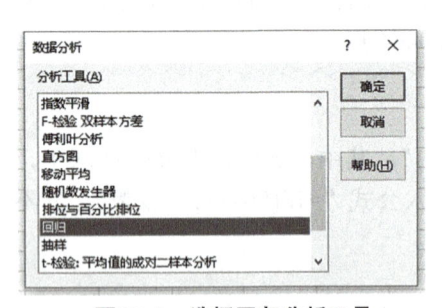

图68.5 选择回归分析工具

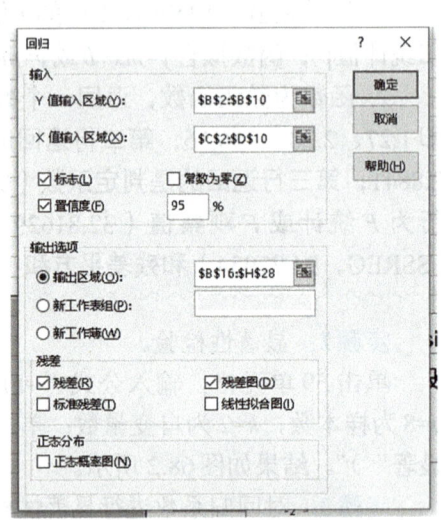

图68.6 回归分析设置

单击"确定"按钮,得到分析结果,如图68.7所示,分析得到的残差结果,如图68.8所示。

回归统计	
Multiple R	0.963955986
R Square	0.929211142
Adjusted R Square	0.900895599
标准误差	1.201704082
观测值	8

方差分析

	df	SS	MS	F	Significance F		
回归分析	2	94.7795365	47.38977	32.81629	0.001333252		
残差	5	7.220463501	1.444093				
总计	7	102					

	Coefficients	标准误差	t Stat	P-value	Lower 95%	Upper 95%	下限 95.0%	上限 95.0%
Intercept	166.5656849	2.884131931	57.75245	2.94E-08	159.1517877	173.9796	159.1518	173.9796
电视广告投入	2.283844253	0.281907565	8.101394	0.000465	1.559177788	3.008511	1.559178	3.008511
报纸广告投入	1.274961598	0.288418209	4.420531	0.006889	0.533558988	2.016364	0.533559	2.016364

图68.7 回归分析结果

电视广告投入、报纸广告投入的残差图,如图68.9所示。

从回归系数检验来看,两个自变量对应的回归系数的 p 值均小于0.05,因此,两个自变量均对总收入有显著影响。

观测值	预测 销售收入	残差
1	193.2290122	-1.229012222
2	180.8009083	-0.800908302
3	188.6613237	1.338676284
4	184.3597142	-0.359714152
5	189.1934816	0.8065184
6	188.417418	-0.417418019
7	188.6945836	-0.694583584
8	186.6435584	1.356441595

图 68.8 残差分析

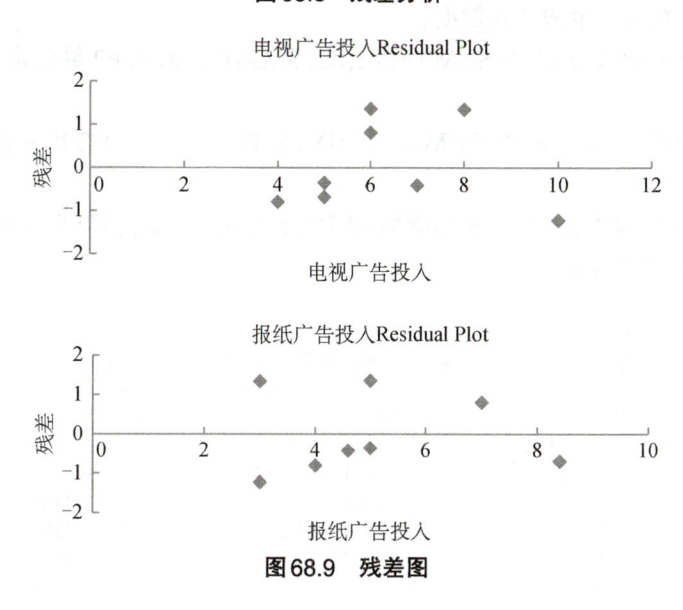

图 68.9 残差图

子任务 69　根据销售额细分市场

通常市场营销人员需要根据调查数据将对象分组（或聚类），以使每组中的对象都是相似的，或者可以针对不同的组制订相适应的促销策略、定价策略或者不同的产品策略，这也就是市场细分。

根据市场调查，收集了某个网店销售数据，经过汇总，共有 90 座城市，现要将这 90 座城市根据销售额分成 4 组目标市场。

本子任务对应"69 根据销售额细分市场"。

步骤 1： 单击工作表标签"根据销售额细分市场"。

步骤 2： 在 L1 单元格中输入"平均值"；在 L2 单元格中输入"标准差"。

在 M1 单元格中输入公式"=AVERAGE(C2:C91)"，得到销售额的平均值；

在 M2 单元格输入公式"=STDEV(C2:C91)"，得到销售额的标准差。

步骤 3： 在 D1 单元格中输入"正态化值"；在 D2 单元格中输入公式"=STANDARDIZE(C2, $M$1, $M$2)"；双击 D2 单元格的填充柄，计算整个 D 列的正态化值，如图 69.1 所示。

步骤 4： 在 K3:K6 区域输入"城市 1、城市 2、城市 3、城市 4"。

在L3:L6区域输入预设的序号"1、2、3、4"。

步骤5：在M3单元格中输入公式"=VLOOKUP(L3, $A$1:$D$91, 4, 0)"，拖动M3单元格填充柄到M6单元格。

步骤6：在E1单元格中输入"数值差平方和1"，拖动E1单元格填充柄到H1。

在E2单元格中输入公式"=SUMXMY2(D2, $M$3)"，双击E2单元格填充柄，生成E列数据。

在F2单元格中输入公式"=SUMXMY2(D2, $M$4)"，双击F2单元格填充柄，生成F列数据。

在G2单元格中输入公式"=SUMXMY2(D2, $M$5)"，双击G2单元格填充柄，生成G列数据。

在H2单元格中输入公式"=SUMXMY2(D2, $M$6)"，双击H2单元格填充柄，生成H列数据，如图69.2所示。

图69.1　计算正态化值

序号	城市	销售额	正态化值	数值差平方和1	数值差平方和2	数值差平方和3	数值差平方和4
1	安阳市	72	-2.21375	0	20.84850966	0.465503783	16.33119484
2	鞍山市	1551	2.352265	20.84850966	0	15.08342435	0.275446025
3	北京市	293	-1.53147	0.465503783	15.08342435	0	11.2822692
4	滨州市	1381	1.827436	16.33119484	0.275446025	11.2822692	0
5	沧州市	629	-0.49416	2.956984564	8.10215429	1.076012265	5.389821076
6	常州市	774	-0.04651	4.696917061	5.754143717	2.205102694	3.511689016
7	潮州市	942	0.472141	7.214017182	3.534868419	4.014468557	1.836824687
8	成都市	926	0.422745	6.951113958	3.723048569	3.818968596	1.973156173

图69.2　生成数据的分析表

步骤7：在I1单元格中输入"最小平方和"；在I2单元格中输入"=MIN(E2:H2)"，双击I2单元格的填充柄，产生I列数据。

步骤8：在J1单元格中输入"分类"；在J2单元格中输入"=MATCH(I2, E2:H2, 0)"，双击J2单元格的填充柄，产生J列数据。

这时，在J列中产生了初步城市分类结果，但不是最优的，下面还需要进一步优化这个分类结果。

步骤9：在K8单元格中输入"最小平方和之和"；在L8单元格中输入公式"=SUM(I2:I91)"。

步骤10：单击"数据—（分析）—规划求解"，弹出"规划求解参数"对话框。单击"设置目标"框，选择L8单元格；在"通过更改可变单元格"中选择L3:L6区域。

单击"添加"按钮，弹出"添加约束"对话框，输入三个约束：

第1个约束：L3:L6<=90；

第2个约束：L3:L6>=1；

第3个约束：L3:L6为整数。

具体参数设置如图69.3所示。

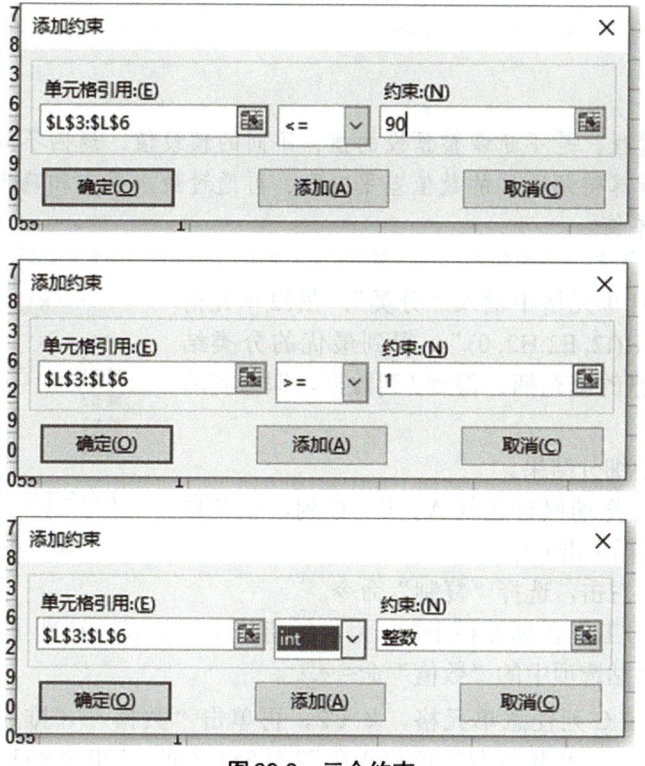

图69.3　三个约束

每次设置完成后，都要单击"添加"按钮，最后一次添加完成后单击"确定"按钮；在"规划求解参数"对话框的"选择求解方法"下拉列表中选择"演化"，如图69.4所示；单击"求解"按钮，Excel会花费一段时间求解。

由于复杂程度不一，不同机器求解时间长短不一，最终提示求解结束，如图69.5所示；单击"确定"按钮，得到结果，如图69.6所示。

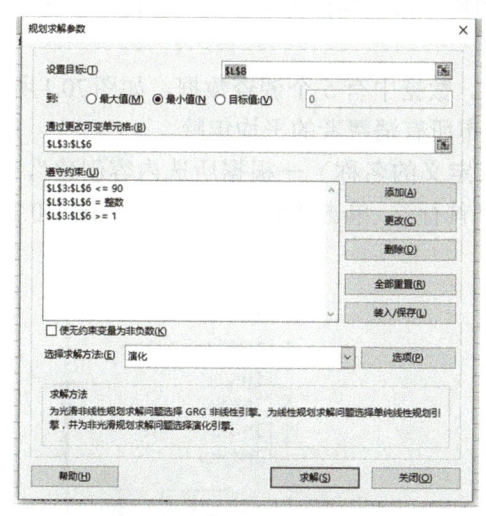

图69.4　添加完成的约束条件

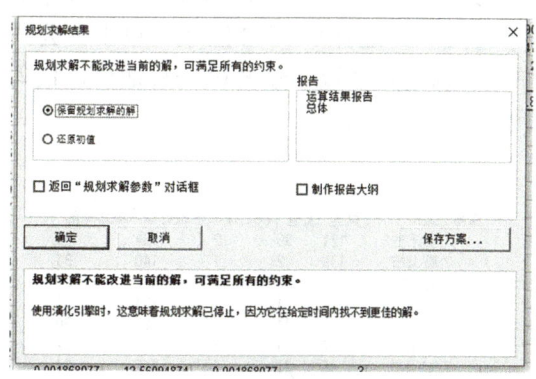

图69.5　求解结束

> **提 高**
>
> 规划求解的过程，是不断调整预设的值，不同的预设值，返回不同的正态化值，不同的正态化值，计算得到不同的数值差平方和，再通过最小平方和确定分类值，最终得到最小的 L8 单元格值。

步骤 11：在 J1 单元格中输入"分类"；在 J2 单元格中输入"=MATCH(I2, E2:H2, 0)"，得到最优的分类结果，双击 J2 单元格的填充柄，得到 J 列数据，即得到所有城市细分结果。

步骤 12：观察细分结果。

按鼠标左键并拖动鼠标选择 A、B、C 列，松开鼠标，按住 Ctrl 键，再单击 J 列。

在选中区域，右击，选择"复制"命令。

K	L	M
平均值		789.0667
标准差		323.9147
城市1	74	0.712945
城市2	90	-0.2194
城市3	47	-1.14866
城市4	2	2.352265
最小平方和之和		10.2318

图 69.6　得到求解结果

步骤 13：单击工作表标签栏中的 ⊕，新建一个工作表；在新工作表的 A1 单元格中，右击，选择粘贴选项中的"数值"命令。

步骤 14：单击 C 列任意单元格，如 C2，再单击"数据—（排序和筛选）—升序 ↓"。观察结果可知，市场细分的销售额在 72 至 555 之间、570 至 853 之间、880 至 1232 之间、1381 至 1835 之间，对应的城市也在表格之中。

子任务 70　多因素细分市场

市场调查的数据一般是多维度的，从多维度细分市场，相对较为复杂，但是原理基本一样。收集到不同城市某网店的消费数据，将这 90 座城市根据销售额分成 4 组目标市场。

本子任务对应"70 多因素细分市场"。

步骤 1：单击工作表标签"多因素市场细分"。数据中有 5 个调查数据，如图 70.1 所示。其中，C、D 两列是订单数量；G 列是样本城市所有消费者的平均年龄。

步骤 2：选择 C1:G91 区域，单击"公式—（定义的名称）—根据所选内容创建"，弹出"以选定区域创建名称"对话框，仅勾选"首行"，单击"确定"按钮，如图 70.2 所示。

A	B	C	D	E	F	G
序号	城市	男性	女性	PC订单	手机订单	平均年龄
1	安阳市	121	35	2	154	32
2	鞍山市	139	2	1	140	31
3	北京市	127	23	3	147	29
4	滨州市	104	1	1	104	33
5	沧州市	122	11	5	128	30
6	常州市	157	1	2	156	32
7	潮州市	96	20	4	112	31
8	成都市	145	1	1	145	31

图 70.1　原始调查数据

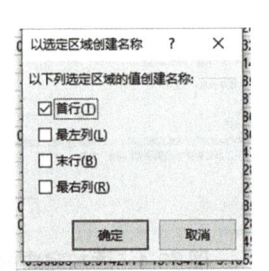

图 70.2　以首行定义区域

步骤3： 选择H1:L1区域，单击"开始—（对齐方式）—合并后居中"，在合并后的单元格中输入"正态化"；选择M1:P1区域，单击"开始—（对齐方式）—合并后居中"，在合并后的单元格中输入"差平方和"；在Q1单元格中输入"最小值"，在R1单元格中输入"分类"；选择C1:G1区域，按Ctrl+C快捷键，复制区域内容；单击U1单元格，按Ctrl+V快捷键，粘贴复制的内容。

在T2单元格中输入"平均值"；在T3单元格中输入"标准差"；在U2单元格中输入公式"=AVERAGE(INDIRECT(U1))"，得到男性订单量的平均值，拖动U2单元格的填充柄到Y2。

在U3单元格中输入公式"=STDEV(INDIRECT(U1))"，得到男性订单量的标准差；拖动U3单元格的填充柄到Y3单元格；在S4:S7区域中输入"细分城市1、细分城市2、细分城市3、细分城市4"；在T4:T7区域中输入预设值："1、2、3、4"。

步骤4： 在H2单元格中输入公式"=STANDARDIZE(C2, U$2, U$3)"，按回车键后，再次单击H2单元格，拖动H2单元格的填充柄到L2。

选中H2:L2区域，双击区域右下角的填充柄，生成整个正态化区域的数据，如图70.3所示。

A	B	C	D	E	F	G	H	I	J	K	L
序号	城市	男性	女性	PC订单	手机订单	平均年龄			正态化		
1	安阳市	3	35	2	154	32	-1.17	1.561	-0.77	0.119	-0.17
2	鞍山市	67	2	1	140	31	3.075	-0.93	-0.85	-0.34	-0.37
3	北京市	12	23	3	147	29	-0.57	0.654	-0.68	-0.11	-0.75
4	滨州市	59	1	1	104	33	2.544	-1.01	-0.85	-1.53	0.019
5	沧州市	26	11	5	128	30	0.356	-0.25	-0.5	-0.74	-0.56
6	常州市	32	1	2	156	32	0.754	-1.01	-0.77	0.185	-0.17
7	潮州市	39	20	4	112	31	1.218	0.427	-0.59	-1.26	-0.37
8	成都市	38	1	1	145	31	1.152	-1.01	-0.85	-0.18	-0.37
9	大连市	47	5	1	102	32	1.748	-0.71	-0.85	-1.59	-0.17
10	德州市	23	1	2	137	29	0.157	-1.01	-0.77	-0.44	-0.75
11	东营市	30	21	2	120	30	0.621	0.502	-0.77	-1	-0.56

图70.3 生成正态化数据

步骤5： 单击U4单元格，输入公式"=VLOOKUP($T4, $A$1:$L$91, 8, 0)"，按回车键后，再次单击U4单元格，拖动U4单元格的填充柄到U7单元格。

单击V4单元格，输入公式"=VLOOKUP($T4, $A$1:$L$91, 9, 0)"，按回车键后，再次单击V4单元格，拖动V4单元格的填充柄到V7单元格。

单击W4单元格，输入公式"=VLOOKUP($T4, $A$1:$L$91, 10, 0)"，按回车键后，再次单击W4单元格，拖动W4单元格的填充柄到W7单元格。

单击X4单元格，输入公式"=VLOOKUP($T4, $A$1:$L$91, 11, 0)"，按回车键后，再次单击X4单元格，拖动X4单元格的填充柄到X7单元格。

单击Y4单元格，输入公式"=VLOOKUP($T4, $A$1:$L$91, 12, 0)"，按回车键后，再次单击Y4单元格，拖动Y4单元格的填充柄到Y7单元格，结果如图70.4所示。

步骤6： 在M2单元格中输入"=SUMXMY2(H2:L2, $U$4:$Y$4)"，按回车键后，再次单击M2单元格，拖动M2单元格的填充柄到M91单元格。

在N2单元格中输入"=SUMXMY2(H2:L2, $U$5:$Y$5)"，按回车键后，再次单击N2单元格，拖动N2单元格的填充柄到N91单元格。

S	T	U	V	W	X	Y
		男性	女性	PC订单	手机订单	平均年龄
	平均值	20.6333	14.3556	10.6556	150.389	32.9
	标准差	15.0806	13.2252	11.3109	30.3921	5.17785
细分城市1	1	-1.1693	1.56099	-0.7652	0.11882	-0.1738
细分城市2	2	3.07458	-0.9342	-0.8537	-0.3418	-0.3669
细分城市3	3	-0.5725	0.65363	-0.6768	-0.1115	-0.7532
细分城市4	4	2.5441	-1.0099	-0.8537	-1.5263	0.01931

图70.4　初步细分市场

在O2单元格中输入"=SUMXMY2(H2:L2, $U$6:$Y$6)"，按回车键后，再次单击O2单元格，拖动O2单元格的填充柄到O91单元格。

在P2单元格中输入"=SUMXMY2(H2:L2, $U$7: $Y$7)"，按回车键后，再次单击P2单元格，拖动P2单元格的填充柄到P91单元格。

结果如图70.5所示。

步骤7：在Q2单元格中输入"=MIN(M2:P2)"，按回车键后，再次单击Q2单元格，拖动Q2单元格的填充柄到Q91单元格。

M	N	O	P
	差平方和		
0	24.49	1.576	23.15
24.49	0	16.06	1.839
1.576	16.06	0	15.11
23.15	1.839	15.11	0
6.571	8.173	2.145	6.444
10.31	5.714	4.957	6.178
8.963	6.219	4.74	4.112
12.13	3.731	5.924	3.908
16.59	3.411	9.798	0.766

图70.5　计算差平方和

在S9单元格中输入"最小化之和"；在T9单元格中输入"=SUM(Q2:Q91)"。

步骤8：单击"数据—（分析）—规划求解"，弹出"规划求解参数"对话框，单击"设置目标"，选择T9单元格；目标选择"最小值"。

在"通过更改可变单元格"框中选择T4:T7区域；单击"添加"按钮，弹出"添加约束"对话框，输入三个约束：

第1个约束：T4:T7<=90；

第2个约束：T4:T7>=1；

第3个约束：T4:T7为整数，如图70.6所示。

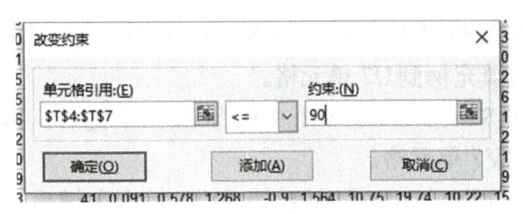

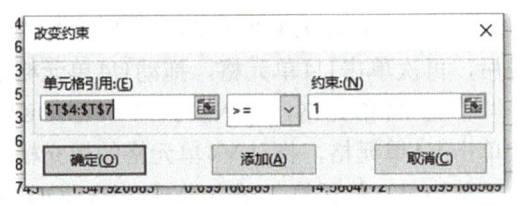

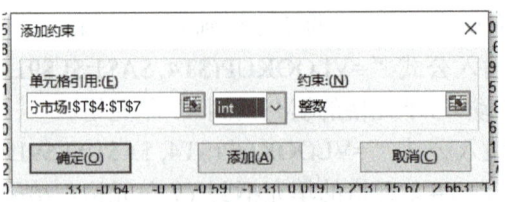

图70.6　三个约束

每次设置完成后，均要单击"添加"按钮，最后一次添加完成后单击"确定"按钮。在"规划求解参数"对话框的"选择求解方法"下拉列表中选择"演化"，如图70.7所示。单击"求解"按钮，Excel会花费一段时间求解。

任务 11 营销数据分析与应用

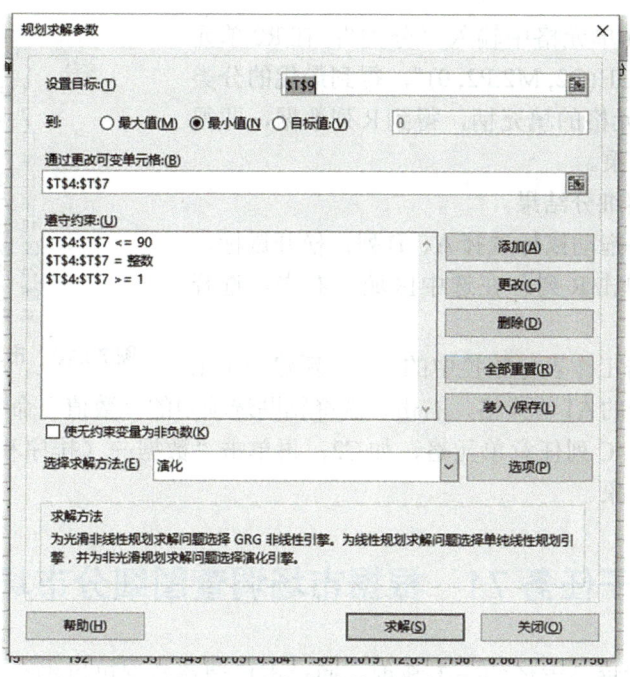

图 70.7 添加完成的约束条件

同样地，由于复杂程度不一，不同机器求解时间长短不一，最终提示求解结束，如图 70.8 所示。单击"确定"按钮，得到结果，如图 70.9 所示。

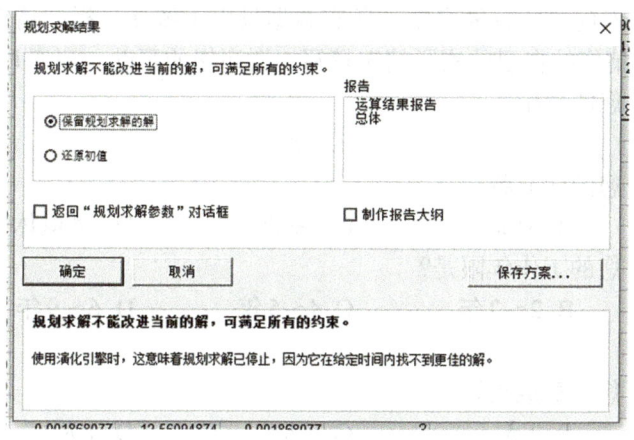

图 70.8 求解结束

S	T	U	V	W	X	Y
		男性	女性	PC订单	手机订单	平均年龄
	平均值	20.6333	14.3556	10.6556	150.389	32.9
	标准差	15.0806	13.2252	11.3109	30.3921	5.17785
细分城市1	83	-0.904	0.95609	-0.6768	-1.1644	-0.3669
细分城市2	54	-0.5062	-0.1025	-0.2348	1.10592	-0.1738
细分城市3	8	1.15159	-1.0099	-0.8537	-0.1773	-0.3669
细分城市4	58	0.35586	-0.0269	1.53343	-0.4076	0.79183
最小化之和	265.95					

图 70.9 得到求解结果

211

步骤9：在R1单元格中输入"分类"；在R2单元格中输入"=MATCH(Q2, M2:P2, 0)"，得到最优的分类结果，双击R2单元格的填充柄，得到R列数据，即得到所有城市细分结果。

步骤10：观察细分结果。

按鼠标左键并拖动鼠标选择A、B列，松开鼠标，按住Ctrl键，再单击R列；在选中区域，右击，选择"复制"命令。

序号	城市	分类
1	安阳市	1
3	北京市	1
11	东营市	1
14	广州市	1
15	邯郸市	1
16	杭州市	1
18	衡阳市	1
22	惠州市	1
24	济宁市	1
26	江门市	1
36	南昌市	1

图70.10 市场细分结果（部分）

步骤11：单击工作表标签栏中的 ⊕ ，新建一个工作表；在新工作表的A1单元格，右击，选择粘贴选项中的"数值"命令 。

步骤12：单击C列任意单元格，如C2，再单击"数据—（排序和筛选）—升序"，得到市场细分的结果。

子任务71 根据市场调查图细分市场

市场调查的数据是市场的一手数据，通过市场调查数据可以细分市场。设计如下的简单问卷，可以收集家庭收入和住房支出数据。

先生/女士：

您好，我们正在做一项关于本地房地产市场的调查问卷，想邀请您用几分钟时间帮忙填答这份问卷。本问卷实行匿名制，所有数据只用于统计分析，请您放心填写。题目选项无对错之分，请您按自己的实际情况填写。谢谢您的帮助。谢谢！

Q1：单选题：您的性别

A. 男　　　　　　　　　　B. 女

Q2：单选题：您的就业状况

A. 学生　　　B. 在职　　　C. 失业　　　D. 离退休

Q3：单选题：您的工作年限是?

A. 1年及以下　B. 2～3年　C. 4～5年　D. 6～9年

E. 10年及以上

Q4：单选题：您家庭成员数量

A. 1人　　　B. 2人　　　C. 3人　　　D. 4人

E. 5人　　　F. 6人及以上

Q5：填空题您家庭年收入（单位：万元）_____万元

Q6：填空题您今年预计家庭住房支出是：（单位：万元）_____万元

Q7：单选题您下一步住房目标是：

A. 初次购房　　　　　　　B. 改善性购房

C. 投资性购房　　　　　　D. 没有购房打算

在问卷中，通过Q2过滤出在职人员。在房地产市场中，在职人员的贡献度最大。

步骤1：新建一个工作簿，将有效问卷输入工作表中；筛选出在职人员的问卷，输入家庭成员数量、收入和住房支出，如图71.1所示。

序号	家庭成员数量	收入（万元）	住房支出（万元）
1	1	8	6
2	4	47	9
3	3	51	45
4	3	49	48
5	4	52	12
6	1	6	5
7	2	50	47
8	1	4	9
9	5	43	5
10	6	54	9

图71.1 问卷调查表

修改工作表名称为"问卷调查表"。

步骤2：选中B列，再按Ctrl键单击选中D列，松开Ctrl键，单击"插入—（图表）—散点图—散点图"，自动绘制散点图，如图71.2所示。

从图中可以看出，根据收入，可以将市场细分为两组。

第1组：10万元人群，家庭年住房支出在10万元左右，这组的家庭成员数量无明显特征；

第2组：48万元人群，家庭年住房支出在48万元左右，这组家庭成员数量集中在2～3名家庭。

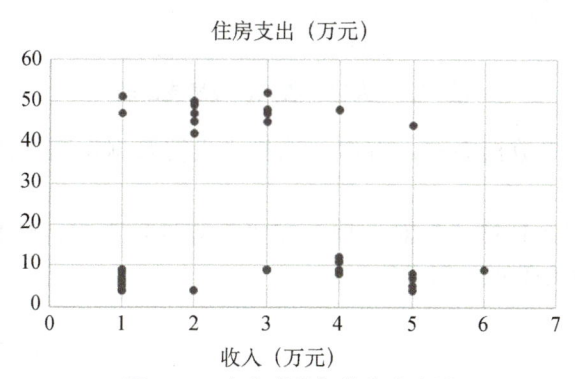

图71.2 家庭成员与住房支出图

从数据初步来看，房地产市场细分，应关注家庭成员2～3人的家庭。

步骤3：选中C、D两列，单击"插入—（图表）—散点图—散点图"，自动绘制散点图，如图71.3所示。

图中横坐标表示收入，纵坐标表示住房支出，从图中可以将市场细分为三组：

第1组：家庭收入低（少于10万元/家庭）且住房支出少（年支出低于10万元）的市场；

第2组：家庭收入高（大于40万元/家庭）且住房支出少（年支出低于10万元）的市场；

第3组：家庭收入高（大于40万元/家庭）且住房支出高（年支出高于40万元）的市场。

213

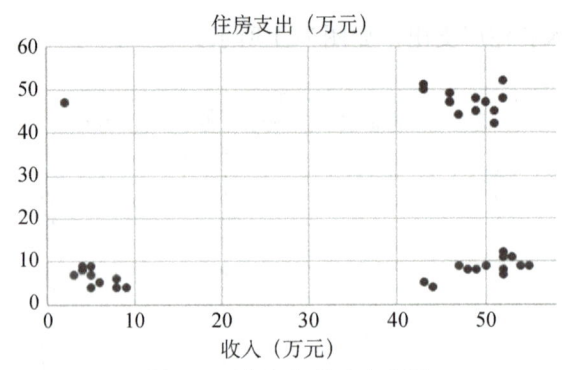

图71.3 收入与住房支出图

从数据初步来看，房地产市场细分，应关注家庭年收入高的家庭。

步骤4：选择B:D区域，单击"插入—（图表）—散点图—散点图"，如图71.4所示。

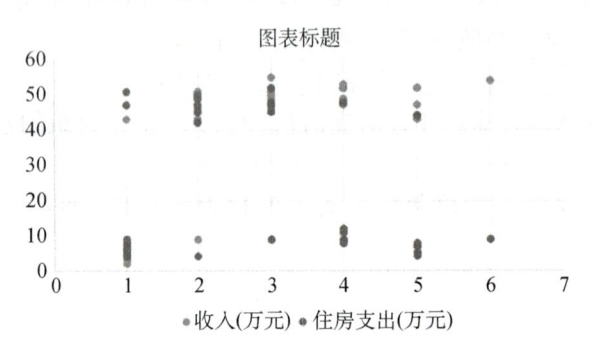

图71.4 人口与收入、住房支出图

单击图中住房支出数据系列，右击，选择"设置数据系列格式"命令，如图71.5所示。

弹出"设置数据系列格式"对话框，在"系列选项"中，选择"次坐标轴"，如图71.6所示；设置后的图如图71.7所示。

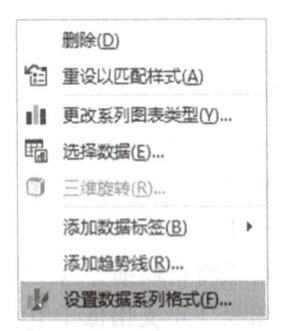

图71.5 设置数据系列格式

图71.6 设置次坐标轴

从图71.7中看出，数据点集中在横坐标2~3人、家庭收入和住房支出在50万元左右的位置，这也是市场细分的结果。

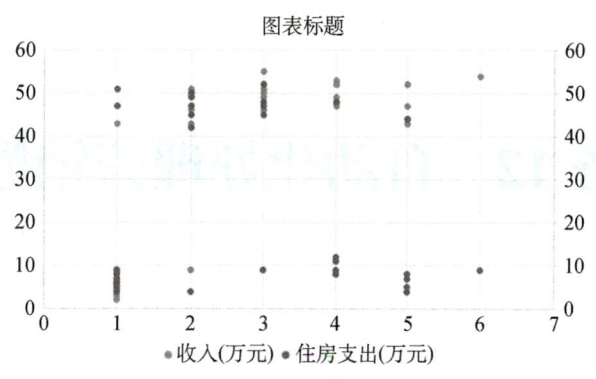

图71.7　设置后的图

任务 12　自动化处理营销数据

任务说明

本任务主要是利用 Excel 2016 的"录制宏"功能，为工作簿录制宏，通过宏为工作簿自动地完成某些特定功能；此外，用户可以修改录制的宏，这样宏的功能就会更加强大。

任务结构

　　子任务 72　录制修改字体的宏
　　子任务 73　修饰职工信息表
　　子任务 74　保护工作表
　　子任务 75　记录数据编辑的日期与时间

Excel 软件提供了自动化功能，包括宏和 VBA 编程。宏是最简单的 VBA 程序，也是学习 Excel VBA 的基础。

子任务 72　录制修改字体的宏

如果频繁地修改单元格或区域的字体、字号，可以用格式刷，也可以录制一段宏，提高数据编辑的效率。

本子任务对应文件"72 录制修改字体的宏"。

步骤 1：增加"开发工具"选项卡。

单击"开始—选项"，弹出"Excel 选项"对话框。在"Excel 选项"对话框中，单击左侧的"自定义功能区"，在右侧的"自定义功能区"中，勾选"开发工具"；单击"确定"按钮，"开发工具"选项卡出现在功能区中，如图 72.1 所示。

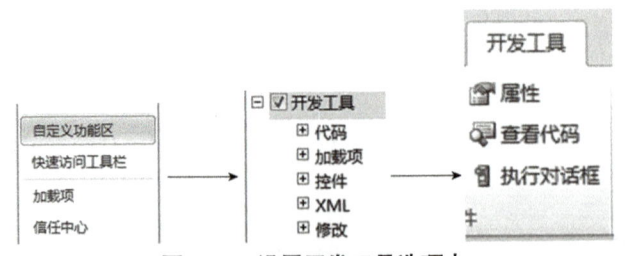

图 72.1　设置开发工具选项卡

步骤2：调整宏安全设置。

单击"开发工具—（代码）—宏安全性"，弹出"信任中心"对话框，默认光标在"宏设置"选项，窗口右侧为"宏设置"选项，选中"启用所有宏"，如图72.2所示。

> **注 意**
>
> 1. 宏安全性降低后，如果运行一些来历不明的宏，可能会引发错误，如数据丢失、软件出错等。
>
> 2. 一些用宏命令或VBA程序编制出来的病毒在网上流行，称为宏病毒，随着文档的打开被激活，并造成一定的影响，用户一定要定时查杀宏病毒。

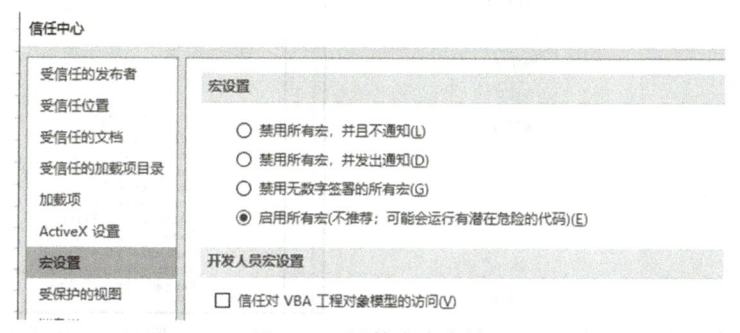

图72.2 调整宏安全性

步骤3：单击工作表标签"修改字体的宏"，再单击"开发工具—（代码）—录制宏"，弹出"录制新宏"对话框。在"宏名"文本框中输入"修改字体"，如图72.3所示。输入完毕后，单击"确定"按钮。

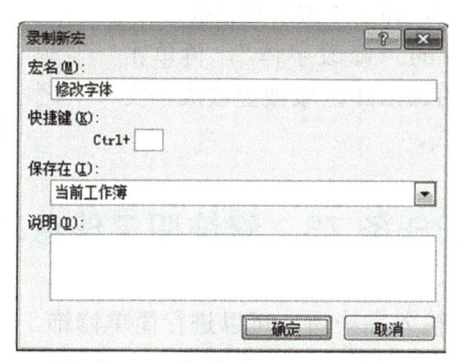

图72.3 "录制新宏"对话框

> **注 意**
>
> 1. 在"录制新宏"对话框中，可以为宏指定快捷键，直接在"快捷键"框中输入字母或数字即可；在使用时，直接按Ctrl+字母或数字可以调出宏来执行。
>
> 2. 由于系统已定义了很多快捷键，因此新定义的快捷键不可以与现在的快捷键相同，以免冲突，如Ctrl+1，为单元格格式快捷键。

步骤4：单击A1单元格，拖动鼠标选定A1:H1区域。单击"开始—（对齐方式）—合并后居中"，A1:H1区域合并为一个单元格，并且文字居中显示。

单击"开始—（字体）—华文行楷"，将字号改为12号。

单击"开发工具—（代码）—停止录制"，将刚才的操作记录在宏内。

步骤5：单击"开发工具—（代码）—宏"，弹出"宏"对话框。在"宏"对话框中，出现刚才录制的宏"修改字体"，如图72.4所示。

选中"修改字体"，单击"编辑"按钮，弹出VBA编辑窗口，并且调出"修改字体"宏，供用户编辑，如图72.5所示。

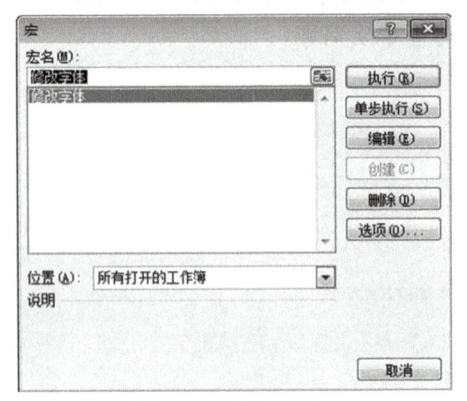

图72.4　宏对话框

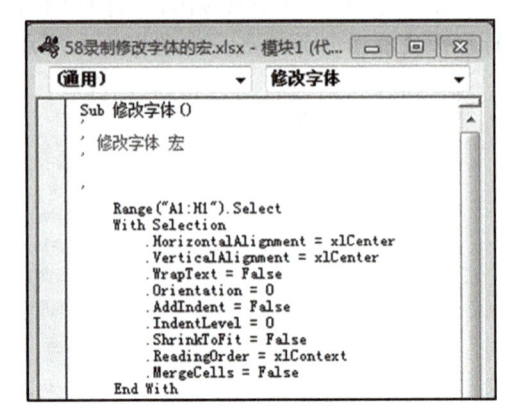

图72.5　编辑宏

这里保持默认设置，单击"文件—关闭并返回到Microsoft Excel"，如图72.6所示。

步骤6：单击工作表标签"原始数据"，再单击"开发工具—（代码）—宏"，弹出"宏"对话框。

单击"宏"对话框中的"修改字体"，再单击"执行"按钮，工作表中的A1:H1区域被更改成华文行楷、12号和合并居中样式。

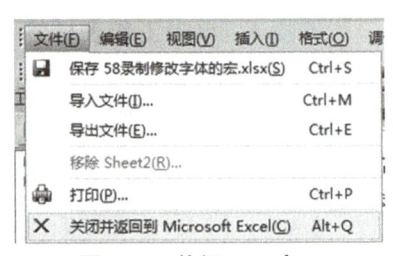

图72.6　关闭VBA窗口

子任务73　修饰职工信息表

职工信息表中的数据输入完毕后，可以进行简单修饰，如字体、字号、边框、底纹、颜色等，但如果有新的数据输入后，又要重复上述编辑操作。在Excel 2016中，可以录制编辑修饰的宏，在输入新数据后，直接运行宏可以实现多步编辑操作。

本子任务对应文件"73修饰职工信息表"。

步骤1：单击工作表标签"职工基本数据"。

步骤2：单击"开发工具—（代码）—录制宏"，弹出"录制新宏"对话框。

在"录制新宏"对话框中，"宏名"文本框输入"修饰数据"，如图73.1所示；输入完毕后，单击"确定"按钮。

步骤3：单击A2单元格，按组合键Ctrl+1，打开"设置单元格格式"对话框。

在"设置单元格格式"对话框中，选中"对齐"选项卡，在"水平对齐"下拉框中选择"居中"，"垂直对齐"下拉框中选择"居中"，如图73.2所示。

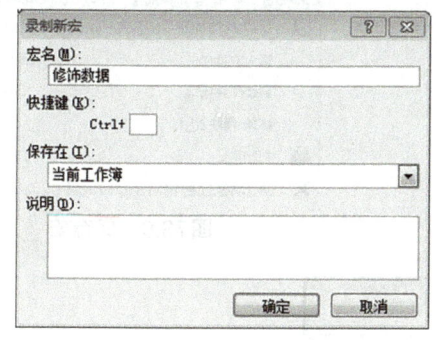

图73.1 "录制新宏"对话框

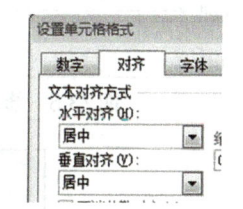

图73.2 设置对齐方式

选择"字体"选项卡，在"字体"下拉列表中选择"华文楷体"，在"字形"列表中选择"常规"，在"字号"下拉列表中选择14号，如图73.3所示。

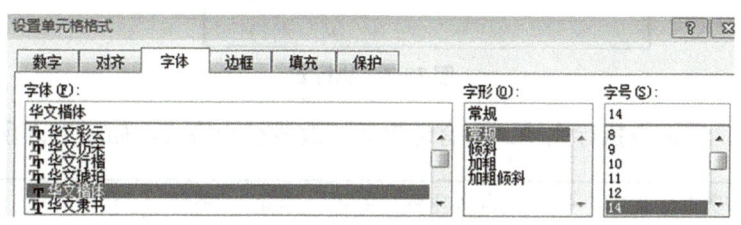

图73.3 设置字体和字号

单击"确定"按钮，再单击"开始—（单元格）—格式—自动调整行高"。单击"开始—（单元格）—格式—自动调整列宽"，再单击"开发工具—（代码）—停止录制"，整个宏录制结束。

步骤4： 单击"开发工具—（代码）—宏"，弹出"宏"对话框，如图73.4所示。

在"宏"对话框中选择"修饰数据"。单击"编辑"按钮，弹出VBA编辑窗口，在窗口中编辑宏"修饰数据"；在第一行"Sub 修饰数据()"后按回车键，插入一行。

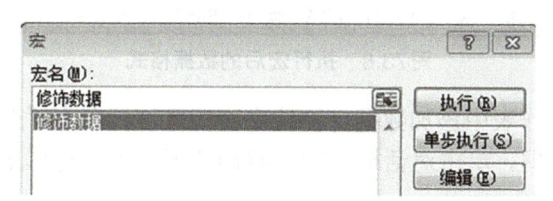

图73.4 宏对话框

在插入的新行中输入"For Each cell In Selection.CurrentRegion"；在最后一行"End Sub"前按回车键，插入一行，在插入的新行中输入"Next cell"，如图73.5所示。

单击"文件—保存73修饰职工信息表.xlsm"，如图73.6所示。

保存完毕后，再单击"文件—关闭并返回到Microsoft Excel"。

步骤5： 选中A1:H11区域，单击"开发工具—（代码）—宏"，弹出"宏"对话框。

在"宏"对话框中选择"修饰数据"宏，单击"执行"按钮，如图73.7所示。

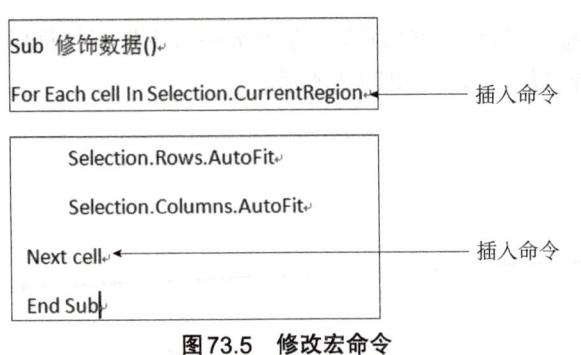

```
Sub 修饰数据()
For Each cell In Selection.CurrentRegion
    Selection.Rows.AutoFit
    Selection.Columns.AutoFit
Next cell
End Sub
```

图73.5　修改宏命令

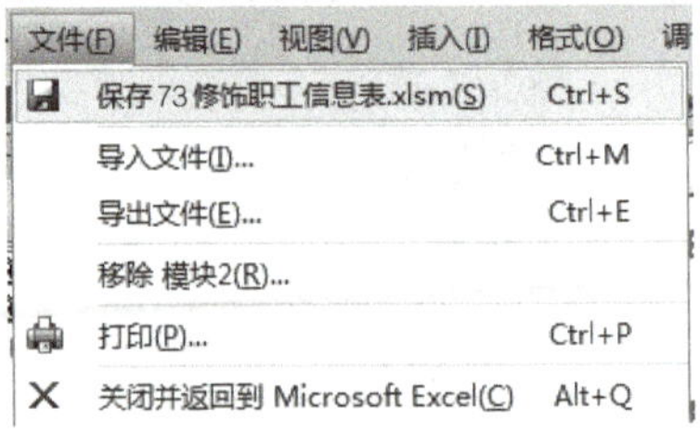

图73.6　保存宏

图73.7　执行宏

过一会儿，宏命令执行完毕，所有选定区域改成统一格式，如图73.8所示。

序号	姓名	性别	出生日期	学历	工资	部门	联系方式
1	王家鹏	男	1980/6/20	本科	5830.5	营销部	13113154321
2	冯志杰	男	1982/3/13	硕士	4890	财务部	13113154322
3	吴青松	男	1979/9/14	本科	6835.8	总经办	13113154323
4	印玉洁	女	1980/11/11	专科	4350.1	营销部	13113154324
5	高俊	男	1983/2/10	博士	3490.3	财务部	13113154325
6	丁俊	男	1981/1/17	本科	3000	采购部	13113154326
7	张军玲	女	1980/12/4	硕士	6090.5	广告部	13113154327
8	赵星宇	男	1978/12/3	本科	2370.6	人事部	13113154328
9	贾旻茜	女	1983/5/2	硕士	4580.3	后勤部	13113154329
10	张嘉惠	女	1977/10/16	博士	8850.7	人事部	13113154330

图73.8　执行宏后的数据格式

步骤6：以后往工作表中添加数据，再选中新增区域，单击"开发工具—（代码）—宏"，弹出"宏"对话框。单击对话框中的"修饰数据"宏，再单击"执行"按钮，就可以将所有数据统一格式。

子任务74　保护工作表

对于一个工作表，用户如果不想工作表被修改，可以对整个工作表或部分工作表进行保护并加密；只有拥有密码的用户才可以修改，没有密码的用户只能查看内容。

任务 12　自动化处理营销数据

> **注　意**
>
> 1. Excel 2016有多重信息安全控制方法，如数字签名和IRM（信息权限管理）。
> 2. 对工作簿而言，常用的有打开权限密码；对工作表而言，常用的是编辑权限，编辑权限中可以设置是否可以选中，即只可查看不能选中单元格。

本子任务对应文件"74保护工作表"。

步骤1：单击工作表标签"保护工作表"。

步骤2：单击"开发工具—（代码）—录制宏"，弹出"录制新宏"对话框。在"录制新宏"对话框中的"宏名"文本框中输入"保护工作表"，如图74.1所示。

输入完毕后，单击"确定"按钮。

步骤3：单击"审阅—（更改）—保护工作表"，弹出"保护工作表"对话框。

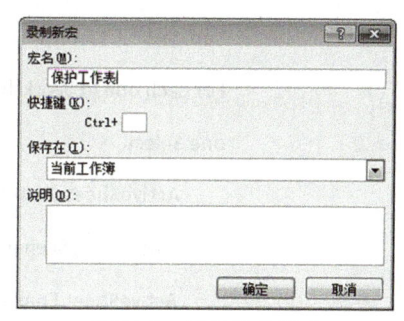

图74.1　保护工作表宏

在弹出的"保护工作表"对话框中，采用默认设置，在"取消工作表保护时使用的密码"文本框中输入密码"123474"，如图74.2所示。

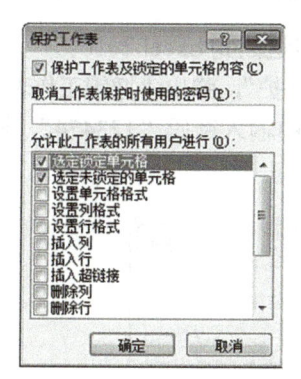

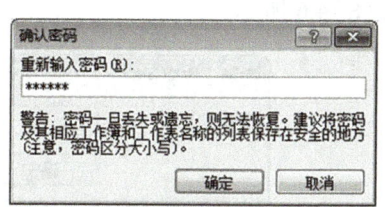

图74.2　设置保护密码和确定密码

输入完毕后，单击"确定"按钮；软件要求再次确认密码，再输一次密码。

步骤4：单击"开发工具—（代码）—停止录制"。

步骤5：单击任意一单元格，如A2，如更改内容，会弹出警告对话框，如图74.3所示。

步骤6：单击"开发工具—（代码）—宏"，弹出"宏"对话框，如图74.4所示。

在"宏"对话框中，选择"保护工作表"，单击"编辑"按钮，弹出VBA编辑窗口，在窗口中编辑宏"保护工作表"。

图74.3　试图修改保护工作表的警告

221

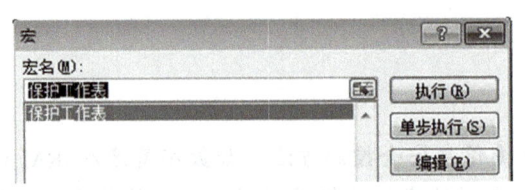

图74.4　编辑宏

将宏的内容改成：

```
Sub 保护工作表()
For Each one In Worksheets
one.Select
    ActiveSheet.Protect Password:=123456, DrawingObjects:=True, Contents:=True, Scenarios:=True
    ActiveSheet.EnableSelection = xlNoRestrictions
  Next one
End Sub
```

图74.5　修改后的宏

单击保存快捷按钮，并退出VBA编辑窗口返回到Excel 2016。

步骤7：单击"审阅—（更改）—撤销工作表保护"，弹出"撤销工作表保护"对话框。

在"撤销工作表保护"对话框的"密码"框中输入密码"123474"，输入完毕后单击"确定"按钮，如图74.6所示。

图74.6

步骤8：选择A2:B11区域，单击"开发工具—（代码）—宏"，弹出"宏"对话框。在"宏"对话框中，选择"保护工作表"宏，单击"执行"按钮。

执行完毕后，A2:B11区域的内容被保护起来，不可以被编辑修改；如果要撤销保护，必须输入撤销密码123474。

子任务75　记录数据编辑的日期与时间

打开一个工作表，利用Excel的自动功能，可以记录用户的编辑时间。

本子任务对应文件"75记录编辑时间"。

步骤1：单击工作表标签"记录编辑时间"。

A列为员工姓名，需要输入员工姓名；B列为输入姓名的时间，自动生成。

步骤2： 直接按Alt+F11快捷键，弹出VBE窗口，在窗口左侧，单击工作表名“Sheet2（记录编辑时间）”，如图75.1所示。

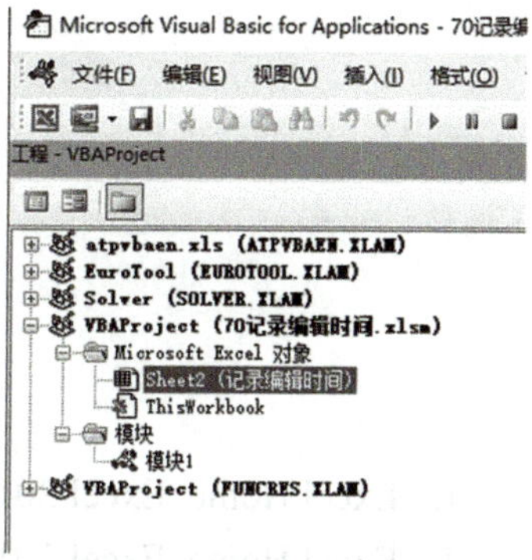

图75.1　打开VBE窗口

步骤3： 在右侧的窗口中，输入如下代码：

```
 Private Sub Worksheet_Change (ByVal Target
As Range)
     With Target
         If .Count = 1 Then
             If .Column = 1 Then
                 Application.EnableEvents = False
                 .Offset (0, 1) = IIf (.Value = "", "", Now)
                 Range ([A2], [B1048576].End (xlUp)) . _
                         Borders.LineStyle = xlContinuous
                 Application.EnableEvents = True
             End If
         End If
     End With
 End Sub
```

单击VBE窗口右上角的“关闭”按钮。

步骤4： 单击A4单元格，输入姓名，如“王五”，在B5单元格中，自动记录输入时间，如图75.2所示。

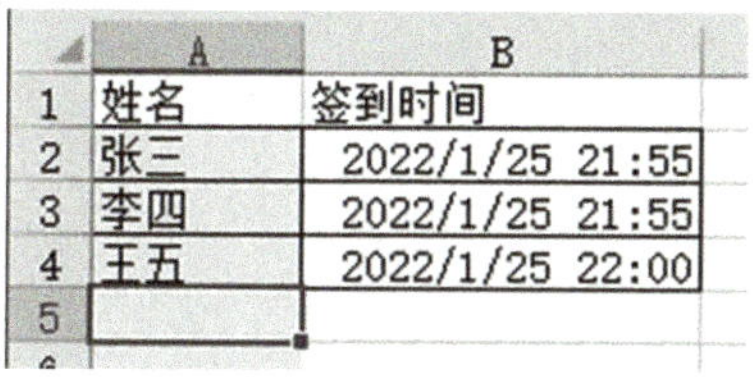

	A	B
1	姓名	签到时间
2	张三	2022/1/25 21:55
3	李四	2022/1/25 21:55
4	王五	2022/1/25 22:00
5		

图75.2　自动记录时间

参考文献

1. Excel Home. Excel 2016数据透视表应用大全[M]. 北京：人民邮电出版社，2013.
2. Excel Home. Excel 2016应用大全[M]. 北京：人民邮电出版社，2013.
3. 汪薇，袁胜，朱秀娟. Excel 2016高效办公实战228例[M]. 北京：中国青年出版社，2012.
4. 庄君，黄国芬，王骞. Excel财务管理与应用精彩50例[M]. 北京：电子工业出版社，2013.
5. 赛贝尔资讯. Excel在市场营销中的典型应用[M]. 北京：清华大学出版社，2008.
6. 中文Excel门户网站论坛.
7. 扬州工业职业技术学院精品课程网站.

反侵权盗版声明

电子工业出版社依法对本作品享有专有出版权。任何未经权利人书面许可，复制、销售或通过信息网络传播本作品的行为，歪曲、篡改、剽窃本作品的行为，均违反《中华人民共和国著作权法》，其行为人应承担相应的民事责任和行政责任，构成犯罪的，将被依法追究刑事责任。

为了维护市场秩序，保护权利人的合法权益，我社将依法查处和打击侵权盗版的单位和个人。欢迎社会各界人士积极举报侵权盗版行为，本社将奖励举报有功人员，并保证举报人的信息不被泄露。

举报电话：（010）88254396；（010）88258888
传　　真：（010）88254397
E-mail：　dbqq@phei.com.cn
通信地址：北京市海淀区万寿路173信箱
　　　　　电子工业出版社总编办公室
邮　　编：100036